Thüringischer Zoll- und Steuerverein

Amtsblatt der General-Inspektors für den Thüringischen Zoll- und Steuerverein

Thüringischer Zoll- und Steuerverein

Amtsblatt der General-Inspektors für den Thüringischen Zoll- und Steuerverein

ISBN/EAN: 9783741194009

Hergestellt in Europa, USA, Kanada, Australien, Japan

Cover: Foto ©ninafisch / pixelio.de

Manufactured and distributed by brebook publishing software (www.brebook.com)

Thüringischer Zoll- und Steuerverein

Amtsblatt der General-Inspektors für den Thüringischen Zoll- und Steuerverein

Amtsblatt

des

General-Inspectors

des

Thüringischen Zoll- und Handelsvereins.

Jahrgang

1881.

Erfurt.

Register

zum Jahrgang 1881 des Amtsblatts des General-Inspectors des Thüringischen Zoll- und Handelsvereins.

I. Chronologisches Register.

Laufende Nummer.	Der Circular-Verfügung 2c. Datum.	Journal- $\mathcal{M}$	Inhalt.	Zu finden unter Nr.	Seite.
	1881.				
1.	3. Januar	10065	Circularverfügung, die Rückberufung des Stations-Kontroleurs Flitner in den Landesdienst betreffend	1.	1.
		1880			
2.	5. ejd.	70	Dgl., die Erläuterung des Begleitscheinregulativs betr.	2.	1.
3.	7. ejd.	68	Dgl., die Erlangung der Steuervergütung für den nach Bayern, Würtemberg oder Baden unter Verschluß ausgeführten Branntwein betr.	3.	2.
4.	11. ejd.	196	Dgl., Zusammenstellung von Tarifentscheidungen betr.	4.	2.
5.	18. ejd.	304	Bekanntmachung, eine Ausstellung in Breslau betr.	5.	3.
6.	26. ejd.	479	Circularverfügung, die Aufstellung des Obersteuerkontroleurs Jacob als Stationskontroleur betr.	6.	3.
7.	27. ejd.	502	Bekanntmachung, eine Ausstellung in Zwickau betr.	7.	4.
8.	5. Februar	702	Dgl., eine Ausstellung in Frankfurt a/M. betr.	8.	4.
9.	9. ejd.	785	Dgl., eine Ausstellung in Königsberg i/Pr. betr.	9.	4.
10.	28. ejd.	1099	Dgl., eine Ausstellung in Cleve betr.	10.	4.
11.	4. März	1199	Circularverfügung, die Erhebung und Berechnung der statistischen Gebühr betr.	11.	4.
12.	8. ejd.	1245	Bekanntmachung, Ausstellungen in Hannover und Altona betreffend	12.	5.
13.	23. ejd.	1474	Dgl., statistische Gebühr für Massengüter betr.	13.	5.
14.	25. ejd.	1503	Dgl., eine Ausstellung in Erfurt betr.	14.	7.
15.	9. April	1719	Dgl., einen internationalen Maschinenmarkt in Leipzig betr.	15.	7.
16.	eod.	1745	Dgl., eine Ausstellung von Leder 2c. in Frankfurt a/M. betr.	16.	7.
17.	14. ejd.	1836	Dgl., eine Ausstellung in Braunschweig betr.	17.	7.
18.	21. Mai	2541	Dgl., eine Ausstellung in Eger betr.	18.	9.
19.	2. Juni	2751	Dgl., Ausfuhr von Mühlenfabrikaten betr.	19.	9.
20.	11. ejd.	2915	Dgl., eine Ausstellung in Paris betr.	20.	9.
21.	13. ejd.	2925	Circularverfügung, Uebergangssteuern 2c. in Würtemberg betreffend	21.	10.
22.	15. ejd.	3009	Dgl., Tabackzoll und Steuervergütung betr.	22.	13.
23.	21. ejd.	3040	Dgl., steuerfreies Salz betr.	23.	13.
24.	25. ejd.	3119	Dgl., Weintheilungslager betr.	24.	14.
25.	25. ejd.	3173	Dgl., Tarifgesetze betr.	25.	14.
26.	30. ejd.	3190	Bekanntmachung, den Handelsvertrag mit Italien betr.	26.	16.
27.	2. Juli	3240	Dgl., die Berichtigung des amtlichen Waarenverzeichnisses betreffend	27.	16.
28.	16. ejd.	3490	Circularverfügung, die Befugniß zur Abfertigung von Waaren der Nummern 41 d. 5 und 6 des Zolltarifs betr.	28.	19.
29.	21. ejd.	3585	Dgl., Aenderungen in den für die Verzollung maßgebenden Tarifsätzen betr.	29.	19.
30.	eod.	3586	Dgl., Abänderung des §. 53 des Begleitscheinregulativs betr.	30.	21.

Laufende Nummer	Der Circular-Verfügung ꝛc. Datum.	Journal №	Inhalt.	Zu finden unter №	Seite.
	1881.				
31.	21. Juli	3585	Cirkularverfügung, die Strafbarkeit bei unberechtigtem Bezuge benotirirten Bestellsalzes betr.	31.	21.
32.	26. ejd.	3669	Bekanntmachung, eine Ausstellung in Straßburg i/E. betr.	32.	21.
33.	28. ejd.	3735	Dgl., die Handelsverträge mit Oesterreich-Ungarn, mit der Schweiz und mit Rumänien, sowie die Uebereinkunft mit Belgien betr.	33.	21.
34.	1. August	3505	Cirkularverfügung, die Abänderung der Vorschriften über die Verwendung der Wechselstempelmarken betr. . .	34.	22.
35.	eod.	3666	Bekanntmachung, Zuckersteuerbonifikation betr.	35.	23.
36.	3. ejd.	3541	Dgl., eine Ausstellung in Karlsruhe betr.	36.	24.
37.	6. ejd.	3930	Dgl., den Veredelungsverkehr betr.	37.	24.
38.	8. ejd.	3971	Cirkularverfügung, die Tarifirung von Knochenfett und die Taravergütung für finnische, in Kübeln aus weichem Holze seewärts eingehende Butter betr.	38.	25.
39.	5. Septemb.	4692	Bekanntmachung, eine Ausstellung in Hamburg betr. .	39.	25.
40.	9. ejd.	4190	Cirkularverfügung, das thüring'sche Stellen- und Ortschaftsverzeichniß betr.	40.	26.
41.	10. Novemb.	5795	Dgl., Anwendung des Instruktionspunktes IV. zum amtlichen Waarenverzeichnisse betr.	41.	29.
42.	14. ejd.	5631	Bekanntmachung, den zollfreien Wiedereingang der von der Pariser Elektrizitätsausstellung zurückkommenden Ausstellungsgüter betr.	42.	29.
43.	2. Dezbr.	6046	Dgl., Zuckersteuerbonifikation betr.	43.	31.
44.	8. ejd.	6209	Dgl., eine Ausstellung in Hamburg betr.	44.	31.
	1882.				
45.	4. Januar	66	Dgl., den Handelsvertrag mit Italien betr.	45.	31.

II. Sachregister.

Bemerkung. Die beigesetzten Ziffern bedeuten die Seitenzahlen.

A.

Ausstellungen. 3. 4. 5. 7. 9. 21. 24. 25. 29. 31.

B.

Befugnißerweiterung. 19.
Begleitscheinregulativ. 1. 21.
Bestellsalz. 21.

C.

Handelsverträge. 16. 21. 31.

II. Sachregister.

M.

Mühlenfabrikate, Ausfuhr derselben. 9.

O.

Ortschaftsverzeichniß. 26.

S.

Salz, steuerfreies. 13.
Stationskontroleure. 1. 3.
Statistische Gebühr. 4. 5.
Steuerstellenverzeichniß. 26.
Steuervergütung für Branntwein. 2.
      „   „ Taback und Tabackfabrikate. 13.
      „   „ Zucker. 23. 31.

T.

Tarasätze. 19. 25.
Tarifentscheidungen. 2. 25.
Tarifgesetz. 16.

U.

Uebergangsabgabe. 10.

V.

Veredelungsverkehr. 24.

W.

Waarenverzeichniß, amtliches. 16. 29.
Wechselstempelmarken. 22.
Weintheilungsläger. 14.

Z.

Zollvergütung für Taback und Tabackfabrikate. 13.

Amtsblatt
des General-Inspectors
des Thüringischen Zoll- und Handels-Vereins.

1tes Stück vom Jahre 1881.

№ 1. Cirkularverfügung,
betr. die Rückberufung des Stationskontroleurs Flitner in den Landesdienst, vom 3. Januar 1881 № 10085.

Unter Bezugnahme auf die Verfügung vom 28. Juni 1878 Nr. 4112 gebe ich bekannt, daß der Stations-Controleur Flitner in Folge seiner Zurückberufung in den preußischen Landesdienst von seinen gegenwärtigen Funktionen mit Ablauf vorigen Jahres entbunden und die Bezeichnung seines Nachfolgers vorbehalten worden ist.

Erfurt, den 3. Januar 1881.   Der Generalinspector: Grolig.

№ 2. Cirkularverfügung,
Erläuterung des Begleitschein-Regulativs betr., vom 5. Januar 1881 № 70.

Der Bundesrath hat beschlossen:
1.) daß in den Fällen, in welchen bei der Erledigung eines auf Grund des § 46 des Vereinszollgesetzes von dem ursprünglichen Empfangsamt auf ein anderes Amt überwiesenen Begleitscheines I die Bestimmungen im § 45 Absatz 3 oder im § 46 Absatz 2 des Begleitscheinregulativs in Anwendung zu bringen sind, die Entscheidung über die Folgen der Nichterfüllung der von den Waarendisponenten an Stelle des Begleitscheinextrahenten übernommenen Verpflichtungen von der Direktivbehörde des Amtes, welches den Begleitschein überwiesen hat, zu treffen sei;
2.) daß in den im § 46 Absatz 1 des Begleitscheinregulativs bezeichneten Fällen ebenso wie in den Fällen des § 45 Absatz 2 bei der Erledigung von Begleitscheinen I von der Einholung der Entschließung der Direktivbehörde Abstand genommen werden könne, wenn bei dem Begleitscheinausfertigungsamte eine specielle Revision der Waaren stattgefunden hat.

Hiernach ist sich zu achten.

Erfurt, den 5. Januar 1881.   Der Generalinspector: Grolig.

№ 3. Cirkularverfügung,
die Erlangung der Steuer-Vergütung für den nach Bayern, Württemberg oder Baden unter Verschluß ausgeführten Branntwein betr., vom 7. Januar 1881. № 68.

Der Bundesrath hat in der Sitzung vom 9. v. M. (§ 603 der Protokolle) beschlossen, daß es zur Erlangung der Steuer-Vergütung für inländischen Branntwein, welcher nach erfolgter Vorabfertigung bei einem dazu befugten Amte unter Raumverschluß auf Eisenbahnen und Schiffen oder in doppelten, die Anlegung eines Blei-Verschlusses gestattenden Umschließungen (Ueberfässern, Kisten und dergleichen) nach Bayern, Württemberg oder Baden ausgeführt wird, der Bescheinigung über die erfolgte Ausfuhr und somit auch der Vorführung des Branntweins bei dem Ausgangs-Amte nicht mehr bedürfen, dazu vielmehr die Bescheinigung über den Eingang in einem der genannten Bundes-Staaten, welche sich jedoch auch auf die Unverletztheit des angelegten Verschlusses zu erstrecken hat, genügen soll.

Die aufschriftlich genannten Steuer-Stellen werden hiervon unter Bezugnahme auf die Cirkular-Verfügung vom 19. Juli v. J. № 5877 nachachtlich in Kenntniß gesetzt.

Erfurt, den 7. Januar 1881.

Der Generalinspector: J. B. Schreck.

№ 4. Cirkularverfügung,
Zusammenstellung von Tarif-Entscheidungen betr., vom 11. Januar 1881. № 196.

Zu bekannter Veranlassung werden einige tarifarische Entscheidungen des Königlichen Finanzministeriums in Berlin in Nachstehendem zusammengestellt.

1.) Als höchster Zollsatz, zu welchem Waaren, die unter die Positionen Nr. 2c. 1, 2c. 2 und 2c. 3, bezw. unter Nr. 22a, 22b, 22c. und 22f. des Tarifs fallen, abzufertigen sind, ist im Sinne des § 3 des Tarifgesetzes vom 15. Juli 1879 nicht der absolut höchste Tarifsatz der genannten Tarifpositionen, sondern der höchste Tarifsatz der Unterabtheilungen derselben anzusehen.

Es ist mithin als höchster Zollsatz für rohes eindrähtiges Baumwollengarn ohne Unterschied der Feinheitsnummer der Zollsatz von 36 Mark für 100 kg., für rohes zweidrähtiges dergleichen von 39 Mark, für gebleichtes oder gefärbtes ein- und zweidrähtiges Baumwollengarn von 48 Mark, für rohes Leinengarn ohne Unterschied der Feinheitsnummer der Zollsatz von 12 Mark, für dergleichen gefärbtes, gebleichtes, bedrucktes von 20 Mark, für Leinwand, Zwillich und Drillich, ungefärbt, unbedruckt, ungebleicht, — ohne Unterschied, wie viel Fäden in Kette und Schuß zusammen auf eine quadratische Gewebefläche von 4 □ cm. fallen, — der Zollsatz von 60 Mark und endlich für gefärbte, bedruckte, gebleichte Leinwand, Zwillich oder Drillich der Zollsatz von 120 Mark für 100 kg. zur Anwendung zu bringen.

2., Eiserne Nägel, deren unreine bläuliche Färbung denselben nicht durch den Prozeß des Blauanlaufenlassens gegeben, vielmehr dadurch entstanden ist, daß die aus kaltem Eisenblech geschnittenen Nägel zur Beseitigung der ihnen in Folge dessen anhaftenden Sprödigkeit einem Ausglühen haben unterworfen werden müssen, sind nach Nr. 6e. 2a. des Zolltarifs mit 6 Mark pro 100 kg. zu verzollen. Die Bestimmung in der Anmerkung 2 s. v. „Eisenwaaren" auf Seite 91 des amtlichen

Waaren-Verzeichnisses, wonach blauangelaufene Eisenwaaren wie abgeschliffene behandelt werden sollen, findet also auf Nägel der obenbezeichneten Art keine Anwendung.
3.) Abgepaßte seidene und halbseidene Bänder mit brochirten Dessins und an beiden Enden mit Fransen aus losen Kettenfäden des Gewebes versehen (s. g. **Lavallière**), die aus einem auf dem Bandstuhle angefertigten zusammenhängenden Gewebe mittelst Durchschneidens desselben an den durch das Muster bezeichneten Stellen zum Gebrauch als Halsbänder 2c. für Frauen hergestellt sind, dürfen nicht als Kleider und Putzwaaren, sondern müssen als Band aus den dazu verwendeten Spinnstoffen verzollt werden. Wenn dagegen die an den abgepaßten Bändern befindlichen, aus losen seidenen oder halbseidenen Kettenfäden bestehenden Fransen durch Verknüpfen derselben unter einander, oder mittelst anderer, zu den Gewebefäden des Bandes nicht gehöriger Fäden zu kleinen Quasten eine weitere Bearbeitung erfahren haben, fallen solche Bänder unter den Begriff der Kleider und Putzwaaren.
4.) Zu den, gleich den ächten orientalischen Shawls der Nr. 41 d. 7 und 8 des Zolltarifs zugewiesenen auf der Jaquard-Maschine hergestellten Nachahmungen dieser Shawls, die sich durch ihre eigenthümlichen in lebhaften Farben erscheinenden Muster charakterisiren, gehören nicht nur diejenigen Tischer, bei welchen diese Muster durch Brochiren oder Lanciren hergestellt sind, die zur Bildung des Musters auf der rechten Seite dienenden Fäden also auf der linken Seite frei liegen, sondern auch diejenigen, bei welchen durch die Fäden des Figurenschusses der einen Seite des Gewebes auf der anderen Seite ein dem Muster der ersten Seite entgegengesetztes Muster gebildet wird, freiliegende Fäden also fehlen.

Erfurt, den 11. Januar 1881.   Der Generalinspector: **Grolig.**

№ 5. Bekanntmachung,
eine Ausstellung in Breslau betr., vom 15. Januar 1881 № 304.

Der Breslauer landwirthschaftliche Verein beabsichtigt in den Tagen vom 9. bis 11. Juni d. J. in Breslau eine Ausstellung und einen Markt land-, forst- und hauswirthschaftlicher Maschinen und Geräthe zu veranstalten und ist für solche Gegenstände, welche vom Auslande zu dieser Ausstellung ein- und später wieder ausgehen, unter den bekannten Bedingungen Zollfreiheit zugesichert worden, was ich hierdurch bekannt mache.

Erfurt, den 18. Januar 1881.   Der Generalinspector: **Grolig.**

№ 6. Cirkularverfügung,
die Anstellung des Obersteuer-Controleurs Jacob als Stations-Controleur betr., vom 26. Januar 1881 № 479.

In Verfolg der Verfügung vom 3. d. M. Nr. 10065 gebe ich bekannt, daß der Königlich Preußische Ober-Steuer-Controleur Jacob in Seehausen den Haupt-Aemtern, Ober-Controlen und selbstständigen Steuerstellen des Thüring'schen Zoll- und Handels-Vereins, ausschließlich des Herzoglich sachsen-coburg-gothaischen Amts zu Lichtenfels als Stations-Controleur mit dem Wohnsitz in Erfurt vom 1. Februar d. J. ab bis auf Weiteres beigeordnet worden ist.

Dem pp. Jacob ist zugleich der Character als Steuer-Inspector verliehen worden.

Erfurt, den 26. Januar 1881.   Der Generalinspector: **Grolig.**

№ 7. **Bekanntmachung,**
eine Ausstellung in Zwickau betr., vom 27. Januar 1881 № 502.

In Zwickau wird vom 6. bis 8. März d. J. eine Ausstellung von Geräthen und Producten des Fleischergewerbes und der Kochkunst veranstaltet, zu welcher auch ausländische Gegenstände zollfrei ein- und wieder ausgeführt werden können, was ich unter Hinweis auf die in ähnlichen Fällen ergangenen Bestimmungen hiermit bekannt gebe.

Erfurt, den 27. Januar 1881.   Der Generalinspector: Grolig.

№ 8. **Bekanntmachung,**
eine Ausstellung in Frankfurt a. Main betr., vom 5. Februar 1881 № 702.

In Frankfurt a. M. wird während der Monate Mai bis October d. J. eine mit Fachausstellungen zu verbindende Patent- und Musterschutz-Ausstellung veranstaltet und können zu derselben auch unter den bekannten Voraussetzungen ausländische Gegenstände zollfrei ein- und wieder ausgehen, was ich hiermit unter Verweisung auf die in früheren Fällen ergangenen Bestimmungen bekannt gebe.

Erfurt, den 5. Februar 1881.   Der Generalinspector: Grolig.

№ 9. **Bekanntmachung,**
eine Ausstellung in Königsberg i. Pr. betr., vom 9. Februar 1881 № 785.

In Königsberg i. Pr. findet in den Tagen vom 26. bis einschließlich 29. Mai d. J. eine Ausstellung landwirthschaftlicher Maschinen und Geräthe statt und können zu dieser Ausstellung auch ausländische Gegenstände zollfrei ein- und wieder ausgeführt werden, was ich hierdurch unter Verweisung auf die für solche Fälle ergangenen Bestimmungen bekannt gebe.

Erfurt, den 9. Februar 1881.   Der Generalinspector: Grolig.

№ 10. **Bekanntmachung,**
eine Ausstellung in Cleve betr., vom 28. Februar 1881 № 1090.

In Cleve wird in den Monaten Juli bis October d. J. eine internationale Jagd-Ausstellung veranstaltet, zu welcher auch ausländische Gegenstände unter den bekannten Bedingungen zollfrei ein- und wieder ausgeführt werden können, was ich hierdurch bekannt gebe.

Erfurt, den 28. Februar 1881.   Der Generalinspector: Grolig.

№ 11. **Cirkularverfügung,**
die Erhebung und Berechnung der statistischen Gebühr betr., vom 1. März 1881 № 1190.

Den aufschriftlich genannten Steuerstellen wird hierdurch nachachtlich eröffnet, daß mit Rücksicht auf die Vorschriften in den §§ 11 und 2 alin. 2 des Gesetzes vom 20. Juli 1879, wonach von den zum Zwecke der statistischen Anschreibung schriftlich anzumeldenden Waaren eine statistische Gebühr zu entrichten und das Gewicht verpackter Waaren der Regel nach netto anzumelden ist, die Entrichtung der statistischen Gebühr von verpackten Waaren nur von dem Netto-Gewicht der Waaren gefordert werden darf.

Es ist daher, wenn die Angabe des letzteren im Anmeldeschein fehlt, weil von den Ausnahmebestimmungen im § 2 al. 2 Satz 2 und al. 3 leg. cit. Gebrauch gemacht worden, bei Berechnung der statistischen Gebühr das durch Abzug der vorschriftsmäßigen Tara vom deklarirten Bruttogewicht ermittelte Nettogewicht zu Grunde zu legen. Diese Ermittelung des Nettogewichts wird auch bezüglich der in einem Collo zusammengepackten verschiedenartigen Waaren, für welche eine allgemeine Bezeichnung des Gesammtinhalts unter Angabe des Gesammtbruttogewichts zugelassen ist — § 2 al. 3 —, keine Schwierigkeit haben, da die gestattete allgemeine Bezeichnung immer die Möglichkeit gewähren muß, die Waaren einer bestimmten Nummer des statistischen Waarenverzeichnisses zuzuweisen.

Erfurt, den 4. März 1881.   Der Generalinspector: Grolig.

№ 12. Bekanntmachung,
Ausstellungen in Hannover und Altona betr., vom 8. März 1881 .№ 1215.

In Hannover wird in den Tagen vom 16. bis 24. event. 31. Juli d. J. eine allgemeine land- und forstwirthschaftliche Ausstellung, und in Altona in der Zeit vom 18. August bis einschließlich 17. October dieses Jahres eine internationale Fach-Ausstellung von Kraft- und Arbeitsmaschinen für das Kleingewerbe und die Molkerei sowie von landwirthschaftlichen Maschinen veranstaltet, was ich mit dem Bemerken bekannt gebe, daß rücksichtlich der ersteren Ausstellung die zollfreie Ein- und Wiederausführung ausländischer Gegenstände, rücksichtlich der zweiten Ausstellung aber die zollfreie Wiedereinführung vereinsländischer Gegenstände unter den bekannten Bedingungen gestattet werden soll.

In letzterer Beziehung verweise ich auf die mittelst der Cirkularverfügung vom 24. Januar 1865 Nr. 131 ergangenen Bestimmungen.

Erfurt, den 8. März 1881.   Der Generalinspector: Grolig.

№ 13. Bekanntmachung,
Statistische Gebühr für Massengüter betr., vom 23. März 1881 .№ 1474.

Der Bundesrath hat dem nachstehend abgedruckten Nachtrage zum Verzeichnisse derjenigen Massengüter, auf welche die Bestimmung im § 11 Ziffer 3 des Gesetzes vom 20. Juli 1879, betreffend die Statistik des Waarenverkehrs, Anwendung findet (Centralbl. 1880. S. 318) seine Genehmigung mit der Maßgabe ertheilt, daß derselbe vom 1. April d. J. ab in Kraft zu treten hat.

Berlin, den 14. März 1881.   Der Reichskanzler: J. V. von Bötticher.

Vorstehendes wird hiermit auch in meinem Amtsblatte veröffentlicht.

Erfurt, den 23. März 1881.   Der Generalinspector: Grolig.

Nachtrag

zum Verzeichniß derjenigen Massengüter, auf welche die Bestimmung im § 11 Absatz 3 des Gesetzes vom 20. Juli 1879, betreffend die Statistik des Waarenverkehrs, Anwendung findet.

Nummer des amtlichen Waarenverzeichnisses	Waarengattung.	Nummer des amtlichen Waarenverzeichnisses	Waarengattung.
47	Rohes Blei, Bruchblei.	266	Rohe Hasen- und Kaninchenfelle.
95	Baryt, schwefelsaurer, gepulvert.	267	Rohe, frische und getrocknete Seehund- und Robbenfelle.
123	Kreide, geschlemmt und gemahlen.		
156	Luppeneisen, noch Schlacken enthaltend; Rohschienen; Ingots.	268	Rohe Roßhäute.
		269	Andere Häute und Felle zur Lederbereitung.
157	Schmiedbares Eisen (Schweißeisen, Schweißstahl, Flußeisen, Flußstahl) in Stäben, mit Einschluß des façonnirten.	277	Hörner und Hornspitzen.
		449	Mehl aus Getreide und Hülsenfrüchten.
		522	Grobe Steinmetzarbeiten, z. B. Thür- und Fensterstöcke, Säulen und Säulenbestandtheile, Rinnen, Röhren, Tröge und dergleichen ungeschliffen, mit Ausnahme der Arbeiten aus Alabaster und Marmor.
158	Radkranzeisen, Pflugschaareneisen.		
159	Eck- und Winkeleisen.		
160	Eisenbahnschienen.		
161	Eisenbahnlaschen, Unterlagsplatten und eiserne Schwellen.		
162	Rohe Platten und Bleche aus schmiedbarem Eisen.	524	Dachschiefer und Schieferplatten.
		535	Theer.
		536	Pech.
166	Ganz grobe Eisenwaaren aus Eisenguß.	537	Asphalt (Bergtheer).
232	Frisches Obst, mit Ausnahme von Weintrauben.	538	Terpentinharz (Kolofonium, Fichtenharz), Terpentin.
Aus 234	Rüben, frische oder getrocknete (auch gedarrte).	539	Andere Harze.
		550	Nicht glasirtes Töpfergeschirr.
261	Rohe Rindshäute, grüne.	552	Schmelztiegel, glasirte Röhren, Muffeln, Kapseln und Retorten, Platten, Krüge und andere Gefäße aus gemeinem Steinzeug; gemeine Ofenkacheln; irdene Pfeifen.
262	Rohe Rindshäute, gesalzene, gekalkte, trockene.		
263	Rohe Kalbfelle.		
264	Rohe behaarte Schaf-, Lamm- und Ziegenfelle.	553	Glasirtes Töpfergeschirr.
		598	Rohes Zink, Bruchzink.
265	Enthaarte Schaffelle, nicht weiter bearbeitet.		

№ 14. **Bekanntmachung,**
eine **Ausstellung in Erfurt** betr., vom 25. März 1881 .M. 1503.

In der ersten Hälfte des Monats September d. J. wird in Erfurt vor der XXVI. Wanderversammlung deutscher und österreichischer Bienenzüchter eine Ausstellung von Bienen, Erzeugnissen von Bienen und Geräthschaften zur Bienenzucht veranstaltet werden, zu welcher auch zollpflichtige ausländische Gegenstände unter den bekannten Bedingungen zollfrei ein- und bez. wieder ausgeführt werden können.

Erfurt, den 25. März 1881.   Der Generalinspector: Grolig.

№ 15. **Bekanntmachung,**
einen **internationalen Maschinenmarkt in Leipzig** betr., vom 9. April 1881 .M. 1719.

In Leipzig wird in den Tagen vom 16. bis 19. Juni d. J. ein internationaler Maschinenmarkt veranstaltet, zu welchem zollpflichtige ausländische Gegenstände unter den bekannten Bedingungen zollfrei ein- und wieder ausgeführt werden können.

Erfurt, den 9. April 1881.   Der Generalinspector: J. B. Schreck.

№ 16. **Bekanntmachung,**
eine **Ausstellung von Leder ꝛc. in Frankfurt a. M.** betr., vom 9. April 1881 .M. 1745.

In der Zeit vom 15. Mai bis Ende August d. J. wird in Frankfurt a. M. eine internationale Ausstellung von Leder, Lederwaaren, Gerbstoffen und Rauchwaaren, und zwar unabhängig von der in den Monaten Mai bis October dieses Jahres ebendaselbst stattfindenden Patent- und Musterschutz-Ausstellung abgehalten und ist den hierzu aus dem Auslande ein- und wieder zurückgehenden zollpflichtigen Gegenständen Befreiung vom Eingangszolle unter den bekannten Voraussetzungen zugestanden worden.

Erfurt, den 9. April 1881.   Der Generalinspector: J. B. Schreck.

№ 17. **Bekanntmachung,**
eine **Ausstellung in Braunschweig** betr., vom 14. April 1881 .M. 1836.

In Braunschweig wird für die Zeit vom 1. Juli bis 1. October d. J. die Abhaltung einer baugewerblichen Ausstellung in Aussicht genommen, und ist den hierzu aus dem Auslande ein- und später wieder zurückgehenden zollpflichtigen Gegenständen unter den bekannten Voraussetzungen Befreiung vom Eingangszoll zugestanden worden.

Erfurt, den 14. April 1881.   Der Generalinspector: Grolig.

Personalien.

A. General-Inspection.
Die neu kreirte Stelle eines Bureauassistenten bei der Generalinspection wurde vom 1. März 1881 ab dem Fürstlich Schwarzburg-Sondershausen'schen Registraturgehülfen Turhold übertragen.

B. Preußen.
1., Vom 1. Februar 1881 ab ist dem Hauptsteueramtsassistenten Hering zu Langensalza die beim hiesigen Hauptsteueramte zur Erledigung gekommene Assistentenstelle verliehen worden.
2., Dem Obersteuerkontroleur Bertram zu Saalfeld ist der Charakter als Steuerinspektor verliehen worden.

C. Sachsen-Altenburg.
Der Steueraufseher Rothe II. in Roda ist nach Ehrenhain, der Steueraufseher Kunze in Ehrenhain nach Uhlstädt und der Steueraufseher Müller in Uhlstädt nach Roda versetzt worden.
Ministerial-Rescript vom 10. März 1881.

D. Schwarzburg-Sondershausen.
Der Steueramtsassistent Keil in Arnstadt ist mit dem 1. Januar 1881 als Assistent an das Kaiserliche Hauptzollamt zu Hamburg versetzt worden; die hierdurch erledigte Assistentenstelle wurde vom 1. März 1881 ab dem Kanzlisten Schettler von Sondershausen übertragen.
Ministerial-Rescripte vom 3. Decbr. 1880 und vom 28. Januar 1881.

E. Reuß j. L.
1., Die durch den Abgang des Rentkassirers Schack zur Erledigung kommende Stelle des Steuerrezepturverwalters in Hohenleuben ist dem Steueraufseher Kästner in Hirschberg übertragen worden.
Ministerial-Rescript vom 3. März 1881.
2., Der Steueraufseher Jägmann in Schleiz ist vom 1. April d. J. ab nach Hirschberg versetzt und der Posten des zweiten Steueraufsehers in Schleiz dem Steueraccessisten Riedel in Gera übertragen worden.
Ministerial-Rescript vom 17. März 1881.

Druck von Otto Conrad in Erfurt.

Amtsblatt
des General-Inspectors
des Thüringischen Zoll- und Handels-Vereins.

2tes Stück vom Jahre 1881.

№ 18. Bekanntmachung,
eine Ausstellung in Eger betr., vom 21. Mai 1881 № 2541.

In Eger wird vom 31. Juli d. J. ab eine Gewerbe- und landwirthschaftliche Ausstellung veranstaltet werden, und es ist für diejenigen Gegenstände, welche zu dieser Ausstellung aus dem Vereinslande ausgehen, unter den bekannten Bedingungen — conf. Cirkularverfügung vom 24. Januar 1865 No. 131 — der zollfreie Wiedereingang zugestanden worden.

Erfurt, den 21. Mai 1881.   Der Generalinspector: Grolig.

№ 19. Bekanntmachung,
Ausfuhr von Mühlenfabrikaten betr., vom 2. Juni 1881 № 2751.

Zu § 11 Absatz 1 der Bestimmungen vom 13. Mai v. J., betreffend die Gewährung einer Zollerleichterung bei der Ausfuhr von Mühlenfabrikaten, welche aus ausländischem Getreide hergestellt sind, (vergl. Amtsblatt 1880 S. 7, Centralblatt f. d. d. R. 1880 S. 301) wird auf den im Centralblatt f. d. d. R. von diesem Jahre S. 179 abgedruckten Bundesrathsbeschluß verwiesen.

Erfurt, den 2. Juni 1881.   Der Generalinspector: Grolig.

№ 20. Bekanntmachung,
eine Ausstellung in Paris betr., vom 11. Juni 1881 № 2915.

Der Bundesrath hat in Betreff der zollamtlichen Behandlung der zur Versendung nach der in der Zeit vom 1. August bis 15. November d. J. zu Paris stattfindenden internationalen Ausstellung für Elektrizität bestimmten, bezw. von dort zurück kommenden deutschen Güter Nachstehendes beschlossen.

1. Wenn diesseitigen, zur Abfertigung auf Ansagezettel oder Begleitschein befugten Zollstellen an der Grenze oder im Innern ganze Wagenladungen, Wagenabtheilungen, abhebbare Behältnisse oder einzelne Kolli mit dem Antrage angemeldet werden, dieselben zum Zwecke der Versendung nach der internationalen Ausstellung für Elektrizität zu Paris unter Verschluß zu legen, so ist diesem Antrage ohne vorherige Revision der Sendungen zu entsprechen und die Anlegung des Verschlusses auf der Anmeldung zu bescheinigen.

II. Für die zollfreie Wiedereinlassung der zur Rücksendung bestimmten Ausstellungsgüter genügt es, wenn von dem deutschen Ausstellungs-Kommissar unter der die Sendung begleitenden Deklaration die Herstammung der Güter aus dem deutschen Zollgebiet und ihre wirkliche Ausstellung bescheinigt wird, wenn ferner von dem gedachten Beamten unter entsprechender Vermerkung in der Deklaration die zur Rücksendung dienenden Wagen, Wagenabtheilungen, abhebbare Behältnisse oder einzelnen Kolli mit Verschluß versehen werden.

III. Sendungen dieser Art, welche mit unverletztem Verschlusse ein diesseitiges Grenzamt erreichen, können von demselben, je nachdem es beantragt wird, unter Zurückbehaltung der bescheinigten Deklaration als Belege für das Deklarations-Register, und zwar, sofern nicht Verdacht obwaltet, ohne Revision mit Abnahme des Verschlusses zollfrei in den freien Verkehr gesetzt oder unter gewöhnlicher Zollcontrole dem Bestimmungsort zugeführt werden. Im letzteren Falle ist, sofern kein Verdacht obwaltet, das Erledigungsamt zur zollfreien Ablassung ermächtigt.

IV. Für Sendungen von Orten aus, welche nicht innerhalb des deutschen Zollgebiets belegen sind, kommen vorstehende Bestimmungen nicht in Anwendung.

Weitere Mittheilung darüber, in welcher Weise der amtliche Verschluß in Paris angelegt werden soll, bleibt vorbehalten.

Erfurt, den 11. Juni 1881.   Der Generalinspector: Grolig.

№ 21. Cirkularverfügung,

Uebergangssteuern ꝛc. in Württemberg betr., vom 13. Juni 1881. № 2925.

Im Königreich Württemberg wird, wie ich zur Berichtigung der Nachweisung zur Cirkularverfügung vom 10. Februar 1877 Nr. 1198 bekannt gebe, für die Finanzperiode vom 1. April 1881 bis 31. März 1883 erhoben:

a. die Abgabe von dem zur Bier- und Branntwein-Erzeugung bestimmten Malz nach dem Satze von 5 Mark für einen Centner ungeschrotenes Malz;

b. die Uebergangssteuer von geschrotenem Malz nach dem Satze von 5 Mark für einen Centner Malz;

c. die Uebergangssteuer vom Bier mit 2 Mark 75 Pf. für das Hektoliter braunes und mit 1 Mark 65 Pf. für das Hektoliter weißes Bier;

d. die Uebergangssteuer vom Branntwein bei einer Normalstärke von 50° nach dem Alkoholometer von Tralles bei 12,44° Reaumur nach dem Satze von 2 Mark 75 Pf. für das Hektoliter

Nach diesem Verhältniß werden auch die Uebergangssteuersätze für Branntwein über und unter 50° Stärke bestimmt.

Ferner ist der Steuersatz für das zur Branntweinbereitung bestimmte ungequetschte Grünmalz, sofern es nach der näheren Vorschrift des Königlichen Steuer-Kollegiums zum Abwägen gebracht wird, für die vorbezeichnete Finanzperiode auf 2 Mark 80 Pf. vom Centner bestimmt und auf den gleichen Betrag auch die Uebergangssteuer von gequetschtem Grünmalz festgesetzt worden.

Erfurt, den 13. Juni 1881.   Der Generalinspector: Grolig.

Personalien.

A. Preußen.

Der berittene Steueraufseher Steinbrecht zu Erfurt ist vom 1. Mai 1881 ab als Büreauhilfsarbeiter bei der Provinzial-Steuer-Direktion zu Magdeburg verwendet und dessen bisherige Stelle vom gleichen Zeitpunkte ab dem Steueraufseher Voigt in Magdeburg übertragen worden.

B. Sachsen-Meiningen.

1., Der Stationsort des Steueraufsehers Ihlein ist am 30. März 1881 von Brießnitz nach Leislau,

2., der des Steueraufsehers Jäger am 5. April 1881 von Allendorf nach Salzungen verlegt worden.

3., Der Feldjäger Brückner in Saalfeld ist am 28. April 1881 als Steueraufseher nach Heldburg versetzt worden.

4., Der berittene Steueraufseher Kell in Sonneberg ist am 31. Mai 1881 mit Tode abgegangen.

Druck von Otto Conrad in Erfurt.

Amtsblatt
des General-Inspectors
des Thüringischen Zoll- und Handels-Vereins.

3tes Stück vom Jahre 1881.

№ 22. Cirkularverfügung,
Tabackzoll- und Steuervergütung betr., vom 16. Juni 1881. № 3009.

Es wird hiermit auf das am 1. Juli d. J. in Kraft tretende, im Centralblatt f. d. d. R. Seite 191 ff. de 1881 abgedruckte Regulativ, betreffend die Gewährung der Zoll- und Steuervergütung für Taback und Tabackfabrikate zur eventuellen Beachtung verwiesen. Separatexemplare werden von mir an die Haupt- und an diejenigen Steuerämter, welche zur unbeschränkten Erledigung von Begleitscheinen I ermächtigt sind oder Tabacksteuer nach Gewicht erheben, sowie an die Bezirksobercontrolen verabfolgt werden; an andere Steuerstellen bleibt eine gleiche Mittheilung auf Bedarfsbericht vorbehalten.

Erfurt, den 18. Juni 1881.   Der Generalinspector: **Grolig**.

№ 23. Cirkularverfügung,
Steuerfreies Salz betr., vom 21. Juni 1881. № 3010.

Der Bundesrath hat Folgendes beschlossen:

A.

Es wird genehmigt, daß zur Denaturirung des sogenannten Bestellsalzes, an Stelle des in Ziffer 2 II. f der Bestimmungen, betreffend die Befreiung des zu landwirthschaftlichen und gewerblichen Zwecken bestimmten Salzes von der Salzabgabe (Cirkularverfügung vom 27. Juli 1872 Nr. 4467), vorgeschriebenen ½ Procent reiner wasserheller Karbolsäure, die gleiche Menge gereinigter Karbolsäure zugelassen werde.

Da nach den vorliegenden Erfahrungen das mit reiner wasserheller Karbolsäure denaturirte Salz nach kurzer Zeit keine Spur des Geruchs oder Geschmacks der Karbolsäure mehr bemerken läßt, so ist mit Bezug auf die Vorschrift unter 10 der vorgedachten Bestimmungen des Bundesraths auf die regelmäßige Verwendung der sogenannten gereinigten Karbolsäure hinzuwirken, bei welcher eine nachhaltigere denaturirende Wirkung eintritt.

B.

In Abänderung der Bestimmungen über die Verabfolgung von unzerkleinertem undenaturirtem Pfannenstein [Amtsblatt 1872 S. 55] wurde beschlossen:

1., den Landwirthen, welche unzerkleinerten undenaturirten Pfannenstein beziehen, ist die Führung eines Kontrolregisters über den Zugang und Abgang von Pfannenstein erlassen;

2., die amtliche Transportbezettelung der Sendungen von unzerkleinertem unbenaturirtem Pfannenstein an Landwirthe kommt in Wegfall; dagegen hat

3., bezüglich der Bestellzettel der Landwirthe über unzerkleinerten, unbenaturirten Pfannenstein das Verfahren nach Ziffer 20 und 21 der Bestimmungen, betreffend die Befreiung des zu landwirthschaftlichen und gewerblichen Zwecken bestimmten Salzes von der Salzabgabe, Anwendung zu finden; und dabei in Erinnerung gebracht,

4., daß nach den geltenden Bestimmungen der Bezug von unzerkleinertem unbenaturirtem Pfannenstein auch Landwirthen nur im Falle guten steuerlichen Rufes und unter Vorbehalt der Zurücknahme der Begünstigung bei Mißbräuchen zugestanden werden darf.

Erfurt, den 21. Juni 1881.   Der Generalinspector: Grolig.

№ 24. Cirkularverfügung.

Weintheilungsläger betr., vom 25. Juni 1881 № 3119.

Zur Ausführung der Bestimmung im § 4 Absatz 1 des Regulativs, betreffend die Zollerleichterungen für den Handel mit fremden Weinen und Spirituosen ist von dem Bundesrath hinsichtlich des Verfahrens bei Feststellung der Litermenge der in Theilungslagern zu- und abgehenden Weine Folgendes bestimmt worden.

A. Einlagerung.

1., Gehen die zur Aufnahme in ein Theilungslager angemeldeten Weine in Fässern ein, welche von einem deutschen Aichungsamte geaicht und spundvoll sind, so ist, insofern kein Grund zu der Annahme vorliegt, daß die Fässer nach der Aichung eine Veränderung ihres Rauminhalts erfahren haben, der auf denselben angegebene Literinhalt als richtig anzunehmen und danach die Aufschreibung im Niederlagerregister zu bewirken. Einer besonderen Ermittelung des Inhalts der einzelnen Fässer bedarf es alsdann nicht.

2., Befinden sich die einzulagernden Weine nicht in geaichten Fässern, deren Inhalt nach Ziffer 1 der Anschreibung unmittelbar zu Grunde gelegt werden kann, so ist zu unterscheiden, ob der Wein in den Transportfässern in das Theilungslager verbracht wird, oder ob bei der Aufnahme des Weins in das Theilungslager eine Umfüllung aus den Transport- in besondere Lagerfässer stattfindet.

a., Gelangt der Wein in den Transportfässern in das Theilungslager, so hat zur Feststellung der Litermenge desselben die trockne Vermessung der Fässer einzutreten. Hierbei wird der Literinhalt aus dem Spunddurchmesser, dem Bodendurchmesser und der Länge des Fasses im Lichten und wenn das Faß nicht spundvoll ist, aus der Weintiefe berechnet.

Liegen bei dem in Originalfässern eingehenden Wein specielle Deklarationen über den Literinhalt der angemeldeten Fässer vor, so kann die Feststellung des Literinhalts auf Grund probeweiser Vermessung einzelner Fässer erfolgen, sofern sich bei derselben vollkommene Uebereinstimmung mit den Angaben der Deklaration herausstellt [§ 30 des Vereinszollgesetzes].

b., Findet eine Umfüllung statt, so wird die Litermenge nach Antrag des Niederlegers entweder durch nasse Vermessung mit geaichten Maßgefäßen, oder durch Reduktion aus dem Nettogewicht des Weins ermittelt.

Die Feststellung des Nettogewichts des Weines erfolgt letzterenfalls in der Weise, daß das Faß vor und nach der Umfüllung gewogen und das Gewicht des leeren Fasses von dem Gewicht des vollen Fasses abgezogen wird.

Bei der Berechnung des Literinhalts des Weins aus dem Nettogewicht desselben kann in der Regel angenommen werden, daß das Gewicht von 1 Liter Wein 1 Kilogramm betrage.

Bei Theilungslagern, welche zur Lagerung von Wein benutzt werden, bei welchen dieses Verhältniß nicht zutrifft, wird der Maßstab, nach dem die Umrechnng stattzufinden hat, von der Direktivbehörde auf Grund von Probeermittelungen besonders festgesetzt.

Der besonderen Ermittelung der Weinmenge bedarf es dann nicht, wenn der zum Lager gebrachte Wein in Lagerfässer, deren Inhalt amtlich festgestellt ist, umgefüllt wird. Bei Weinresten, welche die Lagerfässer nicht vollständig füllen, ist jedoch auch in diesen Fällen die Menge, wie vorstehend angegeben, festzustellen.

3., Die Berechnung der Weinmenge aus dem Bruttogewicht der Fässer unter Anwendung des im § 7 Absatz 2 und im § 9 Absatz 3 des Regulativs für die Fälle der Eingangsverzollung von in Flaschen umgefülltem Weine und von zollpflichtigen Lagerabgängen vorgeschriebenen Reduktionssatzes von 1,2 Kilogramm für 1 Liter Wein ist nicht gestattet.

B. Auslagerung.

1., Erfolgt die Auslagerung behufs Verzollung oder Weiterabfertigung mit Begleitschein in Fässern, welche von einem deutschen Aichungsamte geaicht sind, oder deren Inhalt von der Zollbehörde amtlich festgestellt ist, so ist unter der zu A. 1. angegebenen Voraussetzung der Literinhalt nach der Aiche beziehungsweise nach der amtlichen Feststellung anzunehmen.

2., Anderenfalls ist zu unterscheiden, ob der Wein in den Lagerfässern abgemeldet wird, oder ob eine Umfüllung stattfindet.

a., Im ersteren Falle hat in der Regel die trockene Vermessung der Fässer [A. 2. a.] einzutreten.

Sind die Fässer spundvoll, so kann der Literinhalt derselben nach Maßgabe der Feststellung bei der Einlagerung, oder, wenn der Wein während der Lagerung umgefüllt worden ist, nach der Feststellung bei der Umfüllung angenommen werden und bedarf es alsdann der nochmaligen Vermessung nicht.

b., Findet bei der Auslagerung eine Umfüllung statt, so wird nach den Bestimmungen zu A. 2. b. die Litermenge entweder durch nasse Vermessung mit geaichten Maßgefässen oder durch Reduktion aus dem Nettogewicht des Weins ermittelt.

Unter Verweisung auf die Cirkularverfügung vom 19. August 1871 Nr. 4990 bemerke ich, daß, insoweit nach den zu A. 2. a. und B. 2. a. getroffenen Anordnungen eine trockene Vermessung der in den Fässern enthaltenen Weinmengen bei der Einlagerung und der Auslagerung stattzufinden hat, das Vermessungsverfahren, wie solches in den §§ 10, bezw. 16, 17 und 20 der Conrati'schen Anleitung zur Bestimmung des Literinhalts der Brennerei- und Brauereigeräthe sich näher beschrieben findet, zur Anwendung zu bringen ist.

Erfurt, den 25. Juni 1881.   Der Generalinspector: Grolig.

№ 25. Cirkularverfügung,
Tarifgesetze betr., vom 28. Juni 1881. № 3173.

Die aufschriftlich genannten Steuerstellen werden auf die am 1. Juli d. J. in Kraft tretenden beiden Reichsgesetze vom 19. und vom 21. d. M., betreffend die Positionen 9 f., 25 q. 2 und 41 d. 5. 6. des Zolltarifs zur Nachachtung und Tarifberichtigung, sowie auf den Bundesrathsbeschluß S. 247 und die Druckfehlerberichtigung Seite 250 des diesjährigen Centralblatts f. d. d. R. zur Berichtigung des amtlichen Waarenverzeichnisses verwiesen.

Nach § 2 des erstgedachten Gesetzes ist vorbehältlich der Uebergangsbestimmung in § 3 ibid. bei dortigen Verzollungen von Waaren der pos. 41 d. 5. 6. der Zollsatz von 220 Mark allgemein anzuwenden, wenn nicht die Befugniß aus § 3 des Zolltarifgesetzes vom 15. Juli 1879 verliehen worden ist. Hierüber wird von den betreffenden hohen thüringischen Vereinsregierungen, soweit noch nicht geschehen, noch Bestimmung getroffen werden, und behalte ich mir Weiteres bezl. der Bekanntmachung der mit der Befugniß versehenen thüringischen Steuerstellen und der Verabfolgung von Instructionen [Centralblatt S. 249] und Schablonen [Ibid. S. 250] noch vor.

Was die erwähnte Uebergangsbestimmung anlangt, so ist vorkommenden Falles der Bestellungsnachweis [beglaubigte Abschrift des Avis- oder Bestellbriefes resp. beglaubigter Buchauszug] dem Zollabfertigungsbeleg beizufügen.

Erfurt, den 28. Juni 1881.   Der Generalinspector: Grolig.

№ 26. Bekanntmachung,
den Handelsvertrag mit Italien betr., vom 30. Juni 1881. № 3199.

Mit Bezug auf meine Cirkularverfügung vom 5. Januar c. Nr. 71 mache ich den betheiligten Steuerstellen hiermit bekannt, daß einer anher gelangten Nachricht zu Folge die von der Königlich Italienischen Regierung angebrachte Kündigung des Handelsvertrags zwischen dem Zollverein und Italien vom 31. December 1865 und der Schiffahrtsconvention vom 14. October 1867 nach einem mit der Königlich Italienischen Regierung neuerdings getroffenen Abkommen erst mit dem 1. Januar 1882 in Wirksamkeit treten wird.

Erfurt, den 30. Juni 1881.   Der Generalinspector: Grolig.

№ 27. Bekanntmachung,
die Berichtigung des amtlichen Waarenverzeichnisses betr., vom 2. Juli 1881. № 3210.

Im Verfolg der Cirkularverfügung vom 28. v. M. Nr. 3173 mache ich bekannt, daß die dort gedachte Befugniß bisher verliehen worden ist in Thüringen den Haupt- und Steuerämtern zu Erfurt, Gera, Coburg, Gotha, Altenburg, Eisenach, Apolda, Greiz und Meiningen.

Nachstehend erfolgt Abdruck von Seite 247. 248 des Centralblatts für das deutsche Reich.

Erfurt, den 2. Juli 1881.   Der Generalinspector: Grolig.

Der Bundesrath hat in seiner Sitzung vom 25. d. M. zur Ausführung der Gesetze vom 19. und 21. d. M., betreffend die Abänderung des Zolltarifs (R.-G.-Bl. S. 119 und 121) Nachstehendes beschlossen:

I Zum amtlichen Waarenverzeichniß:

1. In der Spalte „Hinweisung auf die Nummer des Zolltarifs" des Waarenverzeichnisses und des zugehörigen Nachtrages ist überall, mit Ausnahme der Hinweisung bei dem Artikel „Weinbeeren" auf Seite 388 des Verzeichnisses, an Stelle von „9 f" „9 g" zu setzen.
2. In der Spalte „Zollsatz für 100 kg" ebendaselbst ist bei allen auf Nummer 25 q 2 des Zolltarifs verwiesenen Artikeln anstatt „br. 2" „br. 3" zu setzen.
3. Dem Artikel „Weinbeeren" (S. 388 des Waarenverzeichnisses und S. 50 Nummer 203 des Nachtrags) ist folgende Fassung zu geben:
   „Weinbeeren, frische Nr. 9 f. 15 ℳ
   Weinbeeren, getrocknete Nr. 25 h 2. 24 ℳ
   Weinbeeren gemostete, gegohrene, wie Wein (siehe diesen).
   (S. auch Weinmaische)."
   Außerdem ist hinter „Beeren, frische" auf S. 27 des Waarenverzeichnisses hinzuzufügen: „(mit Ausschluß der Weinbeeren)."
4. In der Spalte „Hinweisung auf die Nummer des Zolltarifs" ist bei den nachfolgenden Artikeln:
   „Oeltücher" (S. 251 des Waarenverzeichnisses) im 2. Absatze,
   „Schuhe" (Seite 319/20 des Waarenverzeichnisses und S. 42 Nr. 173 des Nachtrags) im 10. Absatze bei Ziffer 4
   anstatt „41 d 5", „41 d 5 α", und bei den nachfolgenden Artikeln
   „Brillant-Wolle" (S. 49 des Waarenverzeichnisses),
   „Chenille" (S. 61 des Waarenverzeichnisses) im 2. Absatze,
   „Filze und Filzwaaren" (S. 107/8 des Waarenverzeichnisses) unter Ziffer 1 bei c sowie unter Ziffer 2 bei b,
   „Tressenwaaren aus Metallfäden" (S. 369 des Waarenverzeichnisses) unter Ziffer 1 bei c,
   „Wollen-Gespinnste in Verbindung mit Metallfäden" (S. 393 des Waarenverzeichnisses),
   „Woll-Mosaik" (S. 394 des Waarenverzeichnisses) unter Streichung der Parenthese „(wie bedruckte Wollwaaren)" im 1. Absatze
   anstatt „41 d 6" „41 d 6 α" zu setzen.
5. Im Artikel „Zeug- 2c. Waaren" des Waarenverzeichnisses sind die Abschnitte 5 e bis h auf Seite 404/5 (vergl. auch S. 54 Nr. 213 des Nachtrags) durch folgende Bestimmungen zu ersetzen:
   „e) unbedruckte Tuch- und Zeugwaaren, soweit sie nicht anderweit genannt sind:
   α) im Gewichte von mehr als 200 Gramm auf den Quadratmeter Gewebefläche Nr. 41 d 5 α . . . . 135 ℳ
   β) im Gewichte von 200 Gramm oder weniger auf den Quadratmeter Gewebefläche Nr. 41 d 5 β . . . . 220 „
   f) bedruckte Waaren soweit sie nicht anderweit genannt sind:
   α) im Gewichte von mehr als 200 Gramm auf den Quadratmeter Gewebefläche Nr. 41 d 6 α . . . . 150 „

ß) im Gewichte von 200 Gramm oder weniger auf den
    Quadratmeter Gewebefläche Nr. 41 d 6 ß . . . . 220 ℳ
g) bedruckte Filze und bedruckte Filzwaaren; bedruckte und un-
    bedruckte Posamentier- und Knopfmacherwaaren, Plüsche
    Nr. 41 d 6 α . . . . 150 -
h) (wie bisher g).
i) (wie bisher h).

II. Zu der Tarifnummer 9 f frische „Weinbeeren" werden folgende Tarasätze bestimmt:

16 Prozent in Kisten und Fässern,
20 Prozent in Kisten und Fässern und zugleich in Kork-, Holz-, Sägespänen oder dergleichen eingelegt,
11 Prozent in unvollständigen Kisten und Fässern (Gitterkisten, Kisten mit Bohrlöchern, Kisten mit Deckeln von Zeugstoffen 2c.),
8 Prozent in Körben mit Deckeln,
6 Prozent in Körben ohne Deckel.

III. Für die zollamtliche Ermittelung des relativen Gewichts von Waaren der Nummer 41 d 5 und 41 d 6 des Zolltarifs tritt die beiliegende Instruktion in Kraft.

IV. Die obersten Landesfinanzbehörden sind ermächtigt, den untergeordneten Zollstellen die Befugniß zur Abfertigung von Waaren der Nummer 41 d 5 und 41 d 6 des Zolltarifs zu andern als den höchsten Zollsätzen dieser Nummern beizulegen.

V. Der im § 3 des Gesetzes, betreffend die wollenen Webwaaren, für die Anwendung der vor dem 1. Juli d. J. gültig gewesenen Zollsätze auf wollene und halbwollene Webwaaren erforderte Nachweis ist von der zuständigen Amtsstelle als erbracht anzusehen, wenn seitens der Waarenempfänger durch die Handlungsbücher und durch die Korrespondenzen überzeugend dargethan ist, daß die Bestellung der eingehenden Waaren ihrerseits bereits vor dem 25. Mai d. J. stattgefunden hat.

Der geringere Zollsatz kann nur zugestanden werden für Waaren der fraglichen Art, welche vor dem Ablauf des 14. Oktober l. J. bei der kompetenten Zollstelle mit dem Antrage auf Bewilligung des ermäßigten Zolls angemeldet und zur Abfertigung gestellt werden.

Amtsblatt
des General-Inspectors
des Thüringischen Zoll- und Handels-Vereins.

4tes Stück vom Jahre 1881.

№ 28. Cirkularverfügung,
die Befugniß zur Abfertigung von Waaren der Nummern 41 d 5 und 6
des Zolltarifs betr., vom 16. Juli 1881. № 3490.

Unter Bezugnahme auf die Cirk.-Verfügung vom 28. v. M. Nr. 3173 wird anliegend ein Exemplar der darin erwähnten Instruction unter dem Hinzufügen mitgetheilt, daß Behufs Tarifirung derjenigen wollenen Tuch- und Zeugwaaren, die nach Maßgabe ihres Gewichts auf den □ Meter Gewebefläche verschiedenen Zollsätzen unterliegen, außer dem Hauptamte zu Erfurt auch den aufschriftlich genannten Steuerstellen die Befugniß der Abfertigung zu anderen, als den höchsten Sätzen der Tarifpositionen 41 d 5 und 6 beigelegt worden ist.

Erfurt, den 16. Juli 1881.   Der Generalinspector: **Grelig.**

An die Steuerstellen in Eisenach, Apolda, Meiningen, Coburg, Gotha, Greiz, Gera und Altenburg.

№ 29. Cirkularverfügung,
Aenderungen in den für die Verzollung maßgebenden Tarasätzen betr.,
vom 21. Juli 1881. № 3585.

Der Bundesrath hat in seiner Sitzung vom 30. Juni d. J. beschlossen, daß in den für die Verzollung maßgebenden Tarasätzen die nachbezeichneten Aenderungen einzutreten haben:

Lfd. №	Nummer des Zolltarifs.	Benennung der Gegenstände.	Art der Umschließung.	Tarasätze. Procente des Bruttogewichts.	
				Bisher.	Künftig.
1.	2. c. 1.	Baumwollengarn, eindrähtiges, roh	Fässer	15	13
2.	"	Desgleichen	Kisten	18	17
3.	"	Desgleichen	Ballen	4	3
4.	2. c. 2.	Baumwollengarn, zweidrähtiges, roh	Ballen	4	3

Lfd. Nr.	Nummer des Zolltarifs.	Benennung der Gegenstände.	Art der Umschließung.	Tarasätze. Procente des Bruttogewichts.	
				Bisher.	Künftig.
5.	2. c. 3.	Baumwollengarn, ein- u. zweidrähtiges, gebleicht oder gefärbt	Ballen	7	3
6.	2. c. 4.	Baumwollengarn, drei- und mehrdrähtiges, roh, gebleicht, gefärbt . . .	Ballen	7	3
7.	"	Baumwollengarn, mehrdrähtiges, auf Holzrollen, in Verpackungen von mehr als 200 kg. Bruttogewicht .	Kisten	18	14
8.	10. e.	Behänge zu Kronleuchtern von Glas, (Glasknöpfe, auch gefärbte . . .	Fässer u. Kisten	23	22
9.	10. f.	Glas, farbiges, mit Ausnahme des unter a, d und e begriffenen, bemaltes oder vergoldetes (versilbertes) u. s. w.	Fässer u. Kisten	20	40
10.	10. f. Anmerkung.	Milchglas und Alabasterglas, ungemustertes, ungeschliffenes 2c. . .	Fässer u. Kisten	23	50
11.	25. c.	Preßhefe	Fässer	24	15
12.	"	Desgleichen	Kisten	24	15
13.	25. h. 1.	Frische Apfelsinen und Citronen . .	Kisten	20	18
14.	25. o.	Käse aller Art	Kisten v. 50 kg. und darüber	20	19
15.	25. p. 1.	Citronat (Orangeat), Succade . .	Kistchen und Schachteln von Buchenholz	20 in Kistchen bezw. 2	13
			Desgleichen mit Leinwandumhüllung.	20	15
16.	27. e.	Druck-, Schreib-, Lösch- und Seidenpapier aller Art 2c.	Kisten	16	14
17.	"	Desgleichen	Ballen	6	8
18.	"	Papier	Stöße mit Schutzbrettern an den Köpfen u. Papierpappe an den Seiten, mit Stricken kreuzweise verschnürt.	.	6

Dies wird den betreffenden Zollabfertigungsstellen hiermit zur alsbaldigen Nachachtung und Taratarifberichtigung bekannt gegeben.

Erfurt, den 21. Juli 1881.   Der Generalinspector: Grolig.

№ 30. **Cirkularverfügung,**
Abänderung des §. 53 des Begleitscheinregulativs betr., vom 21. Juli 1881 M. 3586.

Der Bundesrath hat in seiner Sitzung vom 2. Juli d. J. beschlossen, dem ersten Absatz des §. 53 des Begleitschein-Regulativs folgende Fassung zu geben:

Ueber die erledigten Begleitscheine sind Erledigungsscheine nach dem anliegenden Muster J. durch den Führer des Begleitschein-Empfangsregisters oder einen anderen von dem Amtsvorstande zu bestimmenden Beamten auszustellen und — nach erfolgter Prüfung und Bescheinigung durch einen zweiten Beamten — dem Begleitschein-Ausfertigungsamte zu übersenden.

Bei Aemtern, welche nur mit einem Beamten besetzt sind, genügt die Ausstellung der Erledigungsscheine durch den letzteren. Es ist jedoch jedem Ausfertigungsamte nach dem Abschlusse des Empfangsregisters eine durch den Bezirks-Obercontroleur bescheinigte Nachweisung der zu Erledigung gekommenen Begleitscheine zu übersenden.

Die vorstehende Bestimmung findet auf Uebergangsscheine keine Anwendung.

Die betreffenden Herrn Bezirks-Obercontroleure werden auf die Erfüllung der ihnen nach Absatz 2 obliegenden Verpflichtung noch besonders aufmerksam gemacht.

Erfurt, den 21. Juli 1881. Der Generalinspector: J. B. Schreck.

№ 31. **Cirkularverfügung,**
die Strafbarkeit bei unberechtigtem Bezuge denaturirten Bestellsalzes betr., vom 21. Juli 1881 M. 3588.

Der Bundesrath hat in einem in seiner Sitzung vom 2. Juli d. J. gefaßten Beschlusse sich dahin ausgesprochen, daß Gewerbetreibende bezw. Salzhändler, welche die in Ziffer 15 Abs. 1 der Bestimmungen vom 21. Juni 1872 wegen der Befreiung des zu landwirthschaftlichen und gewerblichen Zwecken bestimmten Salzes von der Salzabgabe vorgeschriebenen Form der Bestellung beim Bezuge von denaturirtem Bestellsalz bezw. Handelssalz nicht erfüllen, der Bestrafung nach §. 15 des Gesetzes vom 12. October 1867, betreffend die Erhebung einer Abgabe vom Salz (Bundesgesetzblatt S. 41) unterliegen, worauf gelegentlich die betreffenden Interessenten aufmerksam gemacht werden mögen.

Erfurt, den 21. Juli 1881. Der Generalinspector: Grolig.

№ 32. **Bekanntmachung,**
eine Ausstellung in Straßburg i. E. betr., vom 26. Juli 1881 M. 3669.

In Straßburg i. Elsaß wird in den Tagen vom 11. bis 18. September d. J. eine landwirthschaftliche Ausstellung stattfinden, und können zu derselben auch ausländische Gegenstände unter den bekannten Voraussetzungen zollfrei ein- und wiederausgeführt werden, was ich hiermit bekannt gebe.

Erfurt, den 26. Juli 1881. Der Generalinspector: J. B. Schreck.

№ 33. **Bekanntmachung,**
wegen der Handelsverträge mit Oesterreich-Ungarn, mit der Schweiz und mit Rumänien, sowie wegen der Uebereinkunft mit Belgien, vom 28. Juli 1881 M. 3735.

Die sämmtlichen Zoll-Abfertigungsstellen werden davon in Kenntniß gesetzt, daß zwischen Deutschland und Oesterreich-Ungarn, sowie der Schweiz Handelsverträge, ferner zwischen Deutschland und Rumänien eine Handelsconvention und endlich zwischen Deutschland und Belgien eine Uebereinkunft wegen weiterer Regelung der gegenseitigen Handelsbeziehungen abgeschlossen worden sind, in Bezug auf welche die Reichsgesetzblätter Nr. 15 Seite 123, Seite 155 und Seite 172, ferner Nr. 18 Seite 199 das Nähere enthalten.

 Zu dem Vertrag mit Oesterreich-Ungarn wird darauf hingewiesen, daß Vereinbarungen über den Veredelungsverkehr, wie sie im Artikel 6 des Vertrags vom 16. December 1878 niedergelegt waren, nicht getroffen sind, der Veredelungsverkehr mit Oesterreich-Ungarn daher nach den allgemeinen Vorschriften zu behandeln ist, sowie daß am Schlusse des Artikels 7 möglichste Beschleunigung der Begleitschein-Abfertigungen vereinbart wurde. Ferner wird auf die Veränderungen der Anlage A. des Vertrags in den Nummern 3, 4, 7 und 8 gegenüber der Anlage B. des Schlußprotokolls vom 16. December 1878 aufmerksam gemacht und endlich auf die Bestimmungen unter Nr. 3 des Schlußprotokolls zu Artikel 1 des Vertrags, sowie auf die Vereinbarung am Schluß der Bestimmung des Schlußprotokolls zu Artikel 6 des Vertrags verwiesen.

 Demnächst wird bezüglich des vom 1. d. Mts. ab geltenden Handelsvertrags mit der Schweiz bemerkt, daß in Ansehung der Artikel 5 und 10 des früheren Vertrags vom 13. Mai 1869 und der zugehörigen Anlagen A. und B. Abänderungen bezüglich Zusätze bei Artikel 6 des jetzigen Vertrags, dessen Anlage A. und dem Schlußprotokoll eingetreten sind.

 Was schließlich die Uebereinkunft mit Belgien betrifft, so wird hier hervorgehoben, daß dieselbe bis zum Ablaufe eines Jahres von dem Tage ab in Geltung bleibt, an welchem der eine oder andere der vertragschließenden Theile dieselbe gekündigt hat.

Erfurt, den 28. Juli 1881. Der Generalinspector: J. B. Schreck.

№ 34. Circularverfügung,
die Abänderung der Vorschriften über die Verwendung der Wechselstempelmarken betr., vom 1. August 1881 № 3805.

 Nachstehende, im Reichsgesetzblatt d. J. Seite 245, abgedruckte Bekanntmachung des Herrn Reichskanzlers vom 16. Juli d. J., betreffend die Abänderung der Vorschriften über die Verwendung der Wechselstempelmarken, nämlich:

 „Der Bundesrath hat beschlossen, daß an die Stelle der in der Bekanntmachung vom 11. Juli 1873 (Reichsgesetz-Blatt S. 205) enthaltenen Vorschriften folgende Bestimmungen zu treten haben:

 „In Bezug auf die Art der Verwendung der Reichsstempelmarken zu Wechseln und den dem Wechselstempel unterworfenen Anweisungen u. s. w. (§. 24 des Gesetzes vom 10 Juni 1869) sind nachfolgende Vorschriften zu beobachten:

1., Die den erforderlichen Steuerbetrag darstellenden Marken sind auf der Rückseite der Urkunde und zwar, wenn die Rückseite noch unbeschrieben ist, unmittelbar an einem Rande derselben, anderenfalls unmittelbar unter dem letzten Vermerke (Indossament u. s. w.) auf einer mit Buchstaben oder Ziffern nicht beschriebenen oder bedruckten Stelle aufzukleben.

 Das erste inländische Indossament, welches nach der Kassirung der Stempelmarke auf die Rückseite des Wechsels gesetzt wird, beziehungsweise der erste sonstige inländische Vermerk, ist unterhalb der Marke niederzuschreiben, widrigenfalls die letztere dem Niederschreiber dieses Indossaments beziehungsweise Vermerks und dessen Nachmännern gegenüber als nicht verwendet gilt. Es dürfen jedoch die Vermerke „ohne Protest", „ohne Kosten" neben der Marke niedergeschrieben werden.

Dem inländischen Inhaber, welcher aus Versehen sein Indossament auf den Wechsel gesetzt hat, bevor er die Marke aufgeklebt hatte, ist gestattet, vor der Weitergabe des Wechsels unter Durchstreichung dieses Indossaments die Marke unter dem letzteren aufzukleben.

2., In jeder einzelnen der aufgeklebten Marken muß das Datum der Verwendung der Marke auf dem Wechsel, und zwar der Tag und das Jahr mit arabischen Ziffern, der Monat mit Buchstaben mittelst deutlicher Schriftzeichen, ohne jede Rasur, Durchstreichung oder Ueberschrift, an der durch den Vordruck bezeichneten Stelle niedergeschrieben werden. Allgemein übliche und verständliche Abkürzungen der Monatsbezeichnung mit Buchstaben sind zulässig (z. B. 7. Sept. 1881, 8. Octbr. 1882).

3., Bei Ausstellung des Wechsels auf einem gestempelten Blanket kann der an dem vollen gesetzlichen Betrage der Steuer etwa noch fehlende Theil durch vorschriftsmäßig zu verwendende Stempelmarken ergänzt werden.

Stempelmarken, welche nicht in der vorgeschriebenen Weise verwendet worden sind, werden als nicht verwendet angesehen (§. 14 des Gesetzes)."

Diesem Beschluß ist jedoch die Maßgabe hinzugefügt, daß, soweit noch Wechselstempelmarken ohne einen Vordruck für die Eintragung des Tages der Verwendung zum Gebrauch gelangen, diese Eintragung auf einer beliebigen Stelle der Marke erfolgen darf, und

daß bis zum 31. August d. J. die Verwendung der Wechselstempelmarken auch nach Maßgabe der Bestimmungen in der Bekanntmachung vom 11. Juli 1873 zulässig ist.

Berlin, den 16. Juli 1881. Der Reichskanzler. J. V.: gez.: Scholz."

wird hierdurch zur öffentlichen Kenntniß gebracht und dabei noch besonders auf die auch amtsseitig zu beachtenden, am Schlusse derselben erwähnten Maßgaben aufmerksam gemacht.

Erfurt, den 1. August 1881. Der Generalinspector: J. V. Schreck.

№ 35. Bekanntmachung,
Zuckersteuerbonifikation betr., vom 1. August 1881 № 3668.

Unter Verweisung auf die hiernach modificirte Bekanntmachung vom 27. Januar 1870 Nr. 672 (Amtsblatt 1870 S. 76) wird nachstehender Bundesrathsbeschluß aus Seite 279 des diesjährigen Centralblatts für das deutsche Reich zum Abdruck gebracht:

„Für den vom 1. August 1881 ab zur Ausfuhr gelangenden oder in Niederlagen aufzunehmenden Zucker darf die Baarzahlung der Steuervergütung oder deren Anrechnung auf zu entrichtende Rübenzuckersteuer, falls die Ausfuhr des Zuckers oder die Aufnahme desselben in die Niederlage während der Zeit vom 1. August bis Ende Februar erfolgt ist, vor dem 25. Tage des sechsten Monats nach dem Monat der Ausfuhr oder Niederlegung, falls dieselbe aber während der Zeit vom 1. März bis zum 31. Juli stattgefunden hat, nicht vor dem 25. August stattfinden."

Erfurt, den 1. August 1881. Der Generalinspector: J. V. Schreck.

№ 36. **Bekanntmachung,**
eine Ausstellung in Karlsruhe betr., vom 3. August 1881 № 3841.

In Karlsruhe (Großherzogthum Baden) wird demnächst eine Kunst- und Kunstgewerbe-Ausstellung abgehalten werden, und ist den hierzu aus dem Auslande eintreffenden nur später wieder dahin zurückgehenden zollpflichtigen Gegenständen unter den bekannten Voraussetzungen Befreiung vom Eingangszoll zugesichert worden, was ich hiermit bekannt gebe.

Erfurt, den 3. August 1881.   Der Generalinspector: J. B. Schreck.

№ 37. **Bekanntmachung,**
den Veredelungsverkehr betr., vom 6. August 1881 № 3939.

Zur ergeblichen Bescheidung und Belehrung betheiligter Interessenten werden die Steuerstellen auf die in Nr. 28 des deutschen Handels-Archivs vom 15. Juli d. J. abgedruckte Verordnung der österreichischen Ministerien der Finanzen und des Handels vom 28. Juni v. J., womit die bestehenden Bestimmungen über den Veredelungsverkehr mit dem deutschen Zollgebiete bis einschließlich 31. Dezember 1881 erneuert werden, hierdurch aufmerksam gemacht.

Erfurt, den 6. August 1881.   Der Generalinspector: J. B. Schreck.

Amtsblatt
des General-Inspectors
des Thüringischen Zoll- und Handels-Vereins.

5tes Stück vom Jahre 1881.

№ 38. Cirkularverfügung,

1. die Tarifirung von Knochenfett und 2. die Taravergütung für Finnische, in Kübeln aus weichem Holze, seewärts eingehende Butter betr., vom 8. August 1881 № 3971.

1. Nach dem vom 1. Mai ab gültigen Nachtrage zum amtlichen Waarenverzeichnisse sind Fette, welche bei einer Temperatur von 14—15° Réaumur schmalzartige Konsistenz zeigen, mit Ausnahme des Schmalzes von Schweinen und Gänsen wie Palmitin zu behandeln und daher nach Nr. 26 c. 2. des Tarifs mit 8 Mark für 100 kg. zur Verzollung zu ziehen; es würde hiernach auch Knochenfett, welches die vorgedachte Eigenschaft hat, mit dem Zollsatze von 8 Mark für 100 kg. zu belegen sein.

Da indeß im amtlichen Waarenverzeichnisse unter „Fette" ausdrücklich auf „Knochenfett" als einen besonders behandelten Artikel hingewiesen ist, und danach konsistentes Knochenfett nur mit 2 Mark für 100 kg. belegt wird, so ist es zweifelhaft geworden, ob die durch den Nachtrag zum amtlichen Waarenverzeichnisse eingetretene Zollerhöhung auch auf Knochenfett Anwendung zu finden hat. Ueber diese Frage sind Erörterungen eingeleitet, bis zu deren Beendigung die für schmalzartig konsistentes Knochenfett zum Satze von 8 Mark zu erhebenden Zollgefälle ad depositum zu nehmen sind.

2. Der Bundesrath hat beschlossen, daß für Finnische Butter in Kübeln aus weichem Holze bei der Einfuhr zur See ein Tarasatz von 15 Procent des Bruttogewichtes gewährt werden kann, wenn die vorgefundene Verpackung als eine außergewöhnlich starke im Vergleich zu der sonstigen Verpackung von Butter in Kübeln anzusehen ist.

Erfurt, den 8. August 1881.   Der Generalinspector: J. B. Schreck.

№ 39. Bekanntmachung,

eine Ausstellung in Hamburg betr., vom 5. September 1881 № 4092.

Mitte September d. J. wird in Hamburg eine Ausstellung maritimer Gegenstände stattfinden und es soll für diejenigen, an sich zollpflichtigen Gegenstände, welche zu dieser Ausstellung aus dem Deutschen Zollgebiete ausgehen, beim Wiedereingange die Zollfreiheit zugestanden werden.

Unter Bezugnahme auf die Cirkularverfügung vom 24. Januar 1865 Nr. 131 wird dieß hiermit bekannt gemacht.

Erfurt, den 5. September 1881. Der Generalinspector: J. B. Schreck.

№ 40. Cirkularverfügung,
das thüringische Stellen- und Ortschaftsverzeichniß betr., vom 9. September 1881 № 4190.

1. Die Königlich Preußische Steuerreceptur in Schleusingen ist in ein Untersteueramt umgewandelt worden.
2. Die Königl. Untersteuerämter in Schmalkalden, Suhl und Schleusingen sind in dem thüringischen Steuerstellenverzeichnisse gleichmäßig als „Steuerämter" zu führen und haben gleichmäßig letztere Amtsfirmenbenennung bei Korrespondenzen c. zu erhalten.
3. Die Orte Weißen mit Gut Weißenburg und ferner Weißbach sind wieder zurück zum früheren Hebebezirke Saalfeld überwiesen worden. (Circ. vom 28. September 1877 Nr. 6494 sub 2).
4. Die Orte Reutwertshausen und Queienfelt sind aus dem Steuerhebebezirk Römhild in den Steuerhebebezirk Meiningen, der Ort Harras aus dem Steuerhebebezirke Hildburghausen in den Steuerhebebezirk Eisfeld übergetreten.

Das thüringische Steuerstellen- und Ortschaftsverzeichniß ist nach Vorstehendem zu berichtigen.

Erfurt, den 9. September 1881. Der Generalinspector: J. B. Schreck.

Personalien.

A. Preußen.
1. Der Steueraufseher Bröse zu Schwarza ist am 1. August c. in gleicher Eigenschaft nach Düsseldorf versetzt und dessen bisherige Stelle am 16. Septbr. c. dem Grenzaufseher Kumpert zu Weeze, Hauptzollamtsbezirk Cleve verliehen worden.
2. Der Steueraufseher Eckardt zu Gefell ist vom 1. Septbr. c. ab in gleicher Eigenschaft nach Muerena und an seine Stelle der Grenzaufseher Weißbecker zu Koch von gleichem Zeitpunkte ab als Steueraufseher nach Gefell versetzt worden.

B. Sachsen-Weimar.
1. Der Großh. Rechnungsamtmann Weber zu Geritungen ist mit dem 1. Oktober c. in gleicher Eigenschaft nach Weimar versetzt worden. Die Verwaltung des Rechnungsamts und der Steuerreceptur das. wird vom 1. November c. ab dem Rechnungsamtsassistenten Reuß in Weimar unter Ernennung zum Rechnungsamtmann übertragen.
Ministerial-Rescript vom 21. Juli 1881.
2. Dem kommissarischen Verwalter der Steueramtsassistentenstelle, Stüp in Weimar ist vom 1. Oktober c. an die durch Versetzung des bisherigen Steueraufsehers Japff nach Allstedt erledigte Steueraufseherstelle zu Buttstedt übertragen worden und ist vom gleichen Zeitpunkte ab die Assistentenstelle bei dem Großherzogl. Steueramte in Weimar durch den seither bei dem Großherzogl. Steueramte in Apolda beschäftigten Praktikanten Otto Schmidt kommissarisch zu verwalten.
Ministerial-Rescripte vom 1. u. 8. August 1881.

C. Sachsen-Meiningen.

1., Der Rechnungspraktikant **Baumbach** in Meiningen ist am 15. Juli 1881 an das Herzogl. Steueramt in Sonneberg zur Uebernahme der Geschäfte des an das Herzogl. Steueramt Wasungen versetzten Assistenten **Groß** kommittirt worden.
   Ministerial-Rescript vom 29. Juni 1881.

2., Der Steueramtsassistent **Koch** in Meiningen ist aus dem Dienste der gemeinschaftlichen Zoll- und Steuerverwaltung ausgeschieden und ist der Revisionsassistent **Schleizer** in Wasungen am 15. Juli c. an das Herzogl. Steueramt Meiningen versetzt worden.
   Ministerial-Rescript vom 28. Juni 1881.

3., Der Rechnungspraktikant **Metz** von Meiningen wird vom 15. Juli c. ab bei dem Herzogl. Steueramte Salzungen beschäftigt.
   Ministerial-Rescript vom 28. Juni 1881.

4., An Stelle des Steueraufsehers **Götz** in Wasungen ist der Feldjäger **Stukardt** in Steinach am 15. August c. getreten.
   Mittheilung des Herzogl. Feldjägerkommandos vom 30. Juli 1881.

5., Dem Feldjäger **Cämmer** in Gießübel ist die Stelle eines berittenen Steueraufsehers in Hildburghausen verliehen und der berittene Steueraufseher **Gärtner** in Hildburghausen in gleicher Eigenschaft nach Sonneberg versetzt worden.
   Mittheilung des Herzogl. Feldjägerkommandos vom 4. August 1881.

6., An Stelle des Steueraufsehers **Keller** in Saalfeld ist der Sergeant **Kramß** am 3. Oktober c. getreten.
   Mittheilung des Herzogl. Feldjägerkommandos vom 1. Oktober 1881.

D. Sachsen-Altenburg.

1., Vom 1. Oktober c. ist der Finanzkassirer **Buchmann** in Roda mit dem Dienstprädikate „Finanz-Oberkontroleur" zur Finanzhauptverwaltung in Altenburg versetzt, die hierdurch vakant gewordene Stelle des ersten Beamten beim Herzogl. Steuer- und Rentamte in Roda dem Rechnungsrathe **Hase**, derzeit erster Beamter des Herzogl. Steuer- und Rentamts in Eisenberg, übertragen worden. An die hierdurch zur Erledigung gekommene erste Beamtenstelle des letztgenannten Amtes ist der derzeitige erste Beamte des Herzogl. Steuer- und Rentamts in Ronneburg, Finanzkassirer **Krapsch** versetzt worden und der derzeitige zweite Beamte des Herzogl. Steuer- und Rentamts in Ronneburg, Finanzkontroleur **Diezmann** unter Verleihung des Dienstprädikats „Finanzkassirer" zum ersten Beamten daselbst befördert worden.
   Der Assistent beim Herzogl. Steuer- und Rentamte in Altenburg, **Pfeiffer**, ist in gleicher Eigenschaft an das Herzogl. Steuer- und Rentamt in Ronneburg zur Verwaltung der Kontroleurgeschäfte versetzt und der derzeitige Steueraufseher **Böttiger** in Altenburg zum Sportelkontroleur in der Sportelverwaltung des Herzogl. Steuer- und Rentamts das. ernannt worden.
   Ministerial-Rescript vom 18. Juli 1881.

2., Am 1. Oktober c. ist der Steuerdienstanwärter **Müller** aus Roda zum Steueraufseher in Ehrenhain ernannt worden. Vom gleichen Zeitpunkte ab sind die Steueraufseher **Günther** von Eisenberg und **Burkhardt** von Schmölln nach Altenburg, der Steueraufseher **Schmidt II** von Ronneburg nach Eisenberg, der Steueraufseher **Koppe** von Altenburg nach Ronneburg, der Steueraufseher **Rothe** von Ehrenhain nach Schmölln versetzt worden.
   Ministerial-Rescripte vom 17. August und 7. September 1881.

3., Dem Finanzkassirer **Gundermann** in Kahla wurde von Sr. Hoheit dem Herzog das Prädikat als Rechnungsrath verliehen.
   Altenburger Amts- u. Nachr.-Bl. Nr. 114, 1881.

E. Schwarzburg-Sondershausen.

Dem Steuerrath **Berger** in Arnstadt ist von Sr. Hoheit dem Herzoge von Sachsen-Koburg und Gotha das Ritterkreuz II. Klasse des Herzogl. Sachsen-Ernestinischen Hausordens verliehen worden.
Regierungs- u. Nachr.-Blatt für das Fürstenth. Schwarzb.-Sondershausen Nr. 116 de 1881.

F. Schwarzburg-Rudolstadt.

Der Rechnungsaccessist Bauermeister in Rudolstadt ist zum Rent- und Steueramtsassistenten ernannt worden und wird zunächst bei dem Fürstlichen Rent- und Steueramte Königsee beschäftigt.
Ministerial-Rescript vom 12. Juli 1881.

G. Reuß j. L.

1., Der Hauptamtsrendant Ischäck in Gera ist am 20. August c. mit Tode abgegangen.
Ministerial-Rescript vom 20. August 1881.

2., Der Steuerrezepturverwalter Kästner in Hohenleuben ist am 19. September c. verstorben.
Ministerial-Rescript vom 22. September 1881.

Amtsblatt
des General-Inspectors
des Thüringischen Zoll- und Handels-Vereins.

6tes Stück vom Jahre 1881.

№ 41. Cirkularverfügung,
Anwendung des Instructionspunctes IV zum amtlichen Waarenverzeichnisse betreffend, vom 10. November 1881 № 5795.

Es liegt Anlaß vor, darauf aufmerksam zu machen, daß der 3. Absatz des Instructionspunctes IV zum amtlichen Waarenverzeichnisse auch auf Käse in inneren Umschließungen von Staniol Anwendung zu finden hat.

Ebenso ist der Instructionspunct IV z. B. zu beachten bei Tarifirung von Schmirgel und Schmirgelpräparaten in mit Papier beklebten Blechdosen (Tarif G o. 3 f.).

Erfurt, den 10. November 1881.   Der Generalinspector: J. B. Schreck.

№ 42. Bekanntmachung,
den zollfreien Wiedereingang der von der Pariser Elektrizitäts-Ausstellung zurückkommenden Ausstellungsgüter betr., vom 14. November 1881 № 5831.

Unter Zurückbeziehung auf die Bekanntmachung vom 11. Juni d. J. im 2. Stücke des diesjährigen Amtsblatts wird hierdurch weiter bekannt gegeben, daß der Commissar des Deutschen Reiches für die Elektrizitäts-Ausstellung in Paris, zum Zwecke der zollfreien Wiedereinlassung der zur Rücksendung nach Deutschland bestimmten deutschen Ausstellungsgüter, die einzelnen Kolli mit Etiketts versehen lassen wird, welche auf dem in den deutschen Nationalfarben hergestellten Untergrunde die Inschrift tragen:

Deutsches Reich — Empire Allemand—Internationale Ausstellung für Electricität.
Exposition internationale d'Electricité

sowie den Namen und den Wohnort des Empfängers.

Jedes Etikett wird außerdem mit einem Stempel mit der Inschrift:

„Commissar des Deutschen Reichs für die Electricitäts-Ausstellung in Paris"

versehen werden.

Ferner wird unter jede, den Frachtbriefen beizufügende Deklaration eine Bescheinigung des Inhalts von dem Reichscommissar gesetzt werden, daß die Güter aus dem deutschen Zollgebiet herstammen und wirklich ausgestellt gewesen sind.

Die vorbezeichneten Etiketts werden an den Kolli so angebracht sein, daß eine Oeffnung der Kolli ohne Zerreißung des Etiketts nicht möglich ist.

Erfurt, den 14. November 1881.   Der Generalinspector: J. B. Schreck.

Druck von Otto Conrad in Erfurt.

Amtsblatt
des General-Inspectors
des Thüringischen Zoll- und Handels-Vereins.

7tes Stück vom Jahre 1881.

№ 43. Bekanntmachung,
Zuckersteuerbonisication betr., vom 2. December 1881 № 6046.

Der Bundesrath hat in der Sitzung vom 8. d. Mts. — § 489 der Protokolle — beschlossen, daß der Vergütungssatz von 11,50 Mark für 50 kg. ausgeführten Zucker auch auf Zucker in weißen, vollen harten Blöcken bis zu 12,5 kg. Nettogewicht oder in Gegenwart der Steuerbehörde zerkleinerten derartigen Zucker Anwendung zu finden habe.

Hiernach ist event. sich zu achten.

Erfurt, den 2. December 1881.   Der Generalinspector: Grolig.

№ 44. Bekanntmachung,
eine Ausstellung in Hamburg betr., vom 8. December 1881 № 6209.

Der Gesammtverband deutscher Barbiere und Friseure beabsichtigt, im kommenden Jahre in Hamburg eine Fachausstellung zu veranstalten, und es soll für diejenigen an sich zollpflichtigen Gegenstände, welche zu dieser Ausstellung aus dem deutschen Zollgebiete ausgehen, beim Wiedereingang die Zollfreiheit zugestanden werden. Unter Bezugnahme auf die Circ.-Verfügung vom 24. Januar 1865 Nr. 131 wird solches hierdurch bekannt gemacht.

Erfurt, den 8. December 1881.   Der Generalinspector: Grolig.

Anhang:
№ 45. Bekanntmachung,
den Handelsvertrag mit Italien betr., vom 4. Januar 1882 № 66.

Unter Bezugnahme auf Seite 16 des Amtsblattes de 1881 mache ich weiter bekannt, daß die von der Königlich Italienischen Regierung angebrachte Kündigung des Handelsvertrags zwischen dem Zollverein und Italien vom 31. December 1865 und der Schifffahrtskonvention vom 14. October 1867 nach einem mit der Königlich Italienischen Regierung neuerdings getroffenen Abkommen erst mit dem 1. Juni 1882 in Wirksamkeit treten wird.

Erfurt, den 4. Januar 1882.   Der Generalinspector: Grolig.

Personalien:

A. General-Inspection.

Der Kanzleidiener bei der General-Inspection, Voigt, ist am 21. Decbr. 1881 verstorben.

B. Preußen.

1., Der hiesige Hauptamtsassistent Bestmann ist vom 1. November 1881 ab in gleicher Diensteigenschaft nach Harburg versetzt und die kommissarische Verwaltung der hierdurch erledigten Hauptamtsassistentenstelle dem berittenen Steueraufseher Voigt hier übertragen worden.

2., Die erledigte Stelle eines berittenen Steueraufsehers in Erfurt ist vom 16. November 1881 ab dem berittenen Grenzaufseher Rehberg zu Gangelt, Hauptzollamtsbezirk Kaldenkirchen, verliehen worden.

3., Der Steueraufseher Steinbock in Suhl ist auf sein Ansuchen vom 1. Januar 1882 ab in den Ruhestand versetzt und die Steueraufseherstelle daselbst vom gleichen Zeitpunkte ab dem Steuersupernumerar Schäfer von hier auf Probe verliehen worden.

4., Der zur Zeit als kommissarischer Hauptamtsassistent beschäftigte berittene Steueraufseher Voigt hier ist vom 1. Januar 1882 ab zum etatsmäßigen Hauptamtsassistenten hierselbst befördert worden.

C. Sachsen-Weimar.

Dem Großherzogl. Salzsteueraufseher Kassel in Louisenhalle ist die Stelle eines berittenen Steueraufsehers in Weida vom 1. Januar 1882 ab provisorisch übertragen und der bisherige, seiner provisorischen Stellung enthobene Großherzogl. Steueraufseher Görke zu Weida vom gleichen Zeitpunkte ab zu einer Probedienstleistung als Salzsteueraufseher nach Louisenhalle versetzt worden.

Ministerial-Rescript vom 23. December 1881.

D. Sachsen-Meiningen.

1., Die Herzogl. Revisionsassistenten Max Müller und Günkel in Meiningen werden vom 1. Januar 1882 ab zum Herzogl. Steueramte das. versetzt.

Ministerial-Rescript vom 15. December 1881.

2., Der Herzogl. Revisionsassistent Schilling in Meiningen wird vom 1. Januar 1882 an bei dem Herzogl. Steueramte in Gräfenthal beschäftigt.

Ministerial-Rescript vom 15. December 1881.

3., Der Herzogl. Salzsteueraufseher Borukessel in Oberneusulza ist am 31. Decbr. 1881 mit Tode abgegangen.

E. Sachsen-Coburg-Gotha.

1., Der Steueraufseher Trapphardt in Rodach ist krankheitshalber vom 1. December 1881 ab zur Disposition gestellt worden. An dessen Stelle ist vom gleichen Zeitpunkte ab der Steueraufseher Otto von Coburg versetzt worden und wird der hierdurch erledigte Steueraufsichtsposten kommissarisch durch den Accessisten Schmeling verwaltet.

Ministerial-Rescript vom 7. November 1881.

2., Der frühere kommissarische Verwalter der Herzogl. Obersteuerkontrole in Gotha, Steueramtsassistent Hofmann, ist am 1. Decbr. 1881 zum Obersteuerkontroleur ernannt worden.

Ministerial-Rescript vom 7. November 1881.

Druck von Otto Conrad in Erfurt.

Amtsblatt

des

General-Inspectors

des

Thüringischen Zoll- und Handelsvereins.

Jahrgang
1882.

Register

zum Jahrgang 1882 des Amtsblatts des General-Inspektors des Thüringischen Zoll- und Handelsvereins.

I. Chronologisches Register.

Laufende Nummer	Der Circular-Verfügung ꝛc. Datum	Journal-№	Inhalt.	Zu finden unter №	Seite.
	1882.				
1.	20. Januar	376	Bekanntmachung, die Uebergangsabgabensätze betr.	1.	1.
2.	23. ejd.	375	Dgl., eine Ausstellung in Breslau betr.	2.	1.
3.	eod.	421	Dgl., den Veredelungsverkehr Oesterreichs mit Deutschland betr.	3.	1.
4.	eod.	400	Circularverfügung, das Verfahren bei Ermittelung des Nettogewichts steuerpflichtigen Salzes in Säcken betr.	4.	7.
5.	9. Februar	678	Dgl., eine Zusammenstellung tarifarischer Entscheidungen betr.	5.	7.
6.	13. ejd.	758	Dgl., statistische Gebühr für Massengüter betr.	6.	9.
7.	16. ejd.	831	Bekanntmachung, Tabakabfertigungen nach Oesterreich-Ungarn betr.	7.	9.
8.	eod.	866	Dgl., die Ausführung des § 3 des Wechselstempelsteuergesetzes vom 4. Juni 1879 betr.	8.	10.
9.	20. ejd.	881	Dgl., eine Ausstellung in Berlin betr.	9.	11.
10.	1. März	994	Dgl., eine allgemeine deutsche Ausstellung in Berlin betr.	10.	11.
11.	8. ejd.	1091	Dgl., die Abfertigung von Bier unter dem Anspruche auf Steuervergütung betr.	11.	11.
12.	22. ejd.	1396	Circularverfügung, das Thüring'sche Stellen- und Ortschaftsverzeichniß betr.	12.	12.
13.	1. April	1502	Dgl., die Erweiterung der Abfertigungsbefugnisse einer Thüring'schen Steuerstelle betr.	13.	15.
14.	5. ejd.	1593	Dgl., Abänderung von Tarasätzen betr.	14.	15.
15.	11. ejd.	1686	Bekanntmachung, Massengüter betr.	15.	16.
16.	12. ejd.	1744	Circularverfügung, eine Zusammenstellung tarifarischer Entscheidungen betr.	16.	16.
17.	9. Mai	2255	Dgl., die Uebergangsabgaben- und Rückvergütungsbeträge in Bayern betr.	17.	17.
18.	10. ejd.	2417	Bekanntmachung, die Versendung alkoholhaltiger Parfümerien nach und durch Bayern mit der Post betr.	18.	17.
19.	17. ejd.	2418	Dgl., ein Sport Ausstellung in Berlin betr.	19.	18.
20.	24. ejd.	2547	Circularverfügung, Ausführungsbestimmungen zu den gesetzlichen Vorschriften über die Tara betr.	20.	19.
21.	5. Juni	2776	Bekanntmachung, statistische Gebühr von Massengütern betr.	21.	19.
22.	6. ejd.	2804	Dgl., den Handelsvertrag mit Italien betr.	22.	20.
23.	17. ejd.	2995	Circularverfügung, die Tarifirung baumwollener Gummiwäsche betr.	23.	21.
24.	26. ejd.	3094	Bekanntmachung, die fortlaufenden Conten betr.	24.	21.
25.	3. Juli	3184	Dgl., eine Ausstellung in München betr.	25.	24.
26.	8. ejd.	3202	Circularverfügung, Zollerleichterungen bei der Ausfuhr von Mühlenfabrikaten betr.	26.	24.

Laufende Nummer	Der Cirkular-Verfügung ꝛc. Datum.	Journal-№	Inhalt.	Zu finden unter №	Seite.
	1882.				
27.	13. Juli	3416	Bekanntmachung, eine Ausstellung in Frankfurt a. M. betr.	27.	25.
28.	17. ejd.	3417	Cirkularverfügung, die Fristen in Begleitscheinen II und die Abmeldung der Erledigungsscheine über erledigte Begleitscheine betr.	28.	25.
29.	24. ejd.	3608	Bekanntmachung, die gestempelten Wechselblankets betr.	29.	26.
30.	26. ejd.	3654	Cirkularverfügung, Poststücke-Abfertigungen betr.	30.	26.
31.	31. ejd.	3733	Dgl., den Eingangszoll von Konfiskaten aus Zollprocessen, sowie von nicht zur Abmeldung gekommenen Niederlagegütern betr.	31.	27.
32.	15. August	4018	Bekanntmachung, eine Ausstellung in Amsterdam betr.	32.	27.
33.	22. ejd.	4158	Dgl., eine Ausstellung in Amsterdam betr.	33.	28.
34.	2. Septbr.	4412	Dgl., eine Ausstellung in Hamburg betr.	34.	28.
35.	11. ejd.	4616	Cirkularverfügung, die Ergänzung der Cirkularverfügung vom 12. April c. Nr. 1744 betr.	35.	28.
36.	2. Oktober	5046	Dgl., das Thüring'sche Stellen- und Ortschaftsverzeichniß betr.	36.	29.
37.	10. Novbr.	5801	Dgl., eine weitere Zusammenstellung tarifarischer Entscheidungen betr.	37.	31.
38.	13. Dezbr.	6229	Dgl., eine Tariffrage betr.	38.	33.

II. Sachregister.

Bemerkung. Die beigesetzten Ziffern bedeuten die Seitenzahlen.

A.

Ausstellungen. 1. 11. 18. 24. 25. 27. 28.

B.

Befugnißerweiterung. 15.
Begleitscheinfristen. 25.

C.

Conten, fortlaufende. 21.

H.

Handelsverträge. 20.

K.

Konfiskate aus Zollprocessen. 27.

M.

Mühlenfabrikate, Ausfuhr derselben. 24.

II. Sachregister.

N.

Niederlageguter, nicht abgemeldete. 27.

O.

Ortschaftsverzeichniß. 12. 29.

P.

Poststückabfertigungen. 26.

S.

Salzabgabe. 7.
Statische Gebühr. 9. 16. 19.
Steuervergütung für Bier. 11.
Steuerstellenverzeichniß. 12. 29.

T.

Tabacabfertigungen nach Oesterreich-Ungarn. 9.
Tarasätze. 15. 19.
Tarifentscheidungen. 7. 16. 21. 28. 31. 33.

U.

Uebergangsabgabe. 1. 17.

V.

Veredelungsverkehr. 1.

W.

Wechselstempelsteuer. 10. 26.

Amtsblatt
des General-Inspectors
des Thüringischen Zoll- und Handels-Vereins.

1tes Stück vom Jahre 1882.

№ 1. Bekanntmachung,
die Uebergangsabgabensätze betr., vom 20. Januar 1882 № 376.

Nachfolgend (auf Seite 2) wird eine anderweit aufgestellte Uebersicht der Uebergangsabgaben und Ausfuhrvergütungen bekannt gemacht.

Erfurt, den 20. Januar 1882.   Der Generalinspector: **Grolig.**

№ 2. Bekanntmachung,
eine Ausstellung in Breslau betr., vom 23. Januar 1882 № 375.

In Breslau wird in den Tagen vom 8. bis 10. Juni d. J. wiederum eine Ausstellung und ein Markt land-, forst- und hauswirthschaftlicher Maschinen und Geräthe veranstaltet, zu welchem auch ausländische, nicht zollfreie Gegenstände unter den bekannten Bedingungen zollfrei ein- und wieder ausgeführt werden können, was ich hierdurch bekannt gebe.

Erfurt, den 23. Januar 1882.   Der Generalinspector: **Grolig.**

№ 3. Bekanntmachung,
den Veredelungsverkehr Oesterreichs mit Deutschland betr., vom 23. Januar 1882 № 421.

Unter Bezugnahme auf Seite 24 des vorjährigen Amtsblatts wird auf das im Januar-Heft des Deutschen Handelsarchivs für 1882 Seite 4/5 abgedruckte österreichisch-ungarische Gesetz vom 24. v. Mts., betreffend den Veredelungsverkehr mit dem deutschen Zollgebiete, und die dazu gehörige ministerielle Vollzugsverordnung vom 30. v. Mts., wonach die bestehenden Bestimmungen über diesen Verkehr bis einschließlich 31. Dezember d. J. aufrecht erhalten bleiben, aufmerksam gemacht.

Erfurt, den 23. Januar 1882.   Der Generalinspector: **Grolig.**

Uebersicht

der

Uebergangsabgaben und Ausfuhrvergütungen, welche von Staaten, wo innere Steuern auf die Hervorbringung oder Zubereitung gewisser Erzeugnisse gelegt sind, erhoben bezw. bewilligt werden.

Laufende №	Steuergebiete.	Maß- stab.	Betrag der Uebergangs- abgabe. ℳ ₰	Betrag der Ausfuhr- vergü- tung. ℳ ₰	Bemerkungen.
	I. Von Bier.				
1.	Preußen, Sachsen, Hessen, Mecklenburg-Schwerin, Sachsen-Weimar ausschließlich des Vorbergerichts Ostheim, Mecklenburg-Strelitz, Oldenburg, Braunschweig, Sachsen-Meiningen, Sachsen-Altenburg, Sachsen-Koburg-Gotha ausschließlich des Amts Königsberg, Anhalt, Schwarzburg-Sondershausen, Schwarzburg-Rudolstadt, Waldeck, Reuß ä. L., Reuß j. L., Schaumburg-Lippe, Lippe, Lübeck, die in die Zollgrenzen eingeschlossenen Gebietstheile Bremens und Hamburgs, Luxemburg	1 Hektol.	2	1	Die Ausfuhrvergütung wird nur für solches Bier gewährt, zu dessen Bereitung mindestens 50 Pfd. (25 kg.) Getreideschrot, Reis oder grüne Stärke, und im Falle der Mitverwendung von höher als mit 2 ℳ für den Centner besteuerten Malzsurrogaten mindestens eine dem Steuerwerthe von 1 ℳ entsprechende Menge von Braustoffen auf jedes Hektoliter erzeugten Biers verwendet worden sind. Das Bier muß der Regel nach in einer Menge von mindestens 2 Hektoliter ausgehen.

Laufende №	Steuergebiete.	Maßstab.	Betrag der Uebergangsabgabe. ℳ ₰	Betrag der Ausfuhrvergütung. ℳ ₰	Bemerkungen.
2.	Bayern mit Einschluß der bayerischen Pfalz, das Großherzoglich sächsische Vorbergericht Ostheim und das Herzoglich sachsen-koburg-gothaische Amt Königsberg: braunes Bier weißes Bier	1 Hektol.	3 25	2 60 / 1 20	Die Ausfuhrvergütung wird nur bei der Ausfuhr von mindestens 60 Liter in einer Sendung gewährt.
3.	Württemberg: braunes Bier weißes Bier	1 Hektol. "	2 75 1 65	. . . .	Die Ausfuhrvergütung wird für jeden einzelnen Sud nach dem Verhältnisse des Malzverbrauchs zu dem Fabrikationsquantum bemessen.
4.	Baden	1 Hektol.	3 20	2 50	
5.	Elsaß-Lothringen: starkes Bier Dünnbier	1 Hektol. "	2 30 . 58	2 30 . 58	
	II. Von Branntwein.				
1.	Die unter I. Nr. 1 genannten Staaten und Gebietstheile mit Ausschluß der Hohenzollernschen Lande Preußens und Luxemburgs und Elsaß-Lothringens:	1 Hektol. bei 50 pCt. Alkohol nach Tralles	13 10	8 0,58	Die Ausfuhrvergütung wird nach Maßgabe der bestehenden näheren Vorschriften nur für Mengen von mindestens 68,7 Liter und bei einer Stärke von mindestens 35 pCt. Tralles gewährt. Im Verkehr mit Luxemburg wird eine Rückvergütung nicht gewährt. Von Branntwein, welcher aus Luxemburg nach dem Gebiete der in Branntweinsteuergemein-

Laufende №	Steuergebiete.	Maß-stab.	Betrag der Uebergangs-abgabe. ℳ ₰	Betrag der Ausfuhr-vergü-tung. ℳ ₰	Bemerkungen.
					schaft stehenden Staaten versandt wird, findet, sofern die Betheiligten über den zu versendenden Branntwein innerhalb des Großherzogthums Luxemburg einen Uebergangsschein entnehmen und die daraus erwachsenen Verpflichtungen erfüllen, nur die Erhebung einer Ausgleichungsabgabe von 4,₃₇ ℳ für das Hektoliter zu 50 pCt. Alkohol nach Tralles statt. Branntwein, welcher aus dem Gebiete der Branntweinsteuergemeinschaft nach Luxemburg versendet wird und von einem Uebergangsschein begleitet ist, trägt in Luxemburg keine Uebergangsabgabe. Ist kein Uebergangsschein entnommen, oder sind die Verpflichtungen aus demselben nicht erfüllt, so findet die Erhebung einer Abgabe von 16 Frk. 37½ Ct. vom Hektoliter zu 50 pCt. Tralles statt.
2.	Hohenzollernsche Lande	1 Hektol. a. bei einer Stärke bis zu 65 pCt. Tralles . b. bei einer Stärke über 65 pCt. Tralles .	1 50 3 .	1 50 3 .	Die Ausfuhrvergütung wird nur für Mengen von mindestens 30 Liter gewährt.

Laufende №	Steuergebiete.	Maßstab.	Betrag der Uebergangsabgabe. ℳ ₰	Betrag der Ausfuhrvergütung. ℳ ₰	Bemerkungen.
3.	Bayern mit Einschluß der bayerischen Pfalz, das Großherzoglich sächsische Vordergericht Ostheim und das Herzoglich sachsen-coburg-gothaische Amt Königsberg: Branntwein	1 Hektol. bei 50 pCt. Alkohol nach Tralles .	13 10	8 .	Die Ausfuhrvergütung wird nur gewährt, wenn wenigstens 50 Liter auf einmal ausgeführt werden, und, soweit es sich dabei um Branntwein handelt, auch nur dann, wenn derselbe eine Stärke von 35 pCt. nach dem Alkoholmeter von Tralles und darüber hat.
	Liqueure und andere mit Zucker versetzte geistige Getränke ohne Rücksicht auf die Alkoholstärke	1 Hektol.		4 80	
	Parfümirter Spiritus (eau de Cologne u. s. w.)	1 Hektol.	Wird nach Maßgabe der in demselben enthaltenen Menge absoluten Alkohols berechnet und erhoben.	8 . unter Annahme eines Alkoholgehalts von 50 pCt., also ohne weiteren Unterschied.	
4.	Württemberg	1 Hektol. bei 50 pCt. Alkohol nach Tralles bei 12,44° Reaumur	2 75	. .	Eine Ausfuhrvergütung wird nicht gewährt.

Laufende №.	Steuergebiete.	Maß-stab.	Betrag der Uebergangs-abgabe. ℳ ₰	Betrag der Ausfuhr-vergütung. ℳ ₰	Bemerkungen.
5.	Baden: Branntwein	1 Hektol. bei 50 pCt. Alkohol nach Tralles	7 .	4 50	Bei Berechnung der Uebergangsabgabe von Branntwein wird im Minimum eine Alkoholstärke von 35 pCt. angenommen. Die Ausfuhrvergütung wird nur für Mengen von mindestens 50 Liter gewährt. Für Branntwein, dessen Alkoholgehalt weniger als 35 pCt. beträgt, findet eine Ausfuhrvergütung überhaupt nicht statt.
	Liqueure und andere mit Zucker versetzte Branntweine (auch Rum) ohne Rücksicht auf die Alkoholstärke	1 Hektol.	12 .	6 .	
	III. Von geschrotetem Malz.				
1.	Bayern mit Einschluß der bayerischen Pfalz, das Großherzoglich sächsische Vorbergericht Ostheim und das Herzoglich sachsen-coburg-gothaische Amt Königsberg: bis Ende 1881	1 Hektol.	6 .	. .	Ein Malzquantum, welches weniger als 4 Liter beträgt, bleibt außer Ansatz.
2.	Württemberg	50 kg. a. geschrotetes Malz	5 .	. .	
		b. gequetschtes Grünmalz	2 80	. .	

№ 4. Cirkularverfügung,
das Verfahren bei Ermittelung des Nettogewichts steuerpflichtigen Salzes in Säcken betr., vom 23. Januar 1882 № 400.

Der Bundesrath hat in der Sitzung vom 5. December v. Js. beschlossen, die Bestimmung im §. 1 der unter den Regierungen des Zollvereins vereinbarten Verordnung zur Ausführung des Gesetzes über die Salzabgabe vom 12. October 1867:

„Die Salzabgabe wird nach dem Nettogewicht erhoben. Es ist zulässig, das Nettogewicht bei Salz in Säcken durch Abzug einer Normaltara von einem Procent vom Bruttogewicht festzustellen. Dieses darf jedoch nicht geschehen, wenn das Gewicht der Säcke angenscheinlich unter diesem Tarasatz bleibt oder wenn der Steuerpflichtige ausdrücklich Nettoverwiegung oder Verwiegung der Tara beantragt", durch die nachstehende Vorschrift zu ersetzen:

„Die Salzabgabe wird nach dem Nettogewicht erhoben. Die Ermittelung des letzteren kann bei Salz in Säcken in der Weise erfolgen, daß das Gewicht der zur Verpackung dienenden Säcke ermittelt und von dem durch die Verwiegung der gefüllten Kolli sich ergebenden Bruttogewicht abgesetzt wird. Dabei ist es statthaft, mehrere Salzsäcke von gleicher Größe und gleichem Stoffe zusammen zu verwiegen und hiernach eine durchschnittliche Tara zu berechnen.

Von der Ermittelung des Nettogewichts durch Verwiegung kann Umgang genommen werden, wenn der Steuerpflichtige sich mit einer Taravergütung von ½ Procent begnügt."

Die Salzsteuerämter und die zur Erledigung von Begleitscheinen befugten Steuerstellen meines Verwaltungsbereiches werden zur Nachachtung hiervon in Kenntniß gesetzt.

Erfurt, den 23. Januar 1882.   Der Generalinspector: Grolig.

№ 5. Cirkularverfügung,
eine Zusammenstellung tarifarischer Entscheidungen betr., vom 9. Februar 1882 № 678.

In Nachstehendem werden zu bekannter Veranlassung wieder einige tarifarische Entscheidungen des Königlichen Finanzministeriums in Berlin zusammengestellt:

1., Schultafeln, bestehend in gehobelten Holzbrettern, in welche eine aus Glycerin, Braunstein und Schieferpulver bestehende Mischung eingebrannt ist, und welche dann mit einer Walze geglättet und mit Linien versehen sind, werden nach Nr. 13. f. des Zolltarifs mit 10 ℳ pro 100 kg. verzollt.

2., Auf sogen. Carbonstifte, (Kohlenstoffstifte), aus Graphit bestehend und zum Einsetzen in Zapfen und Wellenlager dienend, um das Schmieren der betr. Maschinentheile zu ersetzen, ist der Zollsatz der Nr. 5a. des Tarifs mit 20 ℳ für 100 kg. in Anwendung zu bringen.

3., Eingesalzene Fische in Töpfen, welche mit einem Kork verschlossen und sodann mit einem den Letzteren, sowie den Rand des Topfes luftdicht verschließenden Ueberzug von geschmolzenem Pech versehen sind, werden den in Blechbüchsen ꝛc. hermetisch verschlossenen Fischen beigezählt und sind mithin dem Zollsatze von 60 ℳ für 100 kg. zu unterwerfen.

4., Gegerbte, ungefärbte Schaf- und Ziegenfelle sollen ohne Rücksicht auf eine unvollständige, nur zur Erzielung eines marktfähigen Ansehens der Waare vorgenommene Glättung der Narbenseite, welche als eine Zurichtung im technischen Sinne nach einem Gutachten der Königlichen technischen Deputation für Gewerbe nicht gelten kann, als nicht weiter zugerichtete anzusehen und nach der Anmerkung zu Nr. 21 b. des Tarifs mit 3 ℳ. für 100 kg. verzollt werden.

5., Zerkleinerte Mimosarinde ist, weil sie zum Gerben Verwendung findet und deshalb zu den Lohrinden zu zählen ist, welche auf Seite 220 des amtlichen Waarenverzeichnisses allgemein der Nr. 13 b. des Tarifs unterstellt sind, ebenfalls dieser Tarifnummer zuzuweisen und daher mit 0,50 ℳ. für 100 kg. zur Verzollung zu ziehen.

6., Zur Unterscheidung von Pappe und Packpapier im tarifarischen Sinne wird bemerkt, daß Pappe aus mehreren Lagen, Schichten oder Bogen besteht, die sich leicht von einander trennen lassen, und daß dieselbe deshalb dicker ist, als Papier.
Sogen. dünne Holzpappen, welche mehrfach eingingen, hatten diese Merkmale nicht und mußten als geglättetes Packpapier nach Nr. 27 d. des Tarifs zum Satze von 6 ℳ. für 100 kg zur Verzollung gezogen werden.

7., Packpapier, welches bei der Fabrikation auf der Papiermaschine dadurch auf der einen Seite eine gewisse Glättung erfahren hat, daß es über erhitzte Trockencylinder geführt wurde, ist als geglättetes nach Nr. 27 d. des Tarifs mit 6 ℳ. für 100 kg. zu verzollen. Eine solche Glättung zeigt jedes auf der Papiermaschine fabricirte Papier, während das sog. Büttenpapier, welches in Bogen getrocknet wird, derselben entbehrt.

8., Auf Fleisch, welches in mit Papier beklebten Weißblechbüchsen als einziger Umschließung eingeht, ist die Bestimmung im 1. Absatze des IV. Instruktionspunktes zum amtlichen Waarenverzeichnisse anzuwenden, der gedachten Umschließung also ein Einfluß auf die Höhe des Zollsatzes nicht einzuräumen.

9., Knochenfett, auch wenn es bei einer Temperatur von 14—15° R. schmalzartige Konsistenz zeigt, ist nach Nr. 26 c. 4 des Tarifs mit 2 ℳ. für 100 kg. zur Verzollung zu ziehen. (Wiederholt aus Cirkularverfügung vom 5. September 1881 Nr. 4673 zur Modificirung von Amtsblatt 1881 S. 25.)

Erfurt, den 9. Februar 1882.   Der Generalinspector: Grolig.

Amtsblatt
des General-Inspectors
des Thüringischen Zoll- und Handels-Vereins.

2tes Stück vom Jahre 1882.

№ 6. Cirkularverfügung,
statistische Gebühr für Massengüter betr., vom 13. Februar 1882. № 758.

Nach einem neueren Beschlusse des Bundesraths ist das „saure schwefelsaure Natron" in das Verzeichniß derjenigen Massengüter, auf welche die Bestimmung im §. 11 Absatz 3 des Gesetzes über die Statistik des Waarenverkehrs mit dem Auslande vom 20. Juli 1879 Anwendung findet, aufzunehmen, was ich zur Beachtung und zur Ergänzung des mit meiner Cirkularverfügung vom 23. März v. Js. No. 1474 hinausgegebenen Verzeichnisses hiermit bekannt gebe.

Erfurt, den 13. Februar 1882.   Der Generalinspector: Grolig.

№ 7. Bekanntmachung,
Tabackabfertigungen nach Oesterreich-Ungarn betr., vom 10. Februar 1882 № 631.

Nach §. 9 lit. a der Anlage B (Zolltarif) zu dem am 23. Mai v. Js. zwischen Deutschland und Oesterreich-Ungarn abgeschlossenen Handelsvertrage — Reichsgesetzblatt 1881 Seite 133 — hat sich jeder der beiden kontrahirenden Theile verpflichtet, solche Waaren, deren Ein- oder Durchfuhr in dem Gebiete des anderen Theils verboten ist, nach demselben nur beim Nachweise dortiger besonderer Erlaubniß zoll- oder steueramtlich abzufertigen. Zu den Waaren, welche zur Einfuhr nach oder zur Durchfuhr durch Oesterreich-Ungarn schon an der Grenze einer besonderen Einfuhrbewilligung der kompetenten österreichisch-ungarischen Finanzbehörde bedürfen, gehört namentlich der Taback (Rohtaback und Tabackfabrikate bezw. Muster hiervon).

Diese besondere Einfuhrbewilligung ist jedoch bezüglich der für die österreichische und ungarische Tabackregie bestimmten Tabacksendungen nicht erforderlich und es sind derartige an die österreichisch und ungarische Tabackregie adressirte Tabacksendungen ohne Aufenthalt abzufertigen. Weiter wird auch bei Taback-Postsendungen für Private, sofern dieselben mit der Fahrpost aus dem Auslande nach Oesterreich-Ungarn eingehen, von der Vorweisung einer amtlichen Bewilligung beim Uebertritt über die österreichisch-ungarische Grenze abgesehen und es erfolgt in solchen Fällen die Ueberweisung von der Grenze auf eine innere Kaiserlich Königliche Landesbehörde ohne Weiteres.

Vorstehendes ist bei entstehendem Anlaß auch von den thüringischen Steuerstellen zu beachten.

Erfurt, den 16. Februar 1882. Der Generalinspector: Grolig.

№ 8. Bekanntmachung,
die Ausführung des § 2 des Wechselstempelsteuergesetzes vom 4. Juni 1879 betr.,
vom 16. Februar 1882 .№ 866.

Es wird auf die nachstehend zum Abdruck gebrachte Bekanntmachung des Herrn Reichskanzlers vom 1. Februar d. J. (Centralblatt f. d. D. R. S. 26) zur Nachachtung verwiesen (cfr. Amtsblatt 1879. S. 18).

Erfurt, den 16. Februar 1882. Der Generalinspector: Grolig.

Bekanntmachung,
betr. die Berechnung der Stempelabgabe von ausländischen Werthpapieren und der Wechselstempelabgabe von den in einer anderen als der Reichswährung ausgedrückten Summen.

Der Bundesrath hat in seiner Sitzung vom 19. Januar d. J. beschlossen, daß an die Stelle der in den Bekanntmachungen vom 12. November 1879 (Centralblatt S. 663) und vom 10. April 1880 (ebendaselbst S. 190) enthaltenen Bestimmungen die nachfolgenden zu treten haben:

Behufs Umrechnung der in einer andern als der Reichswährung ausgedrückten Summen zum Zwecke der Berechnung der Wechselstempelsteuer bezw. der Reichsstempelabgabe von ausländischen Aktien, Renten- und Schuldverschreibungen werden für die nachstehend bezeichneten Währungen die dabei bemerkten, allgemein zum Grunde zu legenden Mittelwerthe bis auf weiters festgesetzt:

1 süddeutscher Gulden, sowie ein Gulden niederländischer Währung	1,70 ℳ
1 Mark Banko	1,50 „
1 österreichischer Gulden (Silber oder Papier)	1,70 „
1 Pfund Sterling	20,40 „
1 Frank, Lira, finnische Mark, spanische Peseta Gold	0,80 „
1 spanischer Piaster	4,00 „
100 spanische Realen	21,00 „
1 portugiesischer Milreis	4,50 „
1 türkischer Piaster	0,18 „
1 rumänischer Piaster	0,30 „
1 rumänischer Leu	0,80 „
1 polnischer Gulden	0,61 „
1 russischer Silberrubel	2,625 „
1 russischer Goldrubel	3,20 „
100 schwedische, norwegische oder dänische Kronen	112,50 „
1 dänischer Rikstaler	2,25 „
1 schwedischer Rikstaler	1,125 „

| 1 Spezies Rikstaler . . . . | 4,00 ℳ |
| 1 amerikanischer Dollar . . . . | 4,03 „ |

Berlin, den 1. Februar 1882. Der Reichskanzler.
In Vertretung: Scholz.

№ 9. Bekanntmachung,
eine Ausstellung in Berlin betr., vom 20. Februar 1882 № 881.

Der Verein „Herold" in Berlin beabsichtigt, während der Monate April und Mai d. J. daselbst eine heraldisch-sphragistisch-genealogische Ausstellung zu veranstalten, und es ist den zu dieser Ausstellung aus dem Auslande ein- und später wieder zurückgehenden zollpflichtigen Gegenständen unter den bekannten Voraussetzungen Zollfreiheit zugestanden worden, was ich hierdurch bekannt gebe.

Erfurt, den 20. Februar 1882. Der Generalinspector: Grolig.

№ 10. Bekanntmachung,
eine allgemeine Deutsche Ausstellung in Berlin betr., vom 1. März 1882 № 901.

Auf den Antrag des Vorstandes des Centralkomités für die Allgemeine Deutsche Ausstellung auf dem Gebiete der Hygiene und des Rettungswesens, Berlin 1882, deren Eröffnung am 15. Mai d. J. stattfinden soll, ist für diejenigen Gegenstände, welche zu der gedachten Ausstellung vom Auslande eingeführt und nach beendigter Ausstellung nach dem Auslande zurückgesendet werden, soweit sie nicht schon tarifmäßig zollfrei sind, die Befreiung vom Eingangszolle zugestanden worden, was ich hierdurch unter Bezugnahme auf die in ähnlichen Fällen ergangenen Bestimmungen bekannt gebe.

Erfurt, den 1. März 1882. Der Generalinspector: Grolig.

№ 11. Bekanntmachung,
die Abfertigung von Bier unter dem Anspruche auf Steuervergütung betr., vom 6. März 1882 № 1081.

Der Bundesrath hat im Betreff der Abfertigung des mit dem Anspruche auf Steuervergütung ausgehenden Bieres Nachstehendes beschlossen:

Im Falle eines örtlichen Verkehrsbedürfnisses können die Direktivbehörden den Bezirkssteuerstellen die Ermächtigung ertheilen, bei der Abfertigung des mit dem Anspruche auf Steuervergütung nach Bayern, Württemberg, Baden oder Elsaß-Lothringen auszuführenden Bieres, sofern der Transport nicht mittels der Eisenbahn stattfindet, von der Vorführung des Bieres zum Zwecke der Revision und Verschlußanlegung unter nachstehenden Bedingungen abzusehen:

1., Der Brauer hat über das auszuführende Bier mindestens einen halben Tag vor der Absendung desselben der Bezirkssteuerstelle eine Anmeldung in zwei Exemplaren zur Visirung und Eintragung in das Anmelderegister einzureichen und den Biertransport stets von einem Exemplar der amtlich visirten Ausfuhranmeldung begleiten zu lassen.

2., Den Steuerbeamten steht jederzeit die Befugniß zu, die Richtigkeit der Anmeldung, sowie die Erfüllung der vorschriftsmäßigen Bedingungen der Steuervergütung durch Revision der Biersendungen zu kontroliren.

3., Behufs Feststellung der Steuervergütung hat der Brauer eine der Ausfuhranmeldung beizufügende Bescheinigung der Steuerstelle des Bestimmungsortes über den Eingang des Bieres, sowie eine Quittung über die davon entrichtete Uebergangsabgabe beizubringen, und es wird der Berechnung der Steuervergütung diejenige Biermenge, von welcher die Uebergangsabgabe entrichtet worden ist, falls aber dieses Quantum größer ist, als das angemeldete, nur das letztere zu Grunde gelegt.

Erfurt, den 8. März 1882.   Der Generalinspector: Grolig.

№ 12. Cirkularverfügung,

das Thüring'sche Stellen- und Ortschaftsverzeichniß betr., vom 22. März 1882 № 1396.

1. Der Ort Entschütz scheidet vom 1. April d. J. ab aus dem Hebebezirke der Steuerrezeptur Berga aus und geht in den des Steueramts Weida über.
2. Dem bisher nur mit Brausteuer- und Tabacksteuer-Erhebung beschäftigt gewesenen Herzoglichen Steueramte in Wasungen sind vom 1. Januar 1882 an die allgemeinen Geschäftsbefugnisse einer Bezirkssteuerstelle bei der indirekten Steuerverwaltung mit Ausschluß von Zollerhebung und von Reichsstempelerhebungsgeschäften verliehen.

    Der Bezirk umfaßt folgende Ortschaften:
1. Wasungen mit den Gütern Klosterwasungen, Maienluft und Katzmühle,
2. Bonndorf,
3. Dörrensolz, (nicht Dürrensolz, wie irrthümlich im Ortschaftsverzeichniß.)
4. Eckardts mit Schilbachsmühle, (nicht Eckards, wie „   „   „   )
5. Friedelshausen mit Aumühlen,
6. Georgenzell,
7. Hümpfershausen mit Lückmühle,
8. Kaltenlengsfeld,
9. Mehmels,
10. Metzels mit Oberwallbachsmühle und Kehlmühle,
11. Möckers,
12. Niederschmalkalten mit Zwick und Feldmark Cralach (Wiesen mit dem Fischhause),
13. Oberkatz,
14. Oepfershausen,
15. Rosa,
16. Roßdorf mit Gut Roßhof und Kohlbachsmühle,
17. Schwallungen mit Wintenhof,
18. Schwarzbach,
19. Sinnershausen,
20. Unterkatz mit Reisendorfer Mühle,
21. Wahns und
22. Wallbach.

Bemerkung. Bei Dörrensolz und Eckardts ist die vorstehend angeführte Rechtschreibung anzuwenden.

3. Der Ort **Marisfeld** ist aus dem Steuerhebebezirk **Meiningen** in den Steuerhebebezirk **Hildburghausen** übergetreten.
4. Die Orte **Jehmichen** (nicht Jehnichen, wie im Ortschaftsverzeichnisse irrthümlich aufgeführt) mit **Hühnerschenke**, und **Schaberthal** sind vom Steuerhebebezirke **Gräfenthal** abgetrennt und dem Steuerhebebezirke **Saalfeld** überwiesen worden.
5. Der Ort **Lausnitz** ist aus dem Steuerhebebezirke **Pößneck** in den Steuerhebebezirk **Saalfeld** übergetreten, desgleichen
6. der Ort **Heid** aus dem Steuerhebebezirke **Sonneberg** in den Steuerhebebezirk **Eisfeld** und
7. der Ort **Bockstadt** mit **Haidhof** aus dem Steuerhebebezirke **Hildburghausen** in den Steuerhebebezirk **Eisfeld**.
8. Dem Fürstlichen Steueramte **Arnstadt** ist die Befugniß zur zollfreien Abfertigung von Petroleum nach Seite 36 des Nachtrags zum amtlichen Waarenverzeichnisse verliehen worden.
9. Im Ortschaftsverzeichnisse ist der Ort „Sölmnitz" in „Söllmnitz" zu berichtigen.

Erfurt, den 22. März 1882.   Der Generalinspector: **Grolig**.

Personalien.

A. Sachsen-Weimar.
  1., Der Salzsteueraufseher **Görke** in **Louisenhalle** ist am 4. Januar 1882 verstorben und wurde die interimistische Verwaltung der Salzsteueraufseherstelle daselbst dem Dienstanwärter **Kassel** von **Eisenach** übertragen.
    Ministerial-Rescripte vom 7. und 16. Januar 1882.
  2., Der Steueramtsrendant **Mehlhos** in **Jena** ist vom 1. Mai 1882 an in den Ruhestand versetzt und zu dessen Nachfolger der Steueramtsassistent **Klink** in **Apolda** ernannt.
    Ministerial-Rescript vom 27. Januar 1882.
  3., Der Steueraufseher **Sußdorf** in **Eisenach** ist am 6. März 1882 verstorben.
  4., Der Steueraufseher **Schuster** in **Geisa** ist vom 1. April d. J. an als Salzsteueraufseher nach **Louisenhalle** versetzt und die hierdurch erledigte Steueraufseherstelle in **Geisa** dem Dienstanwärter **Otto Schmidt** in **Weimar** übertragen.
    Ministerial-Rescript vom 8. März 1882 № 1432.
  5., Der Steueraufseher **Stüp** in **Buttstädt** ist vom 1. April d. J. an zum Assistenten bei dem Großherzogl. Steueramte in **Eisenach** befördert und der Dienstanwärter **Kassel** zum dritten Steueraufseher in **Buttstädt** provisorisch ernannt;
  6., dem Geometer **Rübel** in **Weimar** ist vom 1. April d. J. an die kommissarische Verwaltung der Assistentenstelle bei dem Großherzogl. Steueramte in **Weimar** und
  7., dem Steueramtsassistenten **Schulze** in **Eisenach** vom 1. Mai d. J. an die erledigte Stelle eines ersten Steueramtsassistenten in **Apolda** übertragen.
    Ministerial-Rescript vom 27. Februar 1882.

B. Sachsen-Meiningen.
  1. Dem Steueraufseher **Zimmermann** in **Meiningen** ist die Stelle eines Salzsteueraufsehers in **Obernensulza** vom 1. März 1882 an verliehen.
    Ministerial-Rescript vom 3. Februar 1882.
  2., Die erledigte Steueraufseherstelle in **Meiningen** ist dem bisherigen Sergeanten **Beck** daselbst provisorisch übertragen.
    Mittheilung des Herzogl. Feldjägerkommandos vom 19. Februar 1882.

C. Sachsen-Altenburg.

Der zweite Beamte des Herzogl. Steuer- und Rentamts in Roda, Assistent Schmidt, wurde zum Finanzkontroleur ernannt.
Ministerial-Rescript vom 27. Januar 1882.

D. Reuß j. L.

1., Die Verwaltung der Fürstlichen Steuerreceptur in Hohenleuben ist vom 1. Januar 1882 ab dem bisherigen Steueraufseher Haase in Schleiz übertragen.
Ministerial-Rescript vom 28. November 1881.

2., Von Anfang Januar 1882 ab ist der Steueraufseher Hemmann von Lobenstein nach Schleiz versetzt und der Posten des zweiten Steueraufsehers in Lobenstein dem Hautboisten Orlamünder in Gera provisorisch übertragen.
Ministerial-Rescript vom 17. December 1881.

3., Vom 1. März 1882 ab sind der Hauptamtskontroleur Fleischmann in Gera zum Hauptamtsrendanten, der Hauptamtsassistent Höfer daselbst zum Hauptamtskontroleur und die zeitherigen Hülfsbeamten Strohm und Riedel daselbst zu Assistenten bei dem Fürstlichen Hauptsteueramte in Gera ernannt.
Ministerial-Rescript vom 25. Februar 1882.

4., Der Salzsteueramtsrendant Wille in Heinrichshalle ist am 21. Februar 1882 mit Tode abgegangen.
Ministerial-Rescript vom 28. Februar 1882.

5., Von Anfang April 1882 ab ist die zweite Steueraufseherstelle in Schleiz dem Hülfsaufseher Becker von Gera provisorisch übertragen.
Ministerial-Rescript vom 11. März 1882.

6., Die erledigte Stelle des Salzsteueramtsrendanten in Heinrichshalle ist von Anfang April 1882 ab dem Steueraufseher Orlamünder in Gera übertragen.
Ministerial-Rescript vom 18. März 1882.

Berichtigung. Auf Seite 5 der Nummer 1 des diesjährigen Amtsblattes muß es in Spalte 2 heißen:
„II. Von Branntwein:
Die unter I. Nr. 1 genannten Staaten und Gebietstheile mit Ausschluß der Hohenzollern'schen Lande Preußens und Luxemburgs, und Elsaß-Lothringen:"
Gleiche Berichtigung der Separatexemplare für die Akten hat stattzufinden.

Druck von Otto Conrad in Erfurt.

Amtsblatt
des General-Inspectors
des Thüringischen Zoll- und Handels-Vereins.

3tes Stück vom Jahre 1882.

№ 13. Cirkularverfügung,
die Erweiterung der Abfertigungsbefugnisse einer Thüringischen Steuerstelle betr.
vom 1. April 1882 № 1502.

Dem Herzoglichen Hauptsteuer-Amte in Altenburg ist die Befugniß zur unbeschränkten Abfertigung von Waaren der Tarifnummern 2c. 1—3 und 22a., b., e. und f. vom Bundesrathe beigelegt worden.

Die Thüringischen Steuerstellenverzeichnisse sind hiernach zu ergänzen.

Erfurt, den 1. April 1882.   Der Generalinspector: Grolig.

№ 14. Cirkularverfügung,
Abänderung von Tarasätzen betr., vom 5. April 1882 № 1503.

Der Bundesrath hat in der Sitzung vom 21. d. Mts. — § 156 der Protokolle — beschlossen, daß in den für die Verzollung maßgebenden Tarasätzen nachverzeichnete Aenterungen einzutreten haben:

Laufende Nummer	Nummer des Zolltarifs	Benennung der Gegenstände.	Art der Umschließung.	Tarasätze. Procente des Bruttogewichts.	
				Bisher.	Künftig.
1.	2 c. 2.	Baumwollengarn, zweidrähtiges, roh	Fässer u. Kisten.	18.	14.
2.	2 c. 5.	Mehrfach gezwirnter, auch aufkommobirter Nähfaden	Kisten.	18.	16.
3.	"	Desgleichen	Ballen.	7.	3.
4.	6 e. 2 β	Grobe Eisenwaaren, abgeschliffen ꝛc., sofern dieselben in Schraubenbolzen, Holzschrauben, Stiften, Nägeln bestehen	Fässer u. Kisten.	10.	8.
5.	13 g.	Korkstopfen	Ballen.	9.	5.
6.	19 b.	Unplattirtes Messingblech	Kisten.	13.	8.
7.	25 f.	Butter, auch künstliche	Kübel von hartem Holz und Fässer.	16.	13.
8.	25 g. 1.	Fleisch, ausgeschlachtetes ꝛc.	Ballen.	6.	3.
9.	27 f. 3.	Papiertapeten	Kisten.	16.	25.
10.	"	Desgleichen	Ballen.	6.	4.
11.	30 e.	Seide und Floretseide, gefärbt	Ballen.	9.	5.
12.	43 d.	Feine Zinnwaaren, auch lackirte ꝛc.	Kisten.	20.	15.

Diesem Beschlusse ist alsbald zu entsprechen, auch der **Taratarif** hiernach zu berichtigen.

Erfurt, den 5. April 1882.   Der Generalinspector: **Grolig**.

№ 15. **Bekanntmachung,**
Massengüter betr., vom 11. April 1882. № 1666.

Es wird auf den Bundesrathsbeschluß vom 16. v. Mts. — § 142 der Protokolle — zur Nachachtung aufmerksam gemacht, wonach die frischen und getrockneten (gebarrten) Cichorien — Nr. 233 des statistischen Waarenverzeichnisses — in das Verzeichniß derjenigen Massengüter, auf welche die Bestimmung im § 11 Absatz 2 Ziffer 3 des Gesetzes über die Statistik des Waarenverkehrs mit dem Auslande vom 20. Juli 1879 Anwendung findet (§ 358 der Protokolle von 1880) aufzunehmen sind.

Erfurt, den 11. April 1882.   Der Generalinspector: **Grolig**.

№ 16. **Cirkularverfügung,**
eine **Zusammenstellung** tarifarischer **Entscheidungen** betr., vom 12. April 1882. № 1711.

Nachstehend werden wieder einige tarifarische Entscheidungen des Königlichen Finanz-Ministeriums in Berlin zur Kenntnißnahme und erheblichen Beachtung zusammengestellt.

1. Zur Ergänzung der Tarifbestimmung unter Nr. 6 der Cirkularverfügung vom 9. Februar d. Js., Nr. 678, wird darauf aufmerksam gemacht, daß neuerdings auch sogenannte dünne Holzpappe anscheinend aus verschiedenen, — jedenfalls nicht leicht oder gar nicht von einander trennbaren — Lagen hergestellt wird, welche gleichwohl nicht als Pappe angesehen werden kann, da sprachgebräuchlich unter Pappe ein besonders starkes Papier, das eine gewisse Steifigkeit besitzt, zu verstehen ist. Dergleichen s. g. Pappe ist, wenn sie nicht dicker oder steifer, als manches Packpapier sich ergiebt, zu letzterem zu zählen und, da sie eine gewisse Glätte besitzt, der Nr. 27d. des Zolltarifs zum Satze von 6 Mark für 100 kg. zu unterstellen.
2. Tische von lackirtem Holze (s. g. Tabourets), deren bewegliche runde Platten dergestalt mit eingelegten Verzierungen von wirklicher oder nachgeahmter Perlmutter versehen sind, daß sie einen Kranz bilden, sind der Nr. 20b. 1 des Tarifs zuzuweisen, sofern eine solche Verzierung nicht für ganz unwesentlich zu erachten ist.
3. Geräucherte und behufs ihrer Conservirung in Baumwollenzeug eingenähte Schinken sind einschließlich der bezeichneten Umschließungen nach Nr. 25g. 1 des Tarifs mit 12 Mark für 100 kg. zu verzollen.
   Bei dieser Veranlassung wird zugleich Anweisung dahin ertheilt, daß die bezüglich der inneren Umschließungen bisher beobachtete Praxis bei Anwendung des Instruktionspunktes IV. zum amtlichen Waarenverzeichnisse ohne meine ausdrückliche Anordnung nicht zu verlassen, in Zweifelsfällen aber an mich zu berichten ist.
4. Die Bestimmung unter lfd. Nr. 62 des Nachtrags zum amtlichen Waarenverzeichnisse, wonach Fette, die bei einer Temperatur von 14 bis 15° Reaumur schmalzartige Konsistenz zeigen, (soweit sie nicht namentlich ausgenommen sind, oder in

Knochenfett bestehen,) wie Palmitin zu behandeln, also nach Nr. 26c. 2 des Tarifs mit 8 Mark für 100 kg. zur Verzollung zu ziehen sind, findet auch auf **Talg Anwendung.** (Talg ist mithin nur unter der doppelten Voraussetzung als solcher nach Nr. 26c. 4 des Tarifs zu verzollen,

a. wenn ihm nicht durch Entziehung des Oleins oder Glycerins eine so große Konsistenz (Festigkeit) gegeben ist, daß seine Schmelz-Temperatur erst mit mehr als 35° R. beginnt oder

b. wenn seine Konsistenz so gering ist, daß sie bei einer nicht über 14 bis 15° R. hinausgehenden Temperatur nur schmalzartig ist.

Ist also zur Zeit der Revision die Temperatur geringer als 14° R. und das Fett ist hart, nicht schmalzartig, so muß geprüft werden, ob dasselbe auch dann nicht schmalzartig bleibt, wenn ein damit gefülltes Gefäß in Wasser von 15° R. eingesetzt wird; ist aber bei einer solchen Temperatur von mehr als 15° R. das Fett nicht hart, sondern schmalzartig, so muß die gleiche Prüfung nach dem schmalzartigen Verbleib bei einer Temperatur von 14° R. gemacht werden.)

5. Schließlich wird darauf aufmerksam gemacht, daß neuerdings unter der Deklaration „Teigwaare" oder „Capelleti" oder „Tortellini" ein nudelähnliches, nicht gebackenes Erzeugniß aus Mehl eingeht, in dessen Innern eine Füllung enthalten ist, die angeblich aus Parmesankäse und Fleisch besteht. In solchem Falle ist die Waare als eine zum feineren Tafelgenusse (Suppeneinlage) bestimmte nicht nach 25q. 1, sondern nach 25p. 1 des Tarifs mit 60 Mark für 100 kg. zu verzollen.

Erfurt, den 12. April 1882.   Der Generalinspector: **Grolig.**

№ 17. Cirkularverfügung,
die Uebergangsabgaben- und Rückvergütungsbeträge in Bayern betr.,
vom 9. Mai 1882 № 2255.

Die in Bayern erhobenen Uebergangsabgabe- und bewilligten Rückvergütungsbeträge, welche sich in der im ersten Stück meines diesjährigen Amtsblatts veröffentlichten Uebersicht der Uebergangsabgaben und Ausfuhrvergütungen unter I. 2 und III. 1 aufgeführt finden, kommen auch für die Jahre 1882 und 1883 zur Anwendung, was ich hiermit bekannt gebe.

Erfurt, den 9. Mai 1882.   Der Generalinspector: **J. B. Schreck.**

№ 18. Bekanntmachung,
die Versendung alkoholhaltiger Parfümerien nach und durch Bayern mit der Post betr.,
vom 16. Mai 1882 № 2117.

Einer anher gelangten amtlichen Nachricht zu Folge wird es Bayerischerseits für erforderlich erachtet, daß alkoholhaltige Parfümerien, welche nach oder durch Bayern mittelst der Post versendet werden, der Uebergangsabgaben-Kontrole unterworfen bleiben. Es müssen daher solche Sendungen vor ihrer Aufgabe zur Post mit einem Uebergangsschein versehen werden, welchen der Absender zu extrahiren und der Postsendung beizugeben hat.

Bekannte Interessenten sind hierauf aufmerksam zu machen.

Erfurt, den 16. Mai 1882.   Der Generalinspector: **J. B. Schreck.**

№ 19. Bekanntmachung,
eine **Sport-Ausstellung** in **Berlin** betr., vom 17. Mai 1882 № 2418.

Auf den Antrag des Vertreters der Sport-Ausstellung, Berlin 1882, deren Eröffnung am 1. Juni d. J. stattfinden soll, ist unter den bekannten Bedingungen für diejenigen Gegenstände, welche zu der gedachten Ausstellung vom Auslande eingeführt und nach beendigter Ausstellung nach dem Auslande zurückgesendet werden, soweit sie nicht schon tarifmäßig zollfrei sind, die Befreiung vom Eingangszolle zugestanden worden, was ich hiermit bekannt gebe.

Erfurt, den 17. Mai 1882.   Der Generalinspector: J. V. Schreck.

Personalien.

A. Sachsen-Weimar.
1., Vom 1. Mai d. J. an ist der berittene Steueraufseher Kötschau in Neustadt a/O. in gleicher Eigenschaft nach Eisenach und der provisorische Steueraufseher Otto Schmidt in Geisa provisorisch in die Stelle des berittenen Steueraufsehers in Neustadt a/O. versetzt.
Ministerial-Rescript vom 3. April 1882.
2., Der Steueramtsgehülfe Borkmann zu Neustadt a/O. ist vom 1. Mai d. J. an provisorisch zum Steueraufseher in Geisa ernannt.
Ministerial-Rescript vom 12. April 1882.

B. Sachsen-Meiningen.
1., Dem Vorstande des Herzogl. Steueramtes in Themar, Amtsassistent Heym, ist das dem Herzogl. Sachsen-Ernestinischen Hausorden affiliirte Verdienstkreuz verliehen worden.
Regierungsblatt für das Herzogth. Sachsen-Meiningen Nr. 53 de 1882.
2., Der Rechnungspraktikant Eggers in Eisfeld ist vom 1. Mai 1882 ab zum Herzogl. Steueramte in Sonneberg und
3., der Revisionsassistent Baumbach in Sonneberg vom gleichen Zeitpunkte ab zum Herzogl. Steueramte in Salzungen versetzt.
Ministerial-Rescript vom 18. April 1882.

C. Sachsen-Altenburg.
1., Der erste Beamte des Herzogl. Steuer- und Rentamts in Roda Rechnungsrath Hase, wird vom 1. Juli 1882 ab in Ruhestand versetzt.
Ministerial-Rescript vom 9. Mai 1882.
2., Der Finanzoberkontroleur Buchmann in Altenburg ist unter Beibehaltung dieses Prädikates aus seiner bisherigen Stellung bei der Finanzhauptverwaltung vom 1. Juli d. J. ab in seine frühere Stellung als erster Beamter und Kassirer des Herzogl. Steuer- und Rentamts in Roda zurückversetzt worden.
Ministerial-Rescript vom 10. Mai 1882.

D. Sachsen-Coburg-Gotha.
Der Hauptsteueramts-Accessist Ludwig in Gotha ist nach Uebertragung der Assistentenstelle bei der dasigen Stadtkasse am 31. Mai c. aus seiner bisherigen Stellung entlassen.
Ministerial-Rescript vom 4. Mai 1882.

Druck von Otto Conrad in Erfurt.

Amtsblatt
des General-Inspectors
des Thüringischen Zoll- und Handels-Vereins.

4tes Stück vom Jahre 1882.

№ 20. Cirkularverfügung,
Ausführungsbestimmungen zu den gesetzlichen Vorschriften über die Tara betr., vom 21. Mai 1882 № 2517.

Der Bundesrath hat neuerdings diejenigen Ausführungsbestimmungen zu den gesetzlichen Vorschriften über die Tara beschlossen, welche bereits im 20. Stück des Centralblatts für das Deutsche Reich vom laufenden Jahre abgedruckt sind und demnächst den betreffenden Steuerstellen und Beamten in besonderen Abdrücken br. m. zur Beachtung unter gleichzeitiger Aufhebung der Cirkularverfügung vom 31. Dezember 1871, Nr. 7249 übersendet werden sollen.

Der Handelsstand ist in geeigneter Weise von den unter Abänderung der Vorschriften des Instruktionspunktes IV. zum amtlichen Waarenverzeichnisse, Absatz 2 und 3, getroffenen Bestimmungen (§ 7, Ziffer 2 und 3), auf welche hiermit noch besonders hingewiesen wird, in Kenntniß zu setzen.

Erfurt, den 24. Mai 1882.   Der Generalinspector: J. B. Schreck.

№ 21. Bekanntmachung,
Statistische Gebühr von Massengütern betr., vom 5. Juni 1882 № 2776.

Nachstehender Bundesrathsbeschluß ist bei erheblicher Bescheidung von Interessenten und sonst zu beachten:

1. Bei Sendungen von den im §. 11, Absatz 2, Ziffer 3, des Gesetzes vom 20. Juli 1879, betreffend die Statistik des Waarenverkehrs des deutschen Zollgebiets mit dem Auslande, bezeichneten Massengütern, für welche nach § 3 desselben ein Anmeldeschein genügen würde, bei denen jedoch in Folge der Bestimmungen im § 6, letzter Satz der Bekanntmachung und im § 50, Ziffer 1, Absatz 3 des Betriebsreglements für die Eisenbahnen Deutschlands, vom 11. Mai 1874 (Centralblatt S. 179), mehrere Anmeldescheine zu übergeben sind, kann die nach § 11, Absatz 4 des Gesetzes erforderliche Anrechnung der vollen statistischen Gebühr für Bruchtheile der Mengeneinheiten bei Beobachtung der nachfolgenden Vorschriften auf die bei der Gesammtmenge sich ergebenden Bruchtheile beschränkt werden.

a. Der Absender hat außer den einzelnen speziellen Anmeldescheinen einen, den Inhalt derselben umfassenden generellen Anmeldeschein über die ganze zusammengehörige Sendung zu übergeben.
b. In den speziellen Anmeldescheinen ist auf den zugehörigen generellen Anmeldeschein und in letzterem auf die mit fortlaufenden Ordnungszahlen zu bezeichnenden speziellen Anmeldescheine zu verweisen.
c. Die nach § 13 des Gesetzes zu verwendenden Stempelmarken sind nach Maßgabe des § 18 der Bekanntmachung auf dem generellen Anmeldescheine anzubringen.
d. Der generelle Anmeldeschein ist der Anmeldestelle zusammen mit den speziellen Anmeldescheinen, beziehungsweise, wenn die einzelnen Theile der Sendung in Folge unvorhergesehener Umstände nicht gleichzeitig am Sitze der Anmeldestelle eintreffen sollten, mit den speziellen Anmeldescheinen über den zuerst angekommenen Theil der Sendung zu übergeben (§ 7, Abs. 1, Satz 1 des Gesetzes).
e. Den Bestimmungen im § 9 der Bekanntmachung ist sowohl in Bezug auf den generellen, als auch hinsichtlich der speziellen Anmeldescheine zu genügen.
f. Die nach § 7, Absatz 2 des Gesetzes zu übergebende schriftliche Erklärung ist dem generellen Anmeldeschein beizufügen.

2. In den unter Ziffer 1 bezeichneten Fällen ist die nach § 8 des Gesetzes und § 10 der Bekanntmachung von der Anmeldestelle vorzunehmende Prüfung auf die Uebereinstimmung der speziellen Anmeldescheine mit dem generellen Anmeldeschein zu erstrecken und die Anschreibung der Waaren in den Verkehrsnachweisungen auf Grund des letzteren zu bewirken.

Erfurt, den 5. Juni 1882.   Der Generalinspector: Grolig.

№ 22. Bekanntmachung,
den Handelsvertrag mit Italien betr., vom 6. Juni 1882 № 2504.

Unter Bezugnahme auf Seite 31 des diesjährigen Amtsblattes mache ich weiter bekannt, daß die von der Königlich Italienischen Regierung angebrachte Kündigung des Handelsvertrages zwischen dem Zollverein und Italien vom 31. Dezember 1865 und der Schifffahrtskonvention vom 14. Oktober 1867 nach einem neuerdings getroffenen Abkommen erst mit dem 1. Juli 1883 in Wirksamkeit treten wird.

Erfurt, den 6. Juni 1882.   Der Generalinspector: Grolig.

Amtsblatt
des General-Inspectors
des Thüringischen Zoll- und Handels-Vereins.

5tes Stück vom Jahre 1882.

№ 23. Cirkularverfügung,
die Tarifirung baumwollener Gummiwäsche betr., vom 17. Juni 1882 № 2995.

Das Königliche Finanzministerium in Berlin hat über die Tarifirung von sogenannter Gummiwäsche aus Baumwollenstoff, auf deren beide Seiten vermittelst heißer Walzen eine dünne Schicht von mit Zinkweiß gefärbtem Celluloid aufgepreßt worden ist, nachstehende, zu beachtende Entscheidung getroffen. Bei dieser Beschaffenheit der Waare kommt im Hinblick auf die Bestimmungen des amtlichen Waarenverzeichnisses in der Anmerkung e. zu „Zeug- 2c. Waaren" auf Seite 407, unter „Celluloidwaaren" auf Seite 59) und unter „Halskragen" auf Seite 143 in Frage, ob auf Leibwäsche der bezeichneten Art (Halskragen, Manschetten) der Zollsatz von 70 ℳ — Nr. 21 d. des Tarifs — oder von 200 ℳ — Nr. 20 b. 1 — oder endlich von 150 ℳ — Nr. 18 e. — in Anwendung zu bringen ist. Da die in Rede stehende Waare ihrem Hauptbestandtheil und ihrem Verwendungszweck nach sich als baumwollene Leibwäsche charakterisirt und der Ueberzug nur eine Art von Appretur bildet, so erscheint es angemessen, Waaren der fraglichen Art nach Nr. 18 e. des Tarifs mit 150 ℳ für 100 kg. zur Verzollung zu ziehen.

Erfurt, den 17. Juni 1882.   Der Generalinspektor: Grolig.

№ 24. Bekanntmachung,
die fortlaufenden Conten betr., vom 26. Juni 1882 № 3094.

Der Bundesrath hat in der Sitzung vom 3. d. M. — § 254 der Protokolle — beschlossen, daß an die Stelle des § 2 des Regulativs, die fortlaufenden Conten betreffend, vom 13. Juli 1868 nachstehende Bestimmungen treten:

§ 2.

Die Bewilligung eines fortlaufenden Contos kann sich auf folgende Waaren erstrecken: baumwollene Waaren; Waaren aus Wolle oder anderen Thierhaaren; Leinenwaaren; seidene und halbseidene Waaren; Kleider, Leibwäsche und Putzwaaren; Gewebe aller Art mit Kautschuck überzogen, getränkt u. s. w.; kurze Waaren; lederne Handschuhe; Stroh- u. s. w. Hüte; Hemlock- und Valdiwialeder; Ledertuch; Wachstuch mit Ausnahme des groben, unbedruckten; Wachsmusselin und Wachstaffet; Fußdecken aus Kamptulikon, Linoleum u. s. w.; gefüttertes Pelzwerk; feine Waaren aus weichem Kautschuck; außerdem auf Meßplätzen auf alle Waaren, für welche nach der betreffenden Meßordnung ein Meßconto eröffnet werden kann.

Der obersten Landesfinanzbehörde bleibt es indeß überlassen, soweit sich ein Bedürfniß dazu ergiebt, diejenigen Waaren, welche auf Meßplätzen zum fortlaufenden Conto verstattet sind, auch auf anderen als Meßplätzen ferner auch andere als die oben bezeichneten Waaren sowohl auf Meß- als auf anderen Plätzen zur Contirung zuzulassen.

Die Vergünstigung ist an die nachstehend zu a. und b. angegebenen Bedingungen geknüpft:

a. Die Menge der im Conto von einem halben Jahre zum anderen, d. h. von einem halbjährlichen Contoabschluß bis zum anderen (§ 29) zur Anschreibung gelangten Waaren muß mindestens betragen:
1. bei Waaren aus Baumwolle der Tarifnummer 2 d. 1 bis 3, bei Waaren aus Pferdehaaren der Tarifnummer 11 b. (mit Ausnahme der Roßhaargeflechte und Spitzen) und bei Waaren aus Wolle oder anderen Thierhaaren der Tarifnummer 41 d. 3 und 4   8750 kg;
2. bei Waaren aus Wolle oder anderen Thierhaaren der Tarifnummer 41 d. 5 und 6, bei leinenen Waaren der Tarifnummer 22 e. 3 bis 5 (mit Ausnahme der Seilerwaaren), f., g. und bei leinener und baumwollener Leibwäsche der Tarifnummer 18 e.   7500 kg;
3. bei feinen Waaren aus weichem Kautschuck, bei Geweben aller Art mit Kautschuck überzogen, getränkt oder durch Zwischenlagen aus Kautschuck verbunden oder mit eingelebten Kautschuckfäden, bei Geweben aus Kautschuckfäden in Verbindung mit anderen Spinnmaterialien und bei Strumpf- und Posamentierwaaren in Verbindung mit Kautschuckfäden: Tarifnummer 17 d. und e.   4000 kg;
4. bei seidenen und halbseidenen Waaren der Tarifnummer 30 e. und f., bei Kleidern und Putzwaaren der Tarifnummer 18 a., b., c., d., f., g., bei zugerichteten Schmuckfedern der Tarifnummer 11 g., bei Baumwollenwaaren der Tarifnummer 2 d. 4 bis 6, bei Roßhaargeflechten und Spitzen der Tarifnummer 11 b, bei leinenen Waaren der Tarifnummer 22 h. und i., bei Wollenwaaren der Tarifnummer 41 d. 7 und 8, bei kurzen Waaren der Tarifnummer 20 a., b. und c., bei ledernen Handschuhen der Tarifnummer 21 e und bei Stroh- u. s. w. Hüten der Tarifnummer 35 d.   1500 kg;
5. bei den nicht unter die Kategorien 1 bis 4 gehörigen, zur Contirung zugelassenen Waaren   10000 kg.

b. die Menge der im Laufe des Jahres abgesetzten (durchgeführten oder in das Zollgebiet verlaufen) Waaren muß mindestens betragen:

zu a. 1	3000 kg
zu a. 2	2500 „
zu a. 3	1500 „
zu a. 4	500 „
zu a. 5	3500 „ .

Hierbei treten folgende nähere Bestimmungen ein:
1. Behufs Beurtheilung der Kriterienerfüllung bei nach der Stückzahl zu verzollenden Hüten ist das Gewicht der Hüte aus dem Zollwerth nach dem Verhältniß von 300 Mark gleich 100 kg zu berechnen.

2. Der bei dem jedesmaligen Contoabschluß verbleibende Bestand gelangt in dem folgenden Conto wieder zur Anschreibung.

3. Wenn ein Contolager mehrere Waarenkategorien umfaßt, so werden die vorstehend angegebenen Bedingungen als erfüllt angesehen, sofern für den hauptsächlichsten Geschäftszweig die Mengen der angeschriebenen und der verkauften Waaren unter Zurechnung der Mengen von Waaren aus anderen Kategorien die vorgeschriebenen Summen erreichen.

Für die Beurtheilung, welcher Geschäftszweig als der hauptsächlichste anzusehen sei, ist der aus der Anschreibung des letzten Semesters sich berechnende Zollwerth maßgebend. Ebenso ist bei der Zurechnung der Waarenmengen aus anderen Kategorien der Zollwerth zu berücksichtigen. Führt z. B. ein Kaufmann neben verschiedenen anderen Artikeln dem Zollwerthe nach halbseitene Waaren als hauptsächlichsten Geschäftszweig und beträgt von letzteren die halbjährliche Anschreibung 1000 kg, so wird das unter a. Nr. 4 bezeichnete Kriterium der Anschreibung doch als erfüllt angesehen, wenn der Zollwerth der sonst noch angeschriebenen Waaren den Zollwerth der noch fehlenden 500 kg halbseidener Waaren, d. i. 1500 ℳ erreicht oder übersteigt.

Das Kriterium der Abschreibung wird als erfüllt erachtet, wenn überhaupt der Zollwerth des gesammten jährlichen Absatzes an contirten Waaren dem Zollwerthe des für halbseidene Waaren bestimmten Minimums von 500 kg (1500 ℳ) mindestens gleichkommt.

4. Uebernimmt ein Großhändler auf sein Conto Waarenposten von laufenden Conten anderer Großhändler, so werden diese Posten bei Berechnung der zur Aufschreibung gelangten Mengen nur dann, wenn dergleichen Uebertragungen früher von seinem Conto ebenfalls stattgefunden haben, und zwar insoweit berücksichtigt, als die letzteren von den ersteren überschritten werden.

5. Ebenso finden die aus anderen inländischen Packhofstätten unter Begleitscheincontrole eingegangenen Sendungen nur insoweit Berücksichtigung, als sie die früheren unter Begleitscheincontrole bewirkten Sendungen nach dergleichen Stätten übersteigen. Entgegengesetzten Falls sind dieselben als nicht anrechnungsfähig im Conto zu bezeichnen.

6. Dagegen werden die Waarenmengen, welche von einem Contoinhaber unmittelbar vom Auslande unter Begleitscheincontrole nach anderen inländischen Plätzen eingeführt und dort auf ein fortlaufendes Conto angeschrieben oder zur Niederlage gebracht sind, auf erfolgten Nachweis bei Berechnung der Menge der zur Aufschreibung gelangten Waaren mit in Ansatz gebracht.

Es ist aber in einem solchen Fall im fortlaufenden Conto der Großhandlung, welche Waaren aus dem Auslande nach anderen inländischen Plätzen eingeführt hat, jeder Waarenzugang von dem betreffenden Platze, mit Einschluß der zu 5 gedachten, unter den dort erwähnten Voraussetzungen sonst anrechnungsfähigen Sendungen, er erfolge unmittelbar oder mittelbar, als nicht anrechnungsfähig zu bezeichnen.

7. Ebenso kommen bei Berechnung der im Laufe des Jahres verkauften Mengen auf erfolgten Nachweis diejenigen Waarenmengen mit zur Berücksichtigung, welche von einem Contoinhaber unmittelbar vom Auslande unter Begleitscheincontrole nach anderen inländischen Plätzen bezogen und dort abgesetzt worden sind.

8. Der Nachweis in den zu 6 und 7 bemerkten Fällen wird durch Bescheinigungen der Hauptämter an den betreffenden inländischen Plätzen geführt.

9. Ob ein Großhandel bestanden hat und das fortlaufende Conto fortdauern kann, wird nach diesen Grundsätzen mit Zugrundelegung der oben bezeichneten Kriterien nach den Ergebnissen des vorhergegangenen Jahres, d. h. der beiden letzten halbjährigen Abrechnungen, dergestalt bemessen, daß die aus den beiden Contoabschlüssen sich ergebende Menge der zur Ausschreibung gelangten Waaren das Doppelte der als Kriterium angenommenen Menge für ein Semester erreichen und in beiden Semestern zusammengenommen ein Waarenabsatz von dem vorgeschriebenen Umfange stattgefunden haben muß.

Es wird auf die an die Hauptämter und Bezirksobercontrolen ergangene, von letzteren den Bezirkssteuerstellen mitgetheilte Verfügung vom 28. Juli 1868, Nr. 5024 verwiesen. Dem betheiligten Handelsstand (Handelskammern ꝛc.) ist behufige Kenntniß zu geben.

Erfurt, den 26. Juni 1882.   Der Generalinspektor: **Grolig**.

№ 25. **Bekanntmachung,**
eine Ausstellung in München betr., vom 3. Juli 1882 № 3184.

In den Monaten September und Oktober d. J. werden in München elektrotechnische Versuche in Verbindung mit einer internationalen Ausstellung von Gegenständen für diese Versuche stattfinden und ist auf Antrag des bestellten Comité's für diejenigen Gegenstände, welche zu dieser Ausstellung vom Auslande eingeführt und nach beendigter Ausstellung nach dem Auslande zurückgesendet werden, die Befreiung vom Eingangszolle bewilligt worden, was ich hiedurch unter Bezugnahme auf die in früheren Fällen ergangenen Bestimmungen bekannt gebe.

Erfurt, den 3. Juli 1882.   Der Generalinspektor: **Grolig**.

№ 26. **Cirkularverfügung,**
Zollerleichterungen bei der Ausfuhr von Mühlenfabrikaten betr., vom 5. Juli 1882 № 3202.

Unter Verweisung auf das auch durch die Cirkularverfügung vom 29. v. M., Nr. 3152 abschriftlich mitgetheilte Reichsgesetz vom 23. v. M., betreffend die Abänderung des Zolltarifgesetzes vom 15. Juli 1879, gebe ich hiermit weiter bekannt, daß der Bundesrath bezüglich der Gewährung einer Zollerleichterung bei der Ausfuhr von Mühlenfabrikaten ein S. 290 des Centralblatts für das Deutsche Reich abgedrucktes Regulativ festgestellt hat, welches vom 1. Juli 1882 ab anstatt der „Bestimmungen vom 13. Mai 1880" (Cirk.-Verf. vom 8. Juni 1880, Nr. 4611) in Kraft treten soll.

Desgleichen ist vom statistischen Amte eine Vorschrift darüber entworfen worden, wie die den Inhabern von Mühlen nach § 1 des gedachten Reichsgesetzes für die Ausfuhr der von ihnen hergestellten Mühlenfabrikate gewährten Zollerleichterungen statistisch nachgewiesen werden sollen; dementsprechende Verfügung behalte ich mir bei erheblicher Bewilligung eines Zollcreto (§ 1 des Regulativs) vor.

Beifolgend wird je 1 Exemplar des Regulativs den Steuerstellen in Altenburg, Erfurt, Gera, Gotha, Coburg und Meiningen zu ihren Acten übersendet.

Betheiligte Handels- und Gewerbtreibende sind auf das mehrerwähnte Reichsgesetz ꝛc. besonders aufmerksam zu machen.

Erfurt, den 8. Juli 1882.   Der Generalinspektor: J. B. Schreck.

№ 27. Bekanntmachung,
eine Ausstellung in Frankfurt a/M. betr., vom 13. Juli 1882 № 3416.

Am 25. Juli d. J. wird in Frankfurt a/M. bei Gelegenheit des IV. Blindenlehrer-Kongresses eine Ausstellung von Unterrichtsmitteln für Blinde, sowie von Arbeiten Blinder stattfinden, und es soll für diejenigen, an sich zollpflichtigen, Gegenstände, welche zu dieser Ausstellung aus dem Auslande eingeführt und nach beendigter Ausstellung nach dem Auslande zurückgesendet werden, unter den bekannten Bedingungen die Befreiung vom Eingangszolle zugestanden werden, was ich hierdurch bekannt gebe.

Erfurt, den 13. Juli 1882.   Der Generalinspektor: J. B. Schreck.

№ 28. Cirkularverfügung,
die Fristen in Begleitscheinen II. und die Absendung der Erledigungsscheine über erledigte Begleitscheine betr., vom 17. Juli 1882 № 3417.

Im Anschlusse an die Bestimmungen des Begleitschein-Regulativs sind zur Beseitigung hervorgetretener Mißstände und behufs Herbeiführung eines übereinstimmenden Verfahrens die nachstehenden Anordnungen getroffen worden:

1. Die Absendung der nach § 53 des Begleitschein-Regulativs bezw. nach dem Beschlusse des Bundesraths des Zollvereins vom 25. Mai 1870 — mitgetheilt durch Cirk.-Verf. vom 27. Juni 1870, Nr. 3646 — über die erledigten Begleitscheine auszustellenden Erledigungsscheine ist der Art zu bewirken, daß die Erledigungsscheine über die in der Zeit vom 1. bis 15. eines Monats erledigten Begleitscheine am 20. desselben Monats nur die Erledigungsscheine über die in der Zeit vom 16. bis zum Schlusse eines Monats erledigten Begleitscheine am 5. des folgenden Monats bei den betreffenden Ausfertigungsämtern eingehen.

2. Bei der Ausfertigung von Begleitscheinen II. ist die Frist, innerhalb deren der Beweis der erfolgten Zollentrichtung bei dem Ausfertigungsamte geführt werden muß (§ 21 c. des Begleitschein-Regulativs), stets auf den 20. oder auf den 5. eines Monats zu stellen, je nachdem die Zahlungsfrist in der ersten oder in der zweiten Hälfte desselben resp. des vorhergehenden Monats endigt.

3. Wird der aus einem Begleitschein II. entspringende Zollbetrag erst nach Ablauf der Einzahlungsfrist, jedoch noch innerhalb derselben Monatshälfte, in welcher die Zahlungsfrist endigt, beim Empfangsamte eingezahlt, so erfolgt dessen definitive Vereinnahmung, wird dagegen die Einzahlung erst zu einem späteren Termine geleistet, so ist der Zollbetrag zunächst nur ad depositum zu vereinnahmen und erst dann definitiv zu buchen, wenn durch Benehmen mit dem Ausfertigungsamte festgestellt ist, daß von diesem die Gefälle nicht schon nach Vorschrift des § 56 des Begleitschein-Regulativs von dem Begleitschein-Extrahenten beigetrieben worden sind. Die durch die Cirkular-Verfügung vom 8. Mai 1872 Nr. 3051 gegebene Vorschrift wird hierdurch modifizirt.

Die Bestimmung, wonach im Falle der Ueberschreitung der vorgeschriebenen Frist zur Vorlegung des Begleitscheins und Einzahlung des überwiesenen Zollbetrages eine Kreditirung des letzteren nicht eintreten darf, wird durch die vorstehend getroffene Anordnung nicht abgeändert, ist vielmehr auch in Zukunft zu beachten.

Erfurt, den 17. Juli 1882.   Der Generalinspektor: Grolig.

№ 29. **Bekanntmachung,**
die gestempelten Wechselblankets betr., vom 24. Juli 1882 № 3608.

Sobald die Bestände an gestempelten Wechselformularen von der bisherigen Beschaffenheit aufgeräumt sind, werden neue solche Blankets zur Ausgabe gelangen, bei denen der Stempelaufdruck nach Maßgabe des Musters der neuen Stempelmarken (Reichsgesetzblatt 1881 S. 271) hergestellt ist.

Erfurt, den 24. Juli 1882.   Der Generalinspektor: Grolig.

№ 30. **Cirkularverfügung,**
Poststücks-Abfertigungen betr., vom 26. Juli 1882 № 3654.

Der Bundesrath hat beschlossen, und es ist zu beachten:
1. Von der Zollbefreiung des § 4 lit. a. des Zolltarifgesetzes vom 15. Juli 1879 werden diejenigen Waarensendungen im Einzelgewicht von brutto 50 Gramm und darüber ausgeschlossen, deren Einfuhr mit der Post über die Grenzen gegen Oesterreich-Ungarn oder die Zollausschlüsse erfolgt, soweit diese Sendungen einem Zollsatze von 100 ℳ oder mehr für 100 kg unterliegen.
2. die zu 1 bezeichneten Sendungen unterliegen der Verpflichtung zur Inhaltserklärung und der zollamtlichen Behandlung nach den Bestimmungen des Regulativs über die zollamtliche Behandlung der mit den Posten ein-, aus- oder durchgehenden Gegenstände mit der Maßgabe, daß die die Behandlung von Waarenproben betreffenden, durch die Beschlüsse des Bundesraths vom 24. März 1871, vergl. Cirkularverfügung vom 9. Mai 1871 Nr. 9038, unter I. Ziffer 2, 3 und 5 aufgehobenen Bestimmungen im § 2 unter 5, im zweiten Satz des § 4 Absatz 2 und im Absatz 2 des § 7 des Postregulativs wieder in Kraft zu treten haben;
3. der § 2 des Postregulativs erhält folgenden Zusatz:
 „Liegt Grund zu der Vermuthung vor, daß mit den Briefposten zollpflichtige Gegenstände in zollpflichtiger Menge eingeführt werden, so sind die Zoll- und Steuerbeamten befugt, in den Dienstlokalen der betreffenden Postanstalten der Eröffnung der Brief- und Fahrpostbeutel oder Packete beizuwohnen, um von dem Inhalte Ueberzeugung zu nehmen; die etwa vorgefundenen Briefe oder Packete, bei welchen sich die Vermuthung zollpflichtigen Inhalts rechtfertigt, sowie zollpflichtige Waarenproben von mehr als 250 Gramm sind der zollamtlichen Vorabfertigung (§ 4 u. ff.) zu unterwerfen."

Erfurt, den 26. Juli 1882.   Der Generalinspektor: Grolig.

Druck von Otto Conrad in Erfurt.

Amtsblatt
des General-Inspectors
des Thüringischen Zoll- und Handels-Vereins.

6tes Stück vom Jahre 1882.

№ 31. Cirkularverfügung,
den Eingangszoll von Konfiskaten aus Zollprozessen, sowie von nicht zur Abmeldung gekommenen Niederlagegütern betreffend, vom 31. Juli 1882. № 3733.

1. Der Bundesrath hat beschlossen, daß Konfiskate aus Zollprozessen nur dann in den freien Verkehr gesetzt werden dürfen, wenn durch den Verkauf derselben der volle tarifmäßige Eingangszoll zur Verrechnung gelangt. Hiernach ist künftig zu verfahren.
2. Demnächst werden die mit Niederlagebefugnissen versehenen Steuerstellen davon nachrichtlich in Kenntniß gesetzt, daß nach einem weiteren Bundesrathsbeschluß der Absatz 2 im § 40 des seit dem 1. Februar 1870 in Kraft getretenen Niederlage-Regulativs folgende Fassung zu erhalten hat:

"Bleibt in solchen Fällen beim öffentlichen Verkauf der Waare das Meistgebot nach Abzug der Kosten hinter dem Betrage des Eingangszolls zurück, so ist in der Regel der Zuschlag zu versagen. Ausnahmen hiervon können von der Direktivbehörde nur dann zugelassen werden, wenn der Ausfall an Zollgefällen 10 Prozent nicht übersteigt."

Das Niederlage-Regulativ ist hiernach zu ergänzen.

Erfurt, den 31. Juli 1882.   Der Generalinspektor: Grolig.

№ 32. Bekanntmachung,
eine Ausstellung in Amsterdam betr., vom 15. August 1882. № 4018.

Nach einer Mittheilung des Generaldirektors der Finanzen zu Luxemburg wird in den Monaten Mai bis October künftigen Jahres in Amsterdam eine internationale Ausstellung für

1. Kolonialprodukte,
2. Exporthandelsartikel,
3. Kunstgegenstände und Antiquitäten,
4. lebende Thiere, Blumen, Früchte, Obst u. s. w.

veranstaltet werden.

Auf Grund des § 113 des Vereinszollgesetzes soll für diejenigen Gegenstände, welche zu der gedachten Ausstellung aus dem deutschen Zollgebiete ausgehen, beim Wiedereingange die Zollfreiheit zugestanden werden.

Unter Bezugnahme auf die Cirkularverfügung vom 24. Januar 1865, Nr. 131, wird dies hiermit bekannt gemacht.

Erfurt, den 15. August 1882. Der Generalinspektor: Grolig.

№ 33. Bekanntmachung,
eine Ausstellung in Amsterdam betr., vom 22. August 1882 № 4158.

Am 28. d. Mts. wird in Amsterdam eine Bauausstellung des Niederländischen Architekten-Vereins eröffnet werden.

Auf Grund des § 113 des Vereinszollgesetzes soll für diejenigen Gegenstände, welche zu dieser Ausstellung aus dem deutschen Zollgebiete ausgehen, beim Wiedereingange die Zollfreiheit zugestanden werden.

Unter Bezugnahme auf die Cirkularverfügung vom 24. Januar 1865, Nr. 131, wird dies hierdurch bekannt gemacht.

Erfurt, den 22. August 1882. Der Generalinspektor: J. B. Schreck.

№ 34. Bekanntmachung,
eine Ausstellung in Hamburg betr., vom 2. September 1882 № 4412.

Die Bauhütte zu Hamburg beabsichtigt, in den Tagen vom 10. bis 17. September d. J. in Hamburg eine Ausstellung von baugewerblichen Gegenständen und verwandten Erzeugnissen zu veranstalten.

Auf Grund des § 113 des Vereinszollgesetzes soll für diejenigen Gegenstände, welche zu dieser Ausstellung aus dem deutschen Zollgebiete ausgehen, beim Wiedereingange die Zollfreiheit zugestanden werden.

Unter Bezugnahme auf die Cirkularverfügung vom 24. Januar 1865, Nr. 131, wird dies hiermit bekannt gemacht.

Erfurt, den 2. September 1882. Der Generalinspektor: J. B. Schreck.

№ 35. Cirkularverfügung,
die Ergänzung des Cirkular-Erlasses vom 12. April c., Nr. 1744, im 3. Stück des diesjährigen Amtsblatts Seite 17 betr., vom 11. September 1882 № 4616.

Unter Nr. 4b. der Cirkularverfügung vom 12. April d. Js., Nr. 1744, hat sich durch Ausfall des Wortes „nicht" nach den Worten „wenn seine Konsistenz ꝛc." eine nicht zutreffende Fassung des tarifarischen Begriffs von Talg eingeschlichen, indem der Absatz b. lauten muß:

wenn seine Konsistenz nicht so gering ist, daß sie bei einer nicht über 14—15° R. hinausgehenden Temperatur nur schmalzartig ist.

Der gedachte Passus ist daher dem entsprechend zu ergänzen.

Erfurt, den 11. September 1882. Der Generalinspektor: J. B. Schreck.

№ 36. Cirkularverfügung,
das Thüring'sche Stellen- und Ortschaftsverzeichniß betr., vom 2. October 1882 № 5046.

1. Dem Fürstlichen Steueramte zu Stadtilm ist die Befugniß zur Erhebung der Stempelabgabe und Abstempelung von im Bundesgebiete gefertigten Spielkarten (vergl. Ziffer 1 Absatz 1 der Ausführungsvorschriften zum Gesetz vom 3. Juli 1878, betr. den Spielkartenstempel — Amtsblatt 1878, S. 44) beigelegt worden.
2. Der Ort Gehaus mit Hohenwart ist vom 1. Juli 1882 ab von dem Steuerreceptaturbezirke Vacha abgetrennt und dem Steuerhebe- und Controlebezirke Geisa zugetheilt worden.
3. Die Orte Oelsnitz, Ober- und Unterbodnitz sind vom 1. Juli 1882 ab von dem Steuerhebe- und Steuerkontrolebezirke Kahla abgetrennt und dem Steuerbezirke von Roda einverleibt worden.

Erfurt, den 2. October 1882.   Der Generalinspektor: Grolig.

Personalien.

A. General-Inspektion.
Die erledigte Stelle eines zweiten Kanzleidieners ist dem früheren Postschaffner Georgi aus Schleiz übertragen.

B. Preußen.
1. Der Steuerinspektor von Bibow hier ist zum Revisionsinspektor ernannt.
2. Der Steuererheber Schmidt in Ranis ist seinem Antrage gemäß vom 1. Juli d. Js. ab in den Ruhestand versetzt.
3. Die Steueraufseher Ebeling zu Ziegenrück und Rumpfert zu Schwarza sind vom 1. September d. Js. ab nach Schwittersdorf resp. Oppin im Hauptamtsbezirke Halle versetzt.
4. Dem Vollziehungsbeamten Könitzer in Ziegenrück ist die Steueraufseherstelle daselbst auf Probe vom 1. September d. Js. ab verliehen.
5. Dem Hauptamtsdiener Lotze hier ist die erledigte Steueraufseherstelle zu Schwarza vom 1. October d. Js. ab auf Probe verliehen.
6. Die erledigte Steuerempfängerstelle in Ranis ist dem Steueraufseher Hühn zu Lützen übertragen.
7. Dem hiesigen Hauptsteueramtsassistenten Reppin ist vom 1. October d. Js. ab die Stelle des Obergrenzkontroleurs zu Landeck im Hauptamtsbezirk zu Mittelwalde in der Provinz Schlesien auf Probe verliehen.
8. Die Steueraufseherstelle zu Suhl ist vom 1. October d. Js. ab dem kommissarischen Grenzaufseher Tade zu Herzogenrath verliehen.
9. Die erledigte zweite Hauptamtsdienerstelle hier ist vom 1. October d. Js. ab dem hiesigen Polizeisergeanten Sann übertragen.

C. Sachsen-Meiningen.
1. Die erledigte Steueraufseherstelle in Kranichfeld ist dem Feldjäger Hofmann in Sonneberg übertragen.
   Mittheilung des H. Feldjägerkommandos zu Meiningen vom 14. Mai 1882.
2. Der Revisionsassistent Günkel in Meiningen wird vom 1. Januar 1883 ab an Stelle des Rechnungspraktikanten Eggers, an das Herzogl. Steueramt in Sonneberg versetzt.
   Ministerialreskripte d. d. Meiningen, 26. Juni und 21. September 1882.
3. Der Revisionsassistent Müller in Meiningen ist vom 16. Juli d. Js. ab zum Herzogl. Rechnungsbureau das. versetzt.
   Ministerialreskript d. d. Meiningen, 29. Juni 1882.

4. Zwischen den Steueraufsehern Fischer zu Oberlind und Fiedler zu Unterneubrunn hat am 15. September d. Js. ein Stellentausch stattgefunden.

5. Der Steueraufseher Jahn in Gießhübel ist am 1. October d. Js. nach Judenbach und der Steueraufseher Budlisch das. nach Gießhübel versetzt.

Mittheilungen des H. Feldjägerkommandos zu Meiningen vom 13. Juni und 22. August 1882.

6. Der Vorstand des Herzogl. Steueramtes zu Wasungen, Amtsverwalter Rath Treiber, ist am 1. October 1882 in den Ruhestand getreten. An seine Stelle ist von gleicher Zeit ab der Amtsassistent Köhler in Eisfeld zum Vorstande des Herzogl. Steueramtes das. mit dem Prädikate „Amtsverwalter" ernannt worden und an dessen Stelle der Revisionsassistent Freyburg in Meiningen getreten.

Ministerialrescript d. d. Meiningen, 21. September 1882.

D. Sachsen-Altenburg.

1. Der Steueraufseher Burkhardt in Altenburg ist am 1. Juli d. Js. in Folge seiner Beförderung zum Finanzrevisor aus dem Aufsichtsdienste ausgeschieden.

Ministerialrescript d. d. Altenburg, 12. Juni 1882.

2. Der Steuerdienstanwärter Jäger in Roda ist vom 1. August d. Js. ab zum Steueraufseher in unwiderruflicher, jedoch vorerst provisorischer Staatsdienereigenschaft ernannt und dessen Stationirung in Meuselwitz und die Umstationirung des Steueraufsehers Rothe I. in Meuselwitz nach Altenburg verfügt worden.

Ministerialrescript d. d. Altenburg, 24. Juli 1882.

E. Sachsen-Coburg-Gotha.

1. Der Steueraufseher Lanz in Gotha ist am 20. Juni d. Js. mit Tode abgegangen.

Ministerialrescript d. d. Gotha, 26. Juni 1882.

2. Der Steueraufseher Prötz in Gotha ist am 1. September d. Js. in den Ruhestand versetzt; an dessen Stelle soll der Sergeant Heß dort. provisorisch bei dem Steueraufsichtsdienste verwendet werden.

Ministerialrescript d. d. Gotha, 28. Juli 1882.

3. An Stelle des bisherigen Gendarmen Fricke ist dem Gendarmen Junker in Ohrdruf die Steueraufsichtsstation in Dietendorf übertragen worden.

Ministerialrescript d. d. Gotha, 14. August 1882.

F. Schwarzburg-Sondershausen.

Dem Kassenkontroleur Hoppe in Arnstadt wurde das Prädikat Rendant beigelegt.

Ministerialrescript d. d. Sondershausen, 7. August 1882.

G. Schwarzburg-Rudolstadt.

1. Der Rechnungsaccessist Schmelzer in Rudolstadt ist zum Assistenten bei dem Fürstlichen Steueramte Königsee ernannt.

Ministerialrescript d. d. Rudolstadt, 22. Mai 1882.

2. Der Rent- und Steueramtsassistent Bauermeister in Königsee ist vom 1. Juni d. Js. ab dem Fürstl. Steueramte in Rudolstadt zugetheilt worden.

Ministerialrescript d. d. Rudolstadt, 23. Mai 1882.

H. Reuß j. L.

Die erledigte vierte Steueraufseherstelle in Gera ist dem Militäranwärter Feldwebel Günther das. übertragen.

Ministerialrescript d. d. Gera, 16. Mai 1882.

Druck von Otto Conrad in Erfurt.

Amtsblatt
des General-Inspectors
des Thüringischen Zoll- und Handels-Vereins.

7tes Stück vom Jahre 1882.

№ 37. Cirkularverfügung,
eine weitere Zusammenstellung tarifarischer Entscheidungen betr.,
vom 10. November 1882 № 5801.

Im weiteren Verfolg der Cirkularverfügung vom 12. April d. J. Nr. 1744 werden folgende tarifarische Entscheidungen des Königlichen Finanz-Ministeriums in Berlin zur Kenntnißnahme und erheblichen Beachtung mitgetheilt.

1. Abfälle von gleichfarbiger gekämmter Wolle werden mit Rücksicht darauf, daß sie bei geeigneter technischer Behandlung zum Verspinnen verwendbar gemacht werden können, nach Nr. 41 b. des Tarifs mit 2 ℳ pro 100 kg. verzollt. Dagegen sind Abfälle verschiedenfarbigen Kammzugs und gekämmter Wolle, die aus verschieden gefärbten durch einander gelegten Enden von Kammwolle bestehen und bei der geringen Menge der einzelnen farbigen Strähne zu einfarbigen Garnen nicht füglich weiter verarbeitet werden können, nach Nr. 41 a. des Tarifs zollfrei zu lassen.

2. Asbestwaaren: Darunter gehören auch zusammengedrehte Fäden, Schnüre und Stränge aus Asbest, die mit Baumwolle oder anderen organischen Spinnstoffen gemischt, nach Nr. 33 d. 2., ohne diese Beimischung aber nach Nr. 33 d. 1. des Tarifs zu verzollen sind.

3. Ballonspritzen aus Weichgummi, die nicht lediglich zu chirurgischen Zwecken, sondern hauptsächlich zum Spritzen von Insektenpulver, Parfümerien und dgl. dienen, sind nach Beschaffenheit des Materials als Kautschukwaaren zu verzollen.

4. Bestandtheile künstlicher Blumen, als solche ohne Weiteres erkennbar und aus Metall, Glas, Bassorin, Kautschuck, Leder oder anderen nicht unter Ziffer 24 des Nachtrags zum amtlichen Waarenverzeichnisse aufgeführten Stoffen hergestellt, werden nach Beschaffenheit des Materials verzollt.

5. Cementplatten mit glatter nur durch Ausguß der flüssig warmen Masse auf Glas oder geschliffene Stahlplatten erzielter Oberfläche, auch solche, welche außerdem mit farbigen Mustern versehen sind, bleiben zollfrei nach Nr. 33 a. des Tarifs.

6. Dari, eine zur Hirse gehörende Getreideart, ist wie letztere nach Nr. 9 a. des Tarifs mit 1 ℳ pro 100 kg. zu verzollen.

7. Etiketten, zum Gebrauch fertige aus echtem Pergament, mit Messingösen versehen und in der Regel zum Anhängen an Eisenwaaren während des Transports bestimmt, gehören zu Nr. 21 d. des Tarifs.

8. **Fensterstangen (Fensterriegel)** hölzerne mit Verschlußvorrichtungen aus leichtem Ornamentguß sind als feine Eisenwaaren zum Satze der Nr. 6e. 3. a des Tarifs zu vernehmen.
9. **Glasplatten,** mit lichtempfindlichem Bromsilber überzogen und für photographische Zwecke dienend, sind nach Nr. 10d. 2. des Tarifs zur Verzollung zu ziehen (Vergl. auch unten Nr. 25).
10. **Glaswaaren,** gestreifte birnenförmige, parallelgestreifte cylindrische und cylindrisch gewundene Stückchen gehören zu den Glasperlen und, obschon Behufs der Versendung auf Fäden gereiht, zu Nr. 10 Anmerkung zu e. des Tarifs.
11. **Hutstumpen (Filzstumpen),** welche auf der Hutform, wenn auch nur unvollständig, doch so zugerichtet sind, daß die Spitze ihrer Kegel abgerundet und die Krempe markirt erscheint, desgleichen auch diejenigen, welche auf der äußern Seite vollständig gerauht sind, während derjenige Theil der Innenseite, welcher den Kopf des Gutes bilden soll, beim Rauhen ausgespart und nur der andere zur Bildung der Krempe bestimmte Theil gerauht ist, sind dem Zollsatze der Nr. 18f. 2. des Tarifs zu unterwerfen.
12. **Kesselstein-Beseitigungsmittel,** hauptsächlich aus Soda mit Krystallwasser unter Zusatz von Wasserglas, Kochsalz, Seife und anderen organischen Substanzen zusammengesetzt: Nr. 5f. des Tarifs, wie calcinirte Soda.
13. **Kinderwagen und Wiegen,** vorherrschend von gröberem oder feinerem Korbgeflecht, jedoch ohne Leder- oder Polsterarbeit, sind nach Nr. 13g. des Tarifs zur Verzollung zu ziehen. Ebendahin gehören auch aus geschälten Ruthen gefertigte Körbe, die nach Form und Beschaffenheit zur Verwendung zu Wiegen oder Kinderwagen geeignet sind.
14. **Klavierhämmer,** hölzerne fallen, wenn sie mit Filz in Verbindung stehen, der Nr. 15a. 1. des Tarifs zu.
15. **Kokosnußöl,** festes ist auch dann der Nr. 26a. 5. des Tarifs zu unterwerfen, wenn es in Blechkisten von weniger als 50 kg. Bruttogewicht eingeht.
16. **Korallen,** echte, ihrer Farbe und Form nach genau sortirt und derartig auf Schnüre oder Gespinnstfäden gereiht, daß die dicksten sich in der Mitte befinden und die übrigen nach beiden Enden hin sich verjüngen, sind mit dem Zollsatze der Nr. 20a. des Tarifs zu belegen.
17. **Leder-Abfälle,** welche, ohne zu Brei vermahlen worden zu sein, durch Pressen zu einer zusammenhängenden Masse geformt wurden, sind als künstliches Leder zu verzollen.
18. **Lederpappe:** Darunter wird ein pappenartiges Fabrikat aus Holzstoff verstanden, das vor dem Schleifen durch Dämpfen eine braune lederartige Färbung erhalten hat. Außerdem sind auch Pappen, welche aus Lumpen unter Zusatz von Lederabfällen und anderen thierischen Stoffen hergestellt werden, als Lederpappen nach Nr. 27d. des Tarifs zu verzollen.
19. **Milch,** s. g. Scherf'sche, in hermetisch verschlossenen Flaschen, deren Kork mit einer undurchdringlichen Paraffinschicht überzogen ist, gehört als ein in Flaschen eingedämpfter Verzehrungsgegenstand zu Nr. 25p. 1. des Tarifs.
20. **Quebrachorinde und Quebrachoholz,** letzteres in ganzen Stücken, sind nach Nr. 5i. des Tarifs zollfrei zu lassen, dagegen ist Quebrachoholz in zerkleinertem (gemahlenem, geraspeltem rc.) Zustande als Gerberlohe nach Nr. 13b. des Tarifs zu verzollen.

21. **Röhrenverbindungsstücke** aus Gußeisen, roh und ganz schlicht, oder nur einfach profilirt, gleichviel ob aus schmiedbarem, oder nicht schmiedbarem Guß, gehören, auch wenn sie mit Schraubengewinden versehen sind, zu Nr. 6 e. 1. α des Tarifs. Das Einschneiden von Schraubengewinden gehört nicht zu den Arbeiten, welche, wie das Abschleifen ꝛc., die Behandlung nach Nr. 6 e. 2. β des Tarifs zur Folge haben.
22. **Roßschilder**, lohgare sind als Sohlleder, der Nr. 21 b. des Zolltarifs zum Satze von 36 ℳ. für 100 kg. zuzuweisen, da einzelne Theile dieses Roßleders zur Herstellung von Brandsohlen verwendet werden. Auf nicht völlig lohgare Roßschilder ist dieser Satz dann anzuwenden, wenn dieselben ihrer Beschaffenheit nach zur Herstellung von Sohlen einschließlich Brandsohlen geeignet erscheinen.
23. **Schmirgelleinen**, d. h. mit einer eigenthümlichen Appretur versehenes und dadurch zum Ueberziehen mit Schmirgel vorgerichtetes Baumwollengewebe ist nicht als rohes Gewebe, sondern als dichtes appretirtes Baumwollengewebe, welches zu Nr. 2 d. 2. des Tarifs gehört, zu betrachten.
24. **Seidentüllstreifen** ohne weitere Bearbeitung durch Nähen, wohl aber in Verbindung mit Glasperlen sind nach Maßgabe der Beschaffenheit des Tülls nach Nr. 30 e. oder nach Nr. 30 e. Anmerkung zur Verzollung zu ziehen.
25. **Tafelglas mit Cement überzogen** gehört nicht zu dem belegten Glas der Nr. 10 d. 2. des Tarifs, — weil man unter Letzterem hauptsächlich das mit amalgamirter Zinnfolie Behufs Spiegelbildung versehene Tafelglas, kann auch das mit edlen Metallen auf chemischem Wege überzogene Glas versteht, — sondern wird nach Nr. 10 e. 1. des Tarifs mit 6 ℳ für 100 kg. verzollt.
26. **Tapeten aus Leder-Imitation**: darunter gehören auch Tapeten aus besonders starkem und zähem Papier, das einen lackartigen, lederfarbenen Ueberzug und durch weitere Bearbeitung das Ansehen von gepreßtem Leder erhalten hat.
27. **Taschenuhren**, die getrennt von den in einem und demselben Kollo befindlichen Etuis eingehen, welche Letzteren zur späteren Aufbewahrung der Uhren bestimmt sind, sind ohne die Etuis nach Nr. 20 a., die Etuis aber nach dem für sie allein bestimmten Zollsatze zur Verzollung zu ziehen.
28. **Vogelbälge** mit Watte ausgestopft und durch Präparirung gegen Mottenfraß geschützt, sind auch dann wie zugerichtete Schmuckfedern nach Nr. 11 g des Tarifs zu verzollen, wenn sie der Glasaugen noch entbehren, die ihnen vor der Verwendung als Schmuck auf Damenhüten eingesetzt zu werden pflegen, oder wenn sie mit einer Vorrichtung zur Befestigung auf den Hüten auch noch nicht versehen sind.

Erfurt, den 10. November 1882.   Der Generalinspektor: **Grelig**.

№ 38. **Cirkularverfügung**,
eine Tariffrage betr., vom 13. December 1882. M 6229.

Nach den Bestimmungen auf Seite 88/92 des amtlichen Waarenverzeichnisses zu „Eisenwaaren", insbesondere nach der Anmerkung 2 Absatz 2, Seite 91, sind zu den nach Nr. 6 e 2 § des Zolltarifs mit dem Satze von 10 ℳ für 100 kg. zu belegenden unpolirten, unladirten groben Eisenwaaren nicht nur die in dieser Tarifnummer ausdrücklich aufgeführten abgeschliffenen, gefirnißten, verkupferten, verzinkten, verzinnten, verbleiten und emaillirten Waaren, sondern auch andere Waaren dieser Gattung, welche eine ähnliche verfeinernde Bearbeitung erfahren haben, zu rechnen. Wenn das amtliche Waarenverzeichniß in der vorstehend gedachten Anmerkung 2 eine Anzahl der hierbei in Betracht kommenden Verfeinerungsarten namentlich aufführt, so geht nicht die Absicht dahin, für andere Verfeinerungsarten die gleiche Zollbehandlung auszuschließen. Nur ein lediglich zum Schutz gegen Rost dienender grober Anstrich bleibt nach der Anmerkung 3 Absatz 4 auf Seite 91 des amtlichen Waarenverzeichnisses in Beziehung auf die weitere Bearbeitung bei der Tarifirung von Eisenwaaren außer Betracht.

Hiernach erscheint es gerechtfertigt, mit einem Ueberzuge von Graphit versehene und durch Ausglühen gebläute eiserne Nägel mit dem Zollsatze der Nr. 6 e 2 β des Tarifs, also mit 10 $\mathcal{M}$ für 100 kg. zu belegen. Weiset man Nägel der letzteren Art, wie es bisher geschehen, der Nr. 6 e 2 a des Tarifs mit 6 $\mathcal{M}$ für 100 kg. zu, so führt dies zu der Anomalie, daß Nägel in dem blanken Zustande, in welchem sie die Maschine verlassen, gemäß den Bestimmungen im Absatz 2 der Eingangs gedachten Anmerkung 2 und unter 2 b bei dem Artikel „Nägel" auf Seite 242 des amtlichen Waarenverzeichnisses dem höheren Zollsatze der Nr. 6 e 2 β, nach der weiteren Bearbeitung durch Ausglühen aber dem niedrigeren Zollsatze der Nr. 6 e 2 a unterliegen.

Vorstehende neuere Entscheidung des Königlichen Finanzministeriums in Berlin, welche die unter Ziffer 2 meiner Circular-Verfügung vom 11. Januar 1881 Nr. 196 mitgetheilte aufhebt, gebe ich den thüringischen Zollstellen zur Nachachtung resp. mit der Anweisung bekannt, auch Nägel dieser Art fortan nach Nr. 6 e 2 β des Tarifs mit 10 $\mathcal{M}$ für 100 kg. zur Verzollung zu ziehen.

Erfurt, den 13. December 1882. Der Generalinspektor: J. B. Schreck.

Personalien.

A. Preußen.

1. Die erledigte Assistentenstelle bei dem Königl. Hauptsteueramte hier ist vom 1. November d. J. ab dem Hauptamtsassistenten Affeld zu Duisburg verliehen.
2. Die durch Versetzung des Steuer-Einnehmers Rahnensführer mit dem 1. Januar 1883 zur Erledigung kommende Steuer-Einnehmerstelle zu Schleusingen ist vom gleichen Zeitpunkte ab dem Steueramtsassistenten Blau zu Schmalkalden und dessen seitherige Stelle dem Steueraufseher Reichel in Schleusingen verliehen.
3. Die Steueraufseherstelle zu Schleusingen ist vom 1. Januar 1883 ab dem kommissarischen Grenzaufseher Viewen zu Hemelingen (Provinz Hannover) verliehen.

B. Sachsen-Weimar.

Dem bei dem Großherzogl. Steueramte und der Stadtsteuereinnahme beschäftigten Privatgehülfen Hertig in Jena ist die Wahrnehmung der Geschäfte eines Assistenten bei dem Großherzogl. Steueramte und der Stadtsteuereinnahme daselbst vom 1. Januar 1883 bis auf Weiteres übertragen.

Ministerial-Rescript d. d. Weimar, 15. Dezember 1882.

C. Sachsen-Meiningen.

1. Der Revisionsassistent Max Müller in Meiningen ist an Stelle des zur Herzogl. Amtseinnahme in Saalfeld abgeordneten Amtsassistenten Heil mit der Verwaltung der Herzoglichen Steuerstelle in Kranichfeld vom 1. November 1882 ab beauftragt.

Ministerial Rescript d. d. Meiningen, 17. Oktober 1882.

2. Der Steueraufseher Ihlein zu Leislau ist am 21. Oktober c. zur Uebernahme einer Polizeistation nach Sonneberg und der Steueraufseher Keller zu Saalfeld nach Leislau versetzt.
Mittheilung des Herzogl. Feldjägerkommandos zu Meiningen, vom 23. Oktober 1882.
3. Der beim Herzoglichen Salzsteueramte in Salzungen beschäftigte Revisionsassistent Baumbach ist vom 1. Dezember c. ab zum Herzogl. Steueramte daselbst zurückversetzt und vom gleichen Zeitpunkte ab der Revisionsassistent Sondheimer dem Herzogl. Salzsteueramte daselbst zugewiesen.
Ministerial-Reskript vom 22. November 1882.
4. Der provisorische Steueraufseher Morgenroth ist am 16. November c. nach Camburg zur Aushülfe im Steueraufsichtsdienste abgeordnet worden.
Mittheilung des Herzogl. Feldjägerkommandos zu Meiningen, vom 16. November 1882.
5. Der Revisionsassistent Koch in Meiningen ist vom 1. Januar 1883 ab an das Herzogl. Steueramt Sonneberg versetzt worden. Die beabsichtigt gewesene Versetzung des früher nach Sonneberg designirten Revisionsassistenten Güntel — s. Amtsblatt v. Jahre 1882 S. 29 — wird unterbleiben.
Ministerial-Reskript vom 22. Dezember 1882.

3. Sachsen-Coburg-Gotha.
1. Der Steueraufseher Hofmann in Neustadt ist aus dem Staatsdienste entlassen worden.
Ministerial-Reskript vom 26. November 1882.
2. Der bisher im Steueraufsichtsdienst provisorisch beschäftigte Militäranwärter, Sergeant Heß in Gotha, ist vom 1. Januar 1883 an widerruflich als Steueraufseher angestellt worden.
Ministerial-Reskript vom 8. Dezember 1882.

I. Reuß j. L.
1. Dem Steueraufseher Günther in Gera ist die nachgesuchte Entlassung aus dem Steuerdienste bewilligt.
Ministerial-Reskript vom 26. Oktober 1882.
2. Der Steueraufseher Beck in Schleiz ist in gleicher Eigenschaft nach Gera versetzt und die hierdurch erledigte Stelle in Schleiz dem Militäranwärter, Vicefeldwebel Langerbeck übertragen.
Ministerial-Reskript vom 13. November 1882.

Amtsblatt

des

General-Inspektors

des

Thüringischen Zoll- und Handelsvereins.

Jahrgang

1883.

Register

zum Jahrgange 1883 des Amtsblatts des General-Inspektors des Thüringischen Zoll- und Handelsvereins.

I. Chronologisches Register.

Laufende Nummer.	Der Cirkular-Verfügung 2c. Datum.	Journal №	Inhalt.	Zu finden unter №	Seite.
	1883.				
1.	17. Januar	293	Bekanntmachung, eine Ausstellung in Leipzig betr.	1.	1.
2.	20. ejd.	366	Cirkularverfügung, eine Tarif- und eine Tarabestimmung betr.	2.	1.
3.	24. ejd.	422	Bekanntmachung, eine Ausstellung in Hamburg betr.	3.	2.
4.	29. ejd.	462	Dgl., eine internationale Ausstellung in Amsterdam betr.	4.	2.
5.	30. ejd.	537	Cirkularverf., neuere tarifarische Bestimmungen betr.	5.	2.
6.	3. Februar	615	Bekanntmachung, eine Ausstellung in Breslau betr.	6.	3.
7.	8. März	1130	Cirkularverf., die Abänderung verschiedener Tarasätze betr.	7.	5.
8.	12. ejd.	1224	Bekanntmachung, Exportbonifikation für inländischen Rum, resp. Cognac und Arrat betr.	8.	5.
9.	24. ejd.	1400	Bekanntmachung, eine Ausstellung in Berlin betr.	9.	6.
10.	29. März	1501	Dgl., eine weitere Zusammenstellung tarifarischer Bestimmungen betr.	10.	6.
11.	3. April	1571	Dgl., Denaturirung von Talg betr.	11.	7.
12.	6. ejd.	1632	Dgl., eine Ausstellung in Königsberg i/Pr. betr.	12.	8.
13.	19. ejd.	1802	Dgl., die Ausführung der Kaiserlichen Verordnung vom 6. März 1883 betr.	13.	8.
14.	27. ejd.	2028	Dgl., einen Maschinenmarkt in Leipzig betr.	14.	11.
15.	27. ejd.	2059	Cirkularverf., das Thüringische Stellen- u. Ortschaftsverzeichniß betr.	15.	11.
16.	7. Mai	2249	Bekanntmachung, Centesimalwaagenbenutzung im Zollabfertigungsverkehr betr.	16.	11.
17.	22. ejd.	2481	Bekanntmachung, die Einfuhr von Schweinefleisch 2c. aus dem Hamburgischen Freihafengebiet in das Zollgebiet betr.	17.	15.
18.	23. ejd.	2498	Bekanntmachung wegen Abänderung der, die Nachweisung des Veredelungsverkehrs betreffenden Bestimmungen in den §§ 34 bis 38 der Dienstvorschriften in Betreff der Waarenverkehrsstatistik	18.	15.
19.	28. ejd.	2557	Bekanntmachung, eine Ausstellung in Berlin betr.	19.	17.
20.	11. Juni	2768	Bekanntmachung, eine Ausstellung in Altona betr.	20.	17.
21.	16. ejd.	2867	Bekanntmachung, eine Ausstellung in Frankfurt a/M.	21.	17.
22.	12. ejd.	2786	Cirkularverfügung, Zolltarifirung bei Gemengen von Getreide betr.	22.	18.
23.	25. ejd.	2968	Bekanntmachung, eine Ausstellung in Calkutta betr.	23.	18.
24.	26. ejd.	3007	Bekanntmachung, eine Ausstellung in Hamburg betr.	24.	18.
25.	27. ejd.	3018	Bekanntmachung, Branntwein-Besteuerung in Baden betr.	25.	18.
26.	29. ejd.	3059	Cirkularverfügung, zollfreie Abfertigung von Flaggen 2c. für Gesandte und Konsule betr.	26.	19.

Laufende Nummer.	Der Circular-Verfügung x.		Inhalt.	Zu finden unter	
	Datum.	Journal M		M.	Sch.
	1883.				
27.	4. Juli	3155	Bekanntmachung, die Uebergangssteuersätze betr.	27.	19.
28.	7. ejd.	3235	Bekanntmachung, tarifarische Bestimmungen betr.	28.	19.
29.	3. ejd.	3127	Circularverfügung, Ausführung des Handelsvertrages mit Italien betr.	29.	21.
30.	11. ejd.	3257	Circularverfügung, die Zollbehandlung der in öffentlichen Niederlagen oder Privatlagern entleerten Umschließungen von Flüssigkeiten betr.	30.	22.
31.	21. ejd.	3337	Circularverfügung, die Umwandlung des Herzog. Hauptsteueramtes zu Gotha in ein Steueramt betr.	31.	23.
32.	21. ejd.	3439	Circularverfügung, die Vergütung der Zuckersteuer beim Export betr.	32.	23.
33.	23. ejd.	3451	Circularverfügung, das Gewicht der Umschließung bei Kaffeesurrogaten und bei Kindermehl in Kistenverpackung betr.	33.	23.
34.	26. ejd.	3499	Circularverfügung, die Ein- und Ausfuhr von Pflanzen und sonstigen Gegenständen des Wein- und Gartenbaues betr.	34.	24.
35.	27. ejd.	3504	Bekanntmachung, den Handels- und Schiffahrtsvertrag zwischen Deutschland und Italien betr.	35.	24.
36.	30. ejd.	3577	Bekanntmachung, eine Ausstellung in Wien betr.	36.	24.
37.	2. August	3688	Circularverfügung, statistische Nachweisung von Waaren, welche mit einem Zollzuschlage belegt sind, betr.	37.	27.
38.	11. ejd.	3801	Circularverfügung, den deutsch-spanischen Handelsvertrag betr.	38.	28.
39.	29. ejd.	4153	Bekanntmachung, die Zolltarifirung gespaltener x. Schaffelle betr.	39.	29.
40.	31. ejd.	4176	Verfügung, die Verwendung von rohem Thieröl bei Branntweinnaturation betr.	40.	29.
41.	8. Septbr.	4177	Circularverfügung, Befugniß einer Thüringischen Steuerstelle betr.	41.	29.
42.	10. ejd.	4452	Circularverfügung, die Abänderung einiger Positionen des amtlichen Waarenverzeichnisses betr.	42.	30.
43.	29. Oktober	5429	Circularverfügung, die Ausdehnung der Zollermäßigungen in den Tarifen A zu dem deutsch-italienischen und dem deutsch-spanischen Handels- und Schiffahrtsvertrage betr.	43.	33.
44.	1. Dezbr.	5939	Circularverfügung, die Ein- und Ausfuhr von Pflanzen x. betr.	44.	34.
45.	14. ejd.	6229	Circularverfügung, Aenderungen des amtlichen Waarenverzeichnisses und Bestimmungen über die zollfreie Ablassung von Petroleum für andere gewerbliche Zwecke, als die Leuchtöl- und Leuchtgas-Fabrikation betr.	45.	34.
46.	19. ejd.	6274	Bekanntmachung, eine Ausstellung in Middelburg betr.	46.	35.
47.	19. ejd.	6300	Circularverfügung, das Thüringische Steuerstellenverzeichniß betr.	47.	35.
48.	20. ejd.	6265	Circularverfügung, den Zollsatz für Speiseöl und Olivenöl in Flaschen oder Krügen von mindestens 50 kg Bruttogewicht betr.	48.	36.
49.	27. ejd.	6358	Bekanntmachung, das Verzeichniß der Massengüter betr.	49.	36.

II. Sachregister.

Bemerkung. Die beigesetzten Ziffern bedeuten die Seitenzahlen.

A.

Ausfuhrverbote. 24. 34.
Ausstellungen. 1. 2. 3. 6. 8. 11. 17. 18. 24. 35.

B.

Befugnißertheilung. 29.
Branntweinbesteuerung. 18.
Branntweindenaturation. 29.

C.

Centesimalwaagebenutzung. 11.

D.

Denaturirung von Talg. 7.

E.

Einfuhrverbote. 8. 15. 24. 34.

H.

Handelsverträge. 21. 24. 28.

M.

Massengüter. 36.

O.

Ortschaftsverzeichniß. 11.

P.

Petroleum, zollfreie Ablassung. 34.

S.

Statistik des Waarenverkehrs. 15. 27.
Steuervergütung. 5. 23.
Steuerstellenverzeichniß. 11. 23. 35.

T.

Tarabestimmungen. 1. 5. 23.
Tarifbestimmungen. 1. 2. 6. 18. 19. 29. 36.

U.

Umschließungen von Flüssigkeiten in den Niederlagen. 22.
Uebergangsabgabe. 19.

II. Sachregister.

V.

Veredelungsverkehr. 15.

W.

Waarenverzeichniß, amtliches. 30. 34.

Z.

Zollfreie Abfertigung. 19.

Amtsblatt
des General-Inspectors
des Thüringischen Zoll- und Handels-Vereins.

1tes Stück vom Jahre 1883.

№ 1. Bekanntmachung,
eine Ausstellung in Leipzig betr., vom 17. Januar 1883 № 293.

Für diejenigen an sich zollpflichtigen Gegenstände, welche zu der in den Tagen vom 1. bis 4. künftigen Monats in Leipzig abzuhaltenden 4. deutschen Verbands-Kochkunstausstellung vom Auslande ein- und nach deren Beendigung unverkauft dahin werden zurückgeführt werden, ist unter den bestehenden Bestimmungen Befreiung vom Eingangszolle zugestanden worden, was ich hiermit bekannt gebe.

Erfurt, den 17. Januar 1883.   Der Generalinspektor: Grolig.

№ 2. Cirkularverfügung,
eine Tarif- und eine Tarabestimmung betr., vom 20. Januar 1883 № 366.

Der Bundesrath hat beschlossen,
1. daß an Stelle der Anmerkung 2 zu „Wollengarn" auf Seite 393 des amtlichen Waarenverzeichnisses zum Zolltarif zu setzen ist:
   „Wegen des Begriffs des dublirten und des drei- oder mehrdrähtig gezwirnten Garns s. die Anmerkung zu 1 bis 4 bei „Baumwollengarn";
2. daß die obersten Landesfinanzbehörden ermächtigt werden, von der Einziehung der für Garne von der oben bezeichneten Beschaffenheit gegen den Satz der dublirten Garne zu viel geforderten Zollbeträge Abstand zu nehmen, nicht minder auch die Rückerstattung derartiger bereits eingezahlter Zollbeträge, insoweit dieselben innerhalb der gesetzlichen Verjährungsfrist zurückgefordert werden, zu verfügen und
3. daß die Ausnahmevorschriften im §. 7 Ziffer 4 Absatz 3 der Bestimmungen über die Tara (§. 237 der Protokolle von 1882) auch auf Druck- oder Bilderwerke, welche in Etuis, Futteralen oder ähnlichen Umschließungen eingehen, Anwendung zu finden haben.

Diese Bundesrathsbeschlüsse sind zu beachten und treffenden Orts zu notiren.

Erfurt, den 20. Januar 1883.   Der Generalinspektor: Grolig.

№ 3. Bekanntmachung,
eine Ausstellung in Hamburg betr., vom 24. Januar 1883 № 422.

In Hamburg wird in den Tagen vom 3. bis 11. Juli c. J. eine internationale landwirthschaftliche Thier-Ausstellung, welche auch Stallungen, Geräthe u. s. w. für die Thierzucht, sowie wissenschaftliche Hilfsmittel umfaßt, abgehalten werden.

Auf Grund des §. 113 des Vereinszollgesetzes soll für diejenigen an sich zollpflichtigen Thiere und Gegenstände, welche zu dieser Ausstellung aus dem deutschen Zollgebiete ausgehen, beim Wiedereingange die Zollfreiheit zugestanden werden, was ich hiermit unter Bezugnahme auf die Cirkularverfügung vom 24. Januar 1865 Nr. 131 bekannt gebe.

Erfurt, den 24. Januar 1883.   Der Generalinspektor: Grolig.

№ 4. Bekanntmachung,
eine internationale Ausstellung in Amsterdam betr., vom 29. Januar 1883 № 462.

In den Monaten Mai bis Oktober d. J. soll zu Amsterdam eine unter dem Schutze der Königlich Niederländischen Regierung von einem privaten Komitée unternommene

„Internationale Kolonial- und Exporthandel-Ausstellung"

für solche Gegenstände stattfinden, welche den Verkehr mit überseeischen Ländern berühren, und ist den zu dieser Ausstellung nach Amsterdam gehenden und von dort zurückkommenden deutschen Gütern zollfreie Wiedereinfuhr zugestanden worden, was ich unter Bezugnahme auf die Cirkularverfügung vom 24. Januar 1865 Nr. 131 bekannt gebe.

Erfurt, den 29. Januar 1883.   Der Generalinspektor: Grolig.

№ 5. Cirkularverfügung,
neuere tarifarische Bestimmungen betr., vom 30. Januar 1883 № 537.

Die nachfolgenden tarifarischen Bestimmungen werden zur Kenntnißnahme und erheblichen Beachtung mitgetheilt resp. veröffentlicht.

1. Bei Prüfung der Konsistenz von Fetten, welche bei der Einfuhr als Talg deklarirt waren, ist festgestellt worden, daß dieselben etwa zu einem Drittheil aus gereinigtem, bei 48 bis 50° C. schmelzendem Paraffin, als dem höchsten belegten Antheil des Gemenges bestanden haben. Dergleichen Fettgemische sind in Gemäßheit des Instruktionspunktes III zum amtlichen Waarenverzeichnisse ohne Rücksicht auf ihre Konsistenz — cfr. Nr. 4 der Cirkular-Verfügung vom 12. April 1882 Nr. 1744 — als Paraffin nach Nr. 26 c. 2 des Tarifs zu verzollen.

2. Sogenanntes Walfett, welches in der Weise gewonnen werden soll, daß der beim Klären des aus dem Speck der Walfische gewonnenen Thrans sich bildende konsistente Bodensatz zum Zweck der Entfernung flüssiger Beimischungen unter hydraulische Pressen gebracht wird, ist gleich dem Fischspeck und dem Fischthran nach Nr. 26 c. 3 des Tarifs zur Verzollung zu ziehen.
3. Bei der Abfertigung von rohem Kaffee, welcher in doppelter Umschließung eingeht, ist nach Abnahme der äußeren Umschließung die Anwendung eines Tarasatzes von 2% nicht gestattet, auch wenn die innere Umschließung aus schwerem Sackleinen besteht.
4. Für gekochtes, in mit Papier beklebten oder sonst verzierten Blechbüchsen als innerer Umschließung eingegangenes Fleisch (Corned beef), welches vor dem Inkrafttreten der neueren Bestimmungen über die Tara nach Nr 25 g. 1 des Tarifs mit 12 ℳ für 100 kg. zur Verzollung gezogen wurde, ist zu Folge eines Bundesrathsbeschlusses von einer Zollnachforderung nach dem Zollsatze der Nr. 6 e. 3 β des Tarifs Abstand zu nehmen, auch sind die für die bezeichnete Waare über den Zollsatz von 12 ℳ für 100 kg erhobenen Eingangsabgaben zu erstatten, wenn sie innerhalb der gesetzlichen Verjährungsfrist zurückgefordert werden.

Erfurt, den 30. Januar 1883.   Der Generalinspektor: J. B. Schreck.

№ 6. Bekanntmachung,
eine Ausstellung in Breslau betr., vom 3. Februar 1883. M 615.

Der Breslauer landwirthschaftliche Verein beabsichtigt in den Tagen vom 7. bis 9. Juni d. J. in Breslau eine Ausstellung und einen Markt land-, forst- und hauswirthschaftlicher Maschinen und Geräthe zu veranstalten.

Unter den bestehenden Bedingungen ist für diejenigen Gegenstände, welche zu der gedachten Ausstellung vom Auslande eingeführt und nach beendigter Ausstellung nach dem Auslande zurückgesendet werden, soweit sie nicht schon tarifmäßig zollfrei sind, die Befreiung vom Eingangszolle zugestanden worden, was ich hierdurch bekannt gebe.

Erfurt, den 3. Februar 1883.   Der Generalinspektor: Grolig.

Personalien.

A. Sachsen-Weimar.

1. Der bisher mit der kommissarischen Verwaltung der Assistentenstelle bei dem Großherzogl. Steueramte zu Weimar beauftragte Dienstanwärter, Geometer Rübel, ist vom 1. Januar 1883 ab definitiv zum Assistenten bei dem genannten Steueramte ernannt.
Ministerial-Rescript d. d. Weimar, 10. Januar 1883.

2. Der Verwalter der Großherzogl. Steuerreceptur zu Blankenhain, Rechnungsamtmann Leser, ist am 27. Januar 1883 mit Tode abgegangen und die interimistische Verwaltung der genannten Steuerstelle bis auf Weiteres dem derzeitigen Rechnungsamtsassistenten Landmann daselbst übertragen.
Ministerial-Rescript d. d. Weimar, 29. Januar 1883.

B. Sachsen-Meiningen.

Der Herzogl. Steueraufseher Fischer in Oberneubrunn ist am 1. Februar 1883 auf seinen Antrag aus dem Dienste entlassen.
Mittheilung des Herzogl. Feldjägerkommandos zu Meiningen vom 1. Februar 1883.

C. Sachsen-Coburg-Gotha.

Der Hauptsteueramtsaccessist Schmeling in Coburg ist vom 1. Februar 1883 an zum Steueramtsassistenten daselbst ernannt.
Ministerial-Rescript d. d. Gotha, 29. Januar 1883.

Druck von Otto Conrad in Erfurt.

Amtsblatt
des General-Inspectors
des Thüringischen Zoll- und Handels-Vereins.

2tes Stück vom Jahre 1883.

№ 7. Circularverfügung,
die Abänderung verschiedener Tarasätze betr., vom 8. März 1883 № 1139.

Der Bundesrath hat in der Sitzung vom 17. v. Mts. — §. 55 der Protokolle — beschlossen, daß in den für die Verzollung maßgebenden Tarasätzen die nachstehend ersichtlichen Aenderungen einzutreten haben:

Tarasätze:

Laufende №	Nummer des Zolltarifs.	Benennung der Gegenstände.	Art der Umschließung.	Tarasätze, Prozente des Bruttogewichts.	
				Bisher.	Künftig.
1.	13 g.	Hornstäbe, zur Verwendung vorgerichtete (Hornfischbeinstäbe)	Kisten.	20.	10.
2.	25 c.	Preßhefe	Fässer.	15.	9.
3.	25 h. 1.	Frische Limonen und Pomeranzen	Kisten.	20.	18.

Diesem Beschlusse ist alsbald zu entsprechen und ebenso der Taratarif sofort zu berichtigen.

Erfurt, den 8. März 1883.   Der Generalinspektor: **Grolig.**

№ 8. Bekanntmachung,
Exportbonifikation für inländischen Rum, resp. Cognak und Arrak betr., vom 12. März 1883 № 1224.

Branntwein, welchem auf künstliche Weise ohne Beimischung von ausländischen Spirituosen ein dem Arrak oder Cognak ähnlicher Geschmack und eine gleiche Farbe gegeben wird, ist bei der Anmeldung zur Ausfuhr gegen Steuervergütung ebenso zu behandeln, wie dies durch die Circularverfügung vom 31. Juli 1867 Nr. 4101 sub 2

Abſatz 3. 4. für Branntwein angeordnet iſt, welchem auf künſtliche Weiſe ohne Beimiſchung von ausländiſchen Spirituoſen ein dem Rum ähnlicher Geſchmack und eine gleiche Farbe gegeben wird.

Die vorgedachten Beſtimmungen (vergl. auch Amtsblatt 1867 S. 27.) werden zugleich den Thüringiſchen Steuerſtellen in Erinnerung gebracht, weil inländiſchem Rum, Arrak und Cognak ohne das vorgeſchriebene bezw. event. erforderliche Verfahren der Miſchungs- und Verſchlußkontrole die Abfertigung zum Bonifikationsexporte nach anderen Zollvereinsſtaaten zu verſagen iſt.

Erfurt, den 12. März 1883.   Der Generalinſpektor: **Grolig**.

№ 9. Bekanntmachung,
eine Ausſtellung in Berlin betr., vom 24. März 1883 № 1400.

Auf den Antrag des Komités der IV. Fach-Ausſtellung des Vereins Deutſcher Blecharbeiter, Berlin 1883, deren Eröffnung am 10. Mai er. ſtattfinden ſoll, iſt unter den beſtehenden Bedingungen für diejenigen Gegenſtände, welche zu der gedachten Ausſtellung vom Auslande eingeführt und nach beendigter Ausſtellung nach dem Auslande zurückgeſendet werden, ſoweit ſie nicht ſchon tarifmäßig zollfrei ſind, die Befreiung vom Eingangszolle zugeſtanden worden, was ich hierdurch bekannt gebe.

Erfurt, den 24. März 1883.   Der Generalinſpektor: **Grolig**.

№ 10. Bekanntmachung,
eine weitere Zuſammenſtellung tarifariſcher Beſtimmungen betr., vom 29. März 1883 № 1501.

Im Nachfolgenden werden wieder einige tarifariſche Entſcheidungen des Königlichen Finanz-Miniſteriums zu Berlin zur Kenntnißnahme und erheblichen Beachtung mitgetheilt.

1. **Eiſenbahnſchwellen**, hölzerne, die durch Zerſägen der Hölzer in Stücke von beſtimmter Länge vorgerichtet ſind, mögen ſie ſonſt auch roh, oder bloß mit der Axt vorgearbeitet ſein, ſind der Nr. 13. e. 2 des Zolltarifs zum Satze von 0,25 Mark für 100 kg. oder 1,50 Mark für das Feſtmeter zuzuweiſen, da ſie eine Vorrichtung zu einem beſonderen Verwendungszwecke erfahren habe.

2. **Glimmer**, roher wird zu einer Steinwaare außer Verbindung mit anderen Materialien (Nr. 33 d. 1 des Zolltarifs) wenn er neben glatter Oberfläche und Durchſichtigkeit eine regelmäßige (quadratiſche, oblonge, kreisförmige, ovale, achteckige, dreieckige ꝛc.) durch Beſchneiden der Ränder hervorgerufene Form hat, oder wenn er künſtlich gefärbt oder ſonſt verziert iſt.

3. **Korallenſchnüre**, welche in der Länge eines gewöhnlichen Colliers aus durchbohrten aſt- und cylinderförmigen Stücken echter Korallen in der Weiſe hergeſtellt ſind, daß die Stücke ohne ſyſtematiſche Ordnung nach der Größe auf Baumwollfäden

gereiht und an den Enden mit aus gleichem Material zusammengedrehten Büscheln versehen sind, gehören zu Nr. 20a. des Tarifs.

4. **Parfümerien in Glasflaschen**, welche mit Watte umwickelt und in Papplartons verpackt sind, werden einschließlich der Kartons und der Watte nach dem Satze für Parfümerien verzollt.

5. **Schaf- und Ziegenfelle** unbehaarte, ungefärbte halbgare oder bereits gegerbte, welche beispielsweise einer der nachbezeichneten Operationen unterworfen worden sind, als: Ausstreichen oder Aussetzen, Ausstoßen, Bimsen, Fetten, Glänzen, Krispeln, Pantosfeln, Falzen, Blanchiren oder Narben, sind als weiter zugerichtete anzusehen und nach Nr. 21a. mit 18 Mark für 100 kg zur Verzollung zu ziehen. Ob eine vorgenommene Glättung der in Rede stehenden Felle eine oberflächliche, oder eine vollständige, resp. zu welchem Zwecke dieselbe erfolgt ist, kommt ferner nicht in Betracht, dagegen ist das bloße Spalten der fragl. Felle nicht als eine weitere Zurichtung angesehen, auch ist an der Bestimmung in der Anmerkung 4 auf Seite 104 des amtlichen Waarenverzeichnisses durch das Vorstehende nichts geändert, nach welcher weißgarer unbehaarte Felle von Lämmern und jungen Ziegen allgemein wie Handschuhleder zu behandeln, mithin nach Nr. 21b. des Tarifs zu verzollen sind.

6. **Theerlack**, bestehend in einer Auflösung von Asphalt in Mineralöl, ist als Lackfirniß nach Nr. 5a. des Zolltarifs zum Satze von 20 Mark für 100 kg. zur Verzollung zu ziehen.

Erfurt, den 29. März 1883.   Der Generalinspektor: Grolig.

№ 11. Bekanntmachung.
Denaturirung von Talg betr., vom 3. April 1883. № 1571.

Der Bundesrath hat beschlossen, daß Talg (eingeschmolzenes Fett von Rindoder Schafvieh), auch wenn er bei einer Temperatur von 14 bis 15° R schmalzartige Konsistenz zeigt, nach Nr. 26.c. 4. des Zolltarifs zum Satze von 2 Mark abgelassen werden darf, sofern er bei der Abfertigung durch Vermischung mit 2 kg Petroleum oder Paraffinöl auf je 100 kg. unter amtlicher Aufsicht denaturirt wird.

Bei der Denaturirung ist in folgender Weise zu verfahren:

Nachdem das Faß, dessen Inhalt denaturirt werden soll, aufrecht gestellt und der obere Boden desselben abgenommen worden ist, sind vertikale, bis in das untere Drittheil der Fettmasse reichende Bohrlöcher in gleichen Abständen von einander in das Fett einzutreiben und mit der vorgeschriebenen Menge nur theilweise gereinigten Petroleums oder Paraffinöls zu füllen. Zu verwenden sind indessen nur solche Arten dieser Oele, welche einen über 200° C liegenden Siedepunct haben. Hierauf ist das Faß unter amtlicher Aufsicht zu halten, bis das Oel den Talg vollständig durchtränkt hat, wozu in der Regel ein Zeitraum von 1 bis 2 Tagen genügen wird. Sollte bei sehr niedriger Wintertemperatur der Talg so fest sein, daß er ein rasches Eindringen des Oels nicht gestattet, so sind die betreffenden Fässer entsprechend längere Zeit in geheizten Räumen unter amtlicher Aufsicht zu halten.

Die Kosten der Denaturirung haben die Empfänger des Talgs zu tragen.

Hiernach ist bei ergeblichen Abfertigungsanträgen zu verfahren; (vergl. Amtsblatt 1882 S. 16 und S. 28) die geschehene Denaturirung muß aus den Abfertigungsbelegen näher erhellen. Interessenten aus dem Handelsstande sind in geeigneter Weise von den vorstehenden Bestimmungen in Kenntniß zu setzen.

Erfurt, den 3. April 1883.   Der Generalinspektor: Grolig.

№ 12. Bekanntmachung,
eine Ausstellung in Königsberg i. Pr. betr., vom 6. April 1883 № 1632.

Am 15. April c. wird in Königsberg i. Pr. eine electrotechnische Ausstellung eröffnet, zu welcher auch ausländische Gegenstände unter den bestehenden Bedingungen zollfrei ein- und wiederausgeführt werden können, was ich hierdurch bekannt gebe.

Erfurt, den 6. April 1883.   Der Generalinspektor: Grolig.

№ 13. Bekanntmachung,
die Ausführung der Kaiserlichen Verordnung vom 6. März 1883 betr.,
vom 19. April 1883 № 1802.

Die Thüringischen Steuerstellen werden von mir auf die im Centralblatt für das Deutsche Reich 1883 S. 92 abgedruckten Ausführungsbestimmungen zur Kaiserlichen Verordnung, betreffend das Verbot der Einfuhr von Schweinen, Schweinefleisch und Würsten amerikanischen Ursprungs, vom 6. März d. J. (vergl. Cirkularverfügung vom 2. d. Mts. Nr. 1541), sowie im Zusammenhang damit auf die event. in Betracht kommenden Artikel 4 und 5 des Vertrags zwischen dem Deutschen Reich und der Oesterreichisch-Ungarischen Monarchie wegen Beglaubigung der von öffentlichen Behörden und Beamten ausgestellten oder beglaubigten Urkunden vom 25. Februar 1880 (Reichsgesetzblatt 1881 S. 6) noch besonders hiermit zur Nachachtung verwiesen mit dem Bemerken, daß die Verordnung mit dem 14. d. M. in Kraft getreten ist.

Erfurt, den 19. April 1883.   Der Generalinspektor: J. B. Schreck.

Personalien.

A. General-Inspektion.

Dem expedirenden Sekretair **Frommhold** ist von Se. Durchlaucht dem regierenden Fürsten von Reuß j. L. das Prädikat als Rechnungsrath verliehen worden.

B. Preußen.

Der Hauptsteueramtsdiener **Frankenhäuser** in Erfurt ist mit Tode abgegangen.

C. Sachsen-Weimar.

Der Großherzogl. Steuerrezepturverwalter, Steuerkommissar **Mirus** in Remda ist verstorben.

D. Sachsen-Meiningen.

1. Der Herzogl. Revisionsassistent **Enzian** in Meiningen ist am 1. April 1883 an Stelle des Revisionsassistenten **Koch** an das Herzogl. Steueramt in Sonneberg versetzt.
Minist.-Restr. d. d. Meiningen, 15. März 1883.

2. Dem provisorischen Steueraufseher **Keßler** ist am 15. März c. die Aufsichtsstation Oberneubrunn mit dem Wohnsitze in Unterneubrunn angewiesen.
Mittheilung des Herzogl. Feldjägerkommandos zu Meiningen, vom 21. Februar 1883.

3. Dem Herzogl. Obersteuerkontroleur **Freyburg** in Meiningen ist das Dienstprädikat „Steuerinspektor" und

4. dem Herzogl. Amtsassistenten **Messert** das. das Prädikat „Steueramtsrendant" ertheilt.
Minist.-Restr. d. d. Meiningen 6. April 1883.

5. Dem Herzogl. Amtsverwalter **Ley** in Gräfenthal ist das dem H. S. Ernest. Hausorden affilirte Verdienstkreuz und

6. dem Oberjäger, berittenen Steueraufseher **Cämmer** in Hildburghausen die demselben Orden affilirte Verdienstmedaille in Silber verliehen.
Regierungsblatt Nr. 50 de 1883.

11

Amtsblatt
des General-Inspectors
des Thüringischen Zoll- und Handels-Vereins.

3tes Stück vom Jahre 1883.

№ 14. Bekanntmachung,
einen Maschinenmarkt in Leipzig betreffend, vom 27. April 1883.

Für diejenigen zollpflichtigen Ausstellungsgegenstände, welche zu dem in Leipzig vom 15. bis 17. Juni c. Js. stattfindenden internationalen Maschinenmarkte vom Auslande ein- und nach dessen Beendigung unverkauft wieder dahin ausgeführt werden, ist nach Maßgabe der bestehenden Bestimmungen Zollfreiheit zugestanden worden, was ich hierdurch bekannt gebe.

Erfurt, den 27. April 1883.   Der Generalinspektor: J. P. Schred.

№ 15. Circularverfügung,
das Thüringische Stellen- und Ortschaftsverzeichniß betr., vom 27. April 1883 № 2059.

1. Dem Großherzoglichen Steueramte in Jena ist vom 1. Januar cr. ab die Befugniß zur Erledigung von Begleitscheinen I ertheilt worden.
2. Die Orte Groß- und Kleinbockedra, Ober- und Untergneus und Magersdorf sind von dem Steuerhebe- und Steuerkontrolebezirke Kahla abgetrennt und dem Steuerbezirke von Roda einverleibt worden.

Erfurt, den 27. April 1883.   Der Generalinspektor: J. P. Schred.

№ 16. Bekanntmachung,
die Centesimalwaagenbenutzung im Zollabfertigungsverkehr betr., vom 7. Mai 1883 № 2249.

Der Bundesrath hat beschlossen, die nachstehenden, zu beachtenden Bestimmungen, die Ermittelung des zollpflichtigen Gewichts von in Eisenbahnwagenladungen eingehenden Massengütern betreffend, zu genehmigen:

1. Das zollpflichtige Gewicht von in Eisenbahnwagenladungen eingehenden Massengütern, welche einem Zollsatz von höchstens 4 ℳ für 100 kg unterliegen, sowie von in Eisenbahnwagenladungen eingehendem Petroleum kann von den Zollstellen mit Genehmigung des Amtsvorstandes durch Verwiegung auf der Centesimalwaage (Geleiswaage) in der Weise ermittelt werden, daß von dem Gewicht des Wagens einschließlich der Ladung (Bruttogewicht) das Gewicht des leeren Wagens (Eigengewicht) abgezogen wird. Für höher tarifirte Gegenstände darf die Gewichtsermittelung in derselben Weise mit Genehmigung des Amtsvorstandes jedoch nur dann erfolgen, wenn die Verwiegung derselben auf den gewöhnlichen Waagen in Folge ihrer Größe oder Schwere unverhältnißmäßige Schwierigkeiten bietet.

2. Von der Verwiegung des leeren Wagens kann, sofern der Waarenexponent keinen Widerspruch erhebt, in den zu 1 bezeichneten Fällen abgesehen werden, wenn das von der Eisenbahnverwaltung festgestellte Eigengewicht und das Datum dieser Feststellung an dem Wagen angeschrieben ist, besondere Bedenken gegen die Richtigkeit des angeschriebenen Gewichts nicht bestehen und seit der Feststellung desselben nicht mehr als zwei Jahre verflossen sind.

Das angeschriebene Gewicht darf ohne zollamtliche Verwiegung insbesondere dann nicht als das wirkliche des Wagens angesehen werden, wenn die Inventarienstücke des letzteren nicht vollzählig mit vorgeführt werden. Ausnahmen hiervon kann der Amtsvorstand zulassen, wenn es sich um das Fehlen verhältnißmäßig kleinerer Inventarienstücke handelt.

Bis zum 1. October 1883 soll das eisenbahnseitig angeschriebene Eigengewicht der Wagen bei der Zollabfertigung auch dann angewendet werden können, wenn das Datum der Gewichtsermittelung nicht angeschrieben ist oder mehr als zwei Jahre seit derselben verflossen sind.

Uebersteigt in den Fällen, in welchen hiernach von der Verwiegung der leeren Wagen abgesehen worden ist, das declarirte Gewicht der Waare das durch Berechnung ermittelte Gewicht, so ist ersteres der Verzollung zu Grunde zu legen.

3. Die Verwiegung auf der Centesimalwaage ist zu versagen, sobald besondere Umstände, zu denen auch ungünstige Witterung zu rechnen ist, vorliegen, welche der Gewinnung zuverlässiger Ergebnisse entgegenstehen.

4. Die Zollstellen haben die Richtigkeit des an den Eisenbahnwagen angeschriebenen Eigengewichts von Zeit zu Zeit zu prüfen und zu diesem Behuf Nachverwiegungen auf der Centesimalwaage vorzunehmen. Von dem ordnungsmäßigen Zustande der letzteren haben sich die Zollstellen bei geeigneter Gelegenheit Ueberzeugung zu verschaffen. Bei diesen Revisionen ist von der Eisenbahnverwaltung die nöthige Arbeitshülfe unentgeltlich zu leisten.

5. Uebersteigt das eisenbahnseitig angeschriebene Eigengewicht eines Wagens das bei der zollamtlichen Nachverwiegung ermittelte um 2 Procent oder mehr, so ist dies der Zolldirectivbehörde anzuzeigen. Gehört ein solcher Wagen einer deutschen Eisenbahnverwaltung an, so ist wegen Nachverwiegung und Abänderung des Gewichtvermerks der erforderliche Antrag von der Zolldirectivbehörde an diese Verwaltung zu richten, gehört der Wagen dagegen einer ausländischen Eisenbahnverwaltung an, so ist der-

jenigen inländischen Eisenbahndirection, in deren Bezirk die Gewichtsabweichung konstatirt worden ist, von letzterer Kenntniß und zugleich den für die Einfuhr des Wagens muthmaßlich in Betracht kommenden Zollstellen bezw. Directivbehörden Nachricht zu geben, damit das angeschriebene Gewicht bei der Zollabfertigung bis auf weiteres nicht mehr ohne zollamtliche Verwiegung angenommen werde.

Erfurt, den 7. Mai 1883.   Der Generalinspektor: J. B. Schreck.

Personalien.

A. Sachsen-Weimar.

Der Großherzogl. Ministerialrevisor Habicht ist vom 1. Juli d. J. an zum Vorstande des Rechnungsamtes und der Steuerreceptur zu Blankenhain mit dem Dienstprädikate „Rechnungsamtmann" ernannt.

Minist. Restr. d. d. Weimar, 14. April 1883.

B. Sachsen-Meiningen.

1., Der Steueraufseher Wohlfarth in Reurwertshausen ist am 1. Mai c. auf sein Ansuchen in den Ruhestand versetzt.

Mittheilung des Herzogl. Feldjägerkommandos in Meiningen, vom 21. April 1883.

2., Der Vorstand des Herzogl. Steueramtes, Amtsverwalter Rath Klug in Hildburghausen ist am 15. Mai c. mit Tode abgegangen.

C. Sachsen-Coburg-Gotha.

Die Steueraufseherstelle in Neustadt b-C. ist dem Feldwebel Hantow vom 1. Mai c. ab verliehen.

Minist. Restr. d. d. Gotha, 27. April 1883.

D. Reuß j. L.

Der bisher auf Probe im Steueraufsichtsdienste verwendete Otto Beder ist am 1. Mai 1883 provisorisch als Steueraufseher im Oberkontrolebezirk Gera angestellt.

Ministerial-Rescript d. d. Gera, 14. April 1883.

Druck von Otto Conrad in Erfurt.

Amtsblatt
des General-Inspectors
des Thüringischen Zoll- und Handels-Vereins.

4tes Stück vom Jahre 1883.

№ 17. Bekanntmachung,
die Einfuhr von Schweinefleisch ꝛc. aus dem Hamburgischen Freihafengebiet in das Zollgebiet betr., vom 22. Mai 1883 № 2481.

Die Thüringischen Steuerstellen werden nachrichtlich davon in Kenntniß gesetzt, daß nach einer anher gelangten Mittheilung Fälle vorgekommen sind, in welchen bei der Einfuhr von Schweinefleisch aus dem Hamburgischen Freihafengebiete in das Zollvereinsgebiet einzelne Steuerstellen diejenigen Nachweise verlangt haben, welche in den Ausführungsbestimmungen zu dem Einfuhrverbot vom 6. März d. Js. für aus dem Auslande kommendes Schweinefleisch ꝛc. vorgeschrieben sind.

Da nach den Hamburgischerseits erlassenen Bekanntmachungen Vorsorge getroffen ist, daß aus dem Freihafengebiet nur inländisches oder solches ausländisches Schweinefleisch, dessen nicht amerikanischer Ursprung von den kompetenten Hamburgischen Behörden bereits festgestellt ist, in das Zollgebiet eingeführt werden kann, so ist beim Uebergang von Schweinefleisch aus dem Hamburgischen Freihafen in das Zollgebiet von einer weiteren Prüfung des Fleisches auf dessen nicht amerikanischen Ursprung Abstand zu nehmen.

Erfurt, den 22. Mai 1883.   Der Generalinspektor: J. B. Schred.

№ 18. Bekanntmachung,
wegen Abänderung der, die Nachweisung des Veredelungsverkehrs betreffenden Bestimmungen in den §§ 34 bis 38 der Dienstvorschriften im Betreff der Waarenverkehrsstatistik, vom 23. Mai 1883 № 2498.

An Stelle der, die Bestimmungen über die Nachweisung des Veredelungsverkehrs enthaltenden §§ 34 bis 38 der Dienstvorschriften vom 21. November 1879, betreffend die Statistik des Waarenverkehrs des Deutschen Zollgebiets mit dem Auslande, sind nach einem neuerlichen Bundesraths-Beschlusse mehrfach abgeänderte Anordnungen getreten, welche vom 1. Januar 1884 zur Ausführung zu bringen und vorläufig in je einem besonderen Abdrucke den zur Erledigung von Begleitscheinen I. befugten Steuerstellen unter Couvert zugegangen sind. Indem ich hierauf zur Nachachtung aufmerksam mache, behalte ich mir vor, auch den übrigen Zollabfertigungsstellen je ein Exemplar der veränderten Bestimmungen nach Empfang derselben ebenfalls unter Couvert zur ebenmäßigen Beachtung zuzufertigen.

Erfurt, den 23. Mai 1883.   Der Generalinspektor: J. B. Schred.

# Amtsblatt
des General-Inspectors
des Thüringischen Zoll- und Handels-Vereins.

5tes Stück vom Jahre 1883.

№ 19. Bekanntmachung,
eine Ausstellung in Berlin betr., vom 28. Mai 1883 № 2557.

In Berlin wird für die Zeit vom 25. Mai bis 15. September d. J. eine Ausstellung italienischer und spanischer Kunstwerke der Sculptur, Malerei 2c. in Aussicht genommen, zu welcher auch Gegenstände aus dem Auslande unter den bestehenden Bedingungen zollfrei ein- und wieder ausgeführt werden können, was ich hierdurch bekannt gebe.

Erfurt, den 28. Mai 1883.   Der Generalinspektor: J. B. Schreck.

№ 20. Bekanntmachung,
eine Ausstellung in Altona betr., vom 11 Juni 1883 № 2768.

In der Zeit vom 28. Juni bis 11. Juli d. J. wird in Altona eine Ausstellung von Industriegegenständen veranstaltet, und ist den zu diesem Zwecke ausgehenden zollvereinsländischen Gegenständen unter den bekannten Bedingungen die zollfreie Wiedereinfuhr zugestanden worden.

Ich verweise deshalb auf die Circularverfügung vom 24. Januar 1865 Nr. 131.

Erfurt, den 11. Juni 1883.   Der Generalinspektor: Grolig.

№ 21. Bekanntmachung,
eine Ausstellung in Frankfurt a. M. betr., vom 18. Juni 1883 № 2867.

In Frankfurt a. M. soll gelegentlich der im Monat September d. J. dort tagenden Wanderversammlung deutscher und österreichischer Bienenzüchter eine Ausstellung von Gegenständen der Bienenzucht abgehalten werden, zu welcher unter den bestehenden Voraussetzungen auch ausländische Gegenstände zollfrei ein- bezieh. wieder ausgeführt werden können, was ich hierdurch bekannt gebe.

Erfurt, den 18. Juni 1883.   Der Generalinspektor: Grolig.

№ 22. Cirkularverfügung,

Zolltarifsatz bei Gemengen von Getreide betr., vom 12. Juni 1883 № 2786.

Der Bundesrath hat beschlossen, dem Instruktionspunkt 86 zum amtlichen Waarenverzeichnisse am Schlusse folgenden Zusatz beizufügen:

„Bei Gemengen aus verschieden tarifirten Getreidearten oder aus Getreide und anderen Erzeugnissen des Landbaues gilt die Menge des am höchsten belegten Bestandtheils als unerheblich, wenn das Gewicht derselben nicht mehr als 10 Prozent von dem Gewichte des Gemenges beträgt."

Hiernach ist sich zu achten. Die Untersuchung hat sich regelmäßig auf mindestens ein Kilogramm des Gemenges zu erstrecken und ist die Probe an verschiedenen Stellen des letzteren zu entnehmen.

Erfurt, den 12. Juni 1883.   Der Generalinspektor: **Grolig**.

№ 23. Bekanntmachung,

eine Ausstellung in Calcutta betr., vom 25. Juni 1883 № 2968.

Am 4. Dezember d. J. soll in Calcutta unter dem Schutze der Indischen Regierung eine internationale Ausstellung eröffnet werden.

Den zu dieser Ausstellung nach Calcutta gehenden und von da zurückkehrenden deutschen Gütern wird unter den bestehenden Voraussetzungen die zollfreie Wiedereinfuhr gestattet werden, was ich unter Verweisung auf die Cirkularverfügung vom 24. Januar 1865 Nr. 131 hierdurch bekannt gebe.

Erfurt, den 25. Juni 1883.   Der Generalinspektor: **Grolig**.

№ 24. Bekanntmachung,

eine Ausstellung in Hamburg betr., vom 26. Juni 1883 № 3007.

Zur Bekanntmachung Nr. 3 vom 24. Januar d. J. (Amtsblatt S. 2) wird behufs ergeblicher Bescheidung von Interessenten und event. zur sonstigen Beachtung noch auf Seite 187 des diesjährigen Centralblatts für das deutsche Reich verwiesen.

Erfurt, den 26. Juni 1883.   Der Generalinspektor: **Grolig**.

№ 25. Bekanntmachung,

Branntweinbesteuerung in Baden betr., vom 27. Juni 1883 № 3018.

Im Großherzogthume Baden hat nach Seite 72 des diesjährigen Reichsgesetzblattes eine Erhöhung der Branntweinsteuer stattgefunden, und es beträgt nunmehr, wie ich zur Berichtigung der Tabelle auf Seite 2 des Amtsblattes vom Jahre 1882 und bezw. der Aktenexemplare bekannt gebe, daselbst

I. die Uebergangssteuer:
  a. für Branntwein, bei welchem die Uebergangssteuer nach dem Alkoholgehalte zu berechnen ist, für jedes Liter Alkohol oder je 100 Literprozent . . . . 18½ Pfennig,
  b. für Branntwein, bei welchem die Berechnung der Uebergangssteuer unabhängig vom Alkoholgehalte erfolgt, (Liqueur ꝛc.) vom Liter . . . . 10 Pfennig,

II. die Steuerrückvergütung:
  a. für Branntwein, bei welchem die Rückvergütung nach dem Alkoholgehalte zu berechnen ist, für jedes Liter Alkohol oder je 100 Literprozent . . . . 12 Pfennig,
  b. für Branntwein, bei welchem die Berechnung der Rückvergütung unabhängig vom Alkoholgehalte erfolgt, (Liqueur ꝛc.) vom Liter 8 Pfennig.

Erfurt, den 27. Juni 1883.   Der Generalinspektor Grolig.

№ 26. Cirkularverfügung,
zollfreie Abfertigung von Flaggen ꝛc. für Gesandte und Konsuln betr.,
vom 29. Juni 1883 № 3059.

Der Bundesrath hat, wie ich zur Nachachtung bekannt gebe, beschlossen, daß die zur Repräsentation der diplomatischen Missionen, sowie der Konsulate fremder Staaten dienenden Embleme, wie Flaggen, Wappenschilder und dergl., welche den ersteren von ihren Regierungen zum dienstlichen Gebrauche zugehen, zollfrei abzulassen sind.

Erfurt, den 29. Juni 1883.   Der Generalinspektor: Grolig.

№ 27. Bekanntmachung,
die Uebergangssteuersätze betr., vom 4. Juli 1883 № 3155.

Im Königreiche Württemberg ist, wie zur Berichtigung der Uebersicht Seite 2 des vorjährigen Amtsblatts, resp. der Akten bekannt gemacht wird, für die Finanzperiode 1. April 1883 bis 31. März 1885 die Uebergangssteuer von braunem Bier auf 3 Mark für 1 Hektoliter festgesetzt worden.

Erfurt, den 4. Juli 1883.   Der Generalinspektor: Grolig.

№ 28. Bekanntmachung,
tarifarische Bestimmungen betr., vom 7. Juli 1883 № 3235.

Die nachfolgenden tarifarischen Entscheidungen des Königlichen Finanz-Ministeriums zu Berlin werden zur Kenntnißnahme und event. Beachtung hierdurch mitgetheilt.

1., Ganz grobe eiserne Ketten sind der Bestimmung unter laufender Nummer 100 des Nachtrags zum amtlichen Waarenverzeichnisse gemäß nach Nr. 8. e. 1. β. des Tarifs mit 3 Mark für 100 kg. zur Verzollung zu ziehen, und es ist bei derartigen ganz groben Ketten zwischen abgeschliffenen ꝛc. und nicht abgeschliffenen ꝛc. ein Unterschied bezüglich des Zollsatzes nicht zu machen.

2., **Parfümerien in Glasflaschen**, welche mit Watte umwickelt und in Pappkartons verpackt sind, unterliegen einschließlich des Gewichts der Kartons und der Watte dem Zollsatze für Parfümerien.

3., Bei **Edison'schen und Swan'schen Glühlampen** aus Glas in Verbindung mit anderen Materialien bestehend, ist die Verbindung mit Platina als unwesentlich zu erachten, und es sind diese Lampen daher nach Nr. 10. f. des Tarifs mit 30 Mark für 100 kg. zu verzollen.

4., **Wachstuchartige Stoffe** aus dünnem Baumwollenzeug, welches mit einem, das Wasser abstoßenden Anstriche getränkt und dadurch mehr oder weniger wasserdicht gemacht ist, fallen, sofern nicht ein Ueberzug oder eine Appretur mit Kautschuk, Guttapercha oder Hylonit vorliegt, gemäß der allgemeinen Anmerkung e. Absatz 2 zu „Zeug- ec. Waaren" auf Seite 407 des amtlichen Waaren-Verzeichnisses unter den Begriff von Wachstuch, Wachsmusselin oder Wachstafft und nehmen unter diesen drei Gattungen die tiefste Stufe ein, indem sie sich zu feinen Arbeiten nicht eignen, wohl aber als Buchbinderzeugstoffe verwendbar sind. Es ist daher der Zollsatz der Nr. 40. b. des Tarifs mit 30 Mark für 100 kg. auf dieselben in Anwendung zu bringen.

Feinere undichte Baumwollengewebe, mit Papier überklebt und danach gefirnißt, sind wie derartige mehr oder weniger wasserdichte Zeugstoffe überhaupt, die im Werthe den oben beschriebenen nachstehen und in der Regel als Packmaterial dienen, ohne Rücksicht auf die Verbindung mit Papier, da dasselbe ihnen den Charakter von Papierwaaren nicht verleiht, ebenfalls der Nr. 40 b. des Tarifs zuzuweisen. Endlich sind in gleicher Weise feinere Baumwollen-, Leinen- und Halbleinenstoffe zu behandeln, welche durch einen Ueberzug von ölgetränktem Papier gegen Wasser undurchlässig gemacht sind und gleichfalls in der Regel als Verpackungsmaterial Verwendung finden.

5., **Röhren aus hartem Glase**, die, wenn auch schwer und nur in geringerem Maße, doch zur f. g. Kunstbläserei verwendbar sind, und bei denen kein Zweifel darüber besteht, daß sie thatsächlich zu einfacheren Apparaten der Kunstbläserei gebraucht werden, sind der Nr. 10. a. des Tarifs zum Satze von 3 Mark für 100 kg. zuzuweisen.

6., **Dynamo-elektrische Maschinen** sind der Nr. 15. b. 2. des Zolltarifs zu unterstellen, daher nicht als Instrumente anzusehen.

7., **Grobes Jutegewebe**, welches mit Papier unterklebt ist, und als Packmaterial, sowie zur Anfertigung von Säcken verwendet wird, ist, da es vorherrschend den Charakter einer Zeugwaare hat, gemäß der Bestimmung in der allgemeinen Anmerkung c. zu „Zeug- ec. Waaren" auf Seite 407 des amtlichen Waaren-Verzeichnisses wie Jutegewebe ohne Zuthaten nach Nr. 22 des Tarifs zu behandeln.

Erfurt, am 7. Juli 1883.   Der Generalinspektor: Grolig.

Amtsblatt
des General-Inspectors
des Thüringischen Zoll- und Handels-Vereins.

6tes Stück vom Jahre 1883.

№ 29. Cirkularverfügung.
Ausführung des Handelsvertrags mit Italien betr., vom 3. Juli 1883. № 3127.

Nach Artikel 7 des Handels- und Schifffahrtsvertrages zwischen dem Deutschen Reich und Italien vom 4. Mai d. Js. (Reichs-Gesetzblatt Seite 109) werden vom 1. Juli d. Js. ab die in dem Tarife A bezeichneten Gegenstände italienischer Herkunft (Provenienz) oder Fabrikation bei ihrer Einfuhr in Deutschland zu den durch diesen Tarif festgestellten ermäßigten Zöllen zugelassen, und zwar:

frische Weinbeeren (Nr. 9 f. des Zolltarifs) zum Zollsatze . . . . von 10 ℳ (für 100 kg.),

frische Apfelsinen, Citronen, Limonen, Pomeranzen, Granaten (Nr. 25 h 1 des Zolltarifs) zum Zollsatze . . . . „ 4 „ „ „

Anmerkung: Verlangt der Zollpflichtige die Auszählung, so zahlt er für 100 Stück 65 Pfg.

frische Datteln und Mandeln (Nr. 25 h 1 des Zolltarifs) zum Zollsatze . . . . „ 4 „ „ „

getrocknete Datteln, Mandeln, Pomeranzen und Granaten (Nr. 25 h 3 des Zolltarifs) zum Zollsatze . „ 10 „ „ „

Oliven (Nr. 25 p 1 des Zolltarifs) zum Zollsatze . „ 30 „ „ „

Speiseöl in Flaschen oder Krügen Nr. 26 a 1 des Zolltarifs) zum Zollsatze . . . . „ 10 „ „ „

Olivenöl in Fässern (Nr. 26 a 2 des Zolltarifs) zum Zollsatze . . . . „ 4 „ „ „

Nach einem Beschlusse des Bundesraths vom 28. Juni d. Js. finden die vorstehend ermäßigten Zollsätze vom 1. Juli d. J. ab auf alle derartigen Gegenstände bei ihrer Einfuhr in das deutsche Zollgebiet Anwendung, soweit die Gegenstände nicht aus Spanien oder dessen Besitzungen stammen. Die Abstammung der Waaren aus anderen Ländern als Spanien oder dessen Besitzungen ist durch behördliche, event. in beglaubigter Uebersetzung beizubringende Atteste des Heimathlandes oder in anderer Weise (Vorlegung von Schiffspapieren, Fakturen, Original-Frachtbriefen, kaufmännischen Korrespondenzen etc.) glaubhaft nachzuweisen.

Der Erbringung dieses Nachweises bedarf es nicht, wenn die in Frage kommenden Waaren als Passagiergut von Reisenden eingehen.

In Fällen, wo über die Abstammung der vorbezeichneten Waaren aus einem anderen Lande als Spanien Zweifel nicht bestehen, kann mit Genehmigung des Amtsvorstandes von der Beibringung eines besonderen Nachweises über die Herkunft der Waare Abstand genommen werden.

Erfurt, den 3. Juli 1883.   Der Generalinspektor: Grolig.

№ 30. Cirkularverfügung,

die Zollbehandlung der in öffentlichen Niederlagen oder Privatlagern entleerten Umschließungen von Flüssigkeiten betr., vom 11. Juli 1883 Nr. 3257.

Der Bundesrath hat beschlossen, hinsichtlich der Zollbehandlung der in öffentlichen Niederlagen oder Privatlagern entleerten Umschließungen von Flüssigkeiten vom 1. Juli d. J. ab die nachfolgenden Bestimmungen in Kraft treten zu lassen:

I. In Betreff der in Wein- und Spirituosen-Theilungslagern lagernden Flüssigkeiten.

Die in Wein- und Spirituosen-Theilungslagern entleerten Fässer und sonstigen Umschließungen können jederzeit, vorbehaltlich der nach §. 5 Absatz 1 des Regulativs, betreffend die Zollerleichterungen für den Handel mit fremden Weinen und Spirituosen, in gewissen Fällen erforderlichen Einholung vorgängiger Genehmigung, ohne Zollentrichtung aus dem Lager entfernt werden.

II. In Betreff der in öffentlichen Niederlagen und Privatlagern unter amtlichem Mitverschluß lagernden Flüssigkeiten.

1. Sind Umschließungen von Flüssigkeiten, welche in öffentlichen Niederlagen oder in Privatlagern unter amtlichem Mitverschluß lagern, durch Ueberfüllen ihres Inhalts in andere daselbst lagernde Fässer ꝛc. entleert worden, so sind dieselben, wenn sie zu dem zollpflichtigen Gewicht der Flüssigkeit gehören (§. 2 Abs. 3 des Gesetzes, betreffend den Zolltarif ꝛc., vom 15. Juli 1879), nach demjenigen Zollsatze zur Verzollung zu ziehen, welcher auf die in denselben vorhanden gewesenen Flüssigkeit Anwendung findet, entgegengesetzten Falles nach dem Zollsatze, welchem die Umschließungen an sich unterliegen.

2. Sind dagegen zum Zweck der Umfüllung leere Umschließungen aus dem freien Verkehr in die Niederlage oder das Privatlager gebracht worden, so sind die bei der Umfüllung leer werdenden Umschließungen nur insoweit, und zwar nach dem zufolge Ziffer 1 anzuwendenden Zollsatze, zur Verzollung zu ziehen, als das Gewicht derselben dasjenige der zur Umfüllung benutzten Umschließungen übersteigt. Erfolgt die Entleerung in Theilposten, so ist das Gewicht der zur Umfüllung benutzten leeren Umschließungen bis zur vollständigen Entleerung nachrichtlich bei der betreffenden Post im Niederlageregister zu vermerken.

3. Sind Umschließungen durch vollständiges Auslaufen ꝛc. der darin befindlichen Flüssigkeit leer geworden, so unterliegen die Umschließungen bei der Entnahme aus der Niederlage stets der tarifmäßigen Verzollung nach Maßgabe ihrer Beschaffenheit.

Erfurt, den 11. Juli 1883.   Der Generalinspektor: Grolig.

№ 31. Cirkularverfügung,
die Umwandelung des Hauptsteueramtes zu Gotha in ein Steueramt betr., vom 21. Juli 1883. № 3337.

Am 1. August d. Js. wird das Herzogliche Hauptsteueramt zu Gotha aufgehoben und dafür ein Herzogliches Steueramt daselbst unter wesentlicher Beibehaltung sämmtlicher Abfertigungs-Befugnisse des ersteren errichtet.

Erfurt, den 21. Juli 1883.   Der Generalinspektor: **Grolig**.

№ 32. Cirkularverfügung,
die Vergütung der Zuckersteuer beim Export betr., vom 21. Juli 1883. № 3430.

Höherem Auftrage zufolg: mache ich noch besonders auf das in Nr. 14 des Reichs-Gesetzblatts pro 1883 enthaltene Gesetz vom 7. d. Mts. aufmerksam, nach welchem, vorläufig bis zum 1. August 1885 nachstehende ermäßigte Steuervergütungssätze für je 50 kg. ausgeführten ꝛc. Zuckers an Stelle der im § 3 des Gesetzes vom 26. Juni 1869 (Amtsblatt Nr. 7 pro 1869 Seite 66) bekannt gegebenen treten sollen und zwar:

   a. für Rohzucker von mindestens 88 Prozent Polarisation . . . . 9,₀₀ ℳ
   b. für Kandis und für Zucker in weißen, vollen, harten Broden bis zu 12,5 Kilogramm Nettogewicht oder in Gegenwart der Zollbehörde zerkleinert 11,₁₀ ℳ
   c. für allen übrigen harten Zucker, sowie für alle weiße trockene (nicht über 1 Prozent Wasser enthaltende) Zucker, in Krystall-, Krümel- und Mehlform von mindestens 98 Prozent Polarisation . . . . 10,₀₀ ℳ

Der ermäßigte Vergütungssatz für a tritt schon vom 1. August d. Js. ab, für b und c dagegen erst vom 1. September d. Js. ab in Gültigkeit.

Erfurt, den 21. Juli 1883.   Der Generalinspektor: **Grolig**.

№ 33. Cirkularverfügung,
das Gewicht der Umschließung bei Kaffeesurrogaten und bei Kindermehl in Kistenverpackung betr. vom 23. Juli 1883. № 3451.

Bei den in einigen Zollvereinsstaaten vorgenommenen Nettoverwiegungen von Kaffeesurrogaten (Nr. 25 w. 1 des Zolltarifs) in Kisten unter 200 kg Bruttogewicht, sowie von in Blechbüchsen eingehendem Kindermehl (Nr. 25 p. 1 des Tarifs in Kisten hat sich ergeben, daß das wirkliche Gewicht der Umschließungen im Durchschnitt bei Kaffeesurrogaten nur 11%, bei Kindermehl nur ca. 16 % des Bruttogewichts beträgt, während bestimmungsmäßig für diese Waaren 17 bezw. 20 % zu vergüten sind.

Die Steuerstellen werden auf diese Abweichungen der wirklichen von der festgesetzten Tara hierdurch aufmerksam gemacht und auf die ihnen nach §. 3 Ziffer 2 Absatz 1 der Bestimmungen über die Tara zustehende Befugniß zur Nettoverwiegung besonders hingewiesen.

Erfurt, den 23. Juli 1883.   Der Generalinspektor: **Grolig**.

№ 34. Cirkularverfügung,
die Ein- und Ausfuhr von Pflanzen und sonstigen Gegenständen des Wein- und Gartenbaues betr., vom 26. Juli 1883 № 3499.

Mit Zurückbeziehung auf die Cirkularverfügung vom 21. November 1879 Nr. 8976 und das im Reichsgesetzblatt vom nämlichen Jahre Seite 303 erlassene Verbot der Einfuhr von Reben und sonstigen Theilen des Weinstocks werden die rubrizirten Steuerstellen auf die am 11. d. M. ausgegebene Nummer 13 des Reichsgesetzblatts nachächtlich verwiesen, welche eine hiernach mit dem 25. d. M. in Kraft getretene Allerhöchste Verordnung vom 4. d. M. in Betreff der Ein- und Ausfuhr von Pflanzen und sonstigen Gegenständen des Wein- und Gartenbaues enthält und durch welche das in der oben erwähnten Cirkularverfügung vom 21. November 1879 gedachte Verbot erweitert wird.

Zugleich wird bei weiterer Ausführung darauf aufmerksam gemacht, daß in der Nummer 166 des Deutschen Reichsanzeigers und Königlich Preußischen Staats-Anzeigers vom 18. d. M. eine Bekanntmachung des Herrn Reichskanzlers vom 12. d. M. erschienen ist, in welcher die Bestimmungen enthalten sind, die derselbe auf Grund der Vorschriften im §. 4 Ziffer 1 und im §. 5 Ziffer 1 und 3 der Allerhöchsten Verordnung vom 4. d. M. getroffen hat.

Erfurt, den 26. Juli 1883.   Der Generalinspector: Grolig.

№ 35. Bekanntmachung,
den Handels- und Schifffahrts-Vertrag zwischen Deutschland und Italien betr., vom 27. Juli 1883. № 3504.

Unter Bezugnahme auf die Cirkularverfügung vom 3. d. Mts. Nr. 3127 werden die betreffenden Steuerstellen darauf aufmerksam gemacht, daß die im Handels- und Schifffahrtsvertrage zwischen Deutschland und Italien vom 4. Mai d. Js. vereinbarten Zollherabsetzungen auf Grund des § 9 des Vereinszollgesetzes auch auf diejenigen Waaren italienischer Herkunft Anwendung finden, welche vor dem 1. Juli d. Js. die Zollgrenze überschritten haben, aber erst nach diesem Zeitpunkte von öffentlichen Niederlagen oder Privattransitlägern zur Eingangsverzollung abgemeldet worden sind.

Erfurt, den 27. Juli 1883.   Der Generalinspektor: Grolig.

№ 36. Bekanntmachung,
eine Ausstellung in Wien betr., vom 30. Juli 1883 № 3577.

In der Zeit vom 1. August bis 31. Oktober d. J. wird in Wien eine internationale elektrische Ausstellung stattfinden; und soll den zu diesem Zwecke dahin versandten und von da zurückkommenden vereinsländischen zollpflichtigen Gegenständen unter den bestehenden Bedingungen zollfreier Wiedereingang gewährt werden, was ich unter Bezugnahme auf die Cirkularverfügung vom 24. Januar 1865 Nr. 131 hierdurch bekannt gebe.

Erfurt, den 30. Juli 1883.   Der Generalinspektor: Grolig.

Personalien.

A. Preußen.

Die erledigte Hauptamtsdienerstelle in Erfurt ist dem früheren Hautboisten, Sergeanten Urbach verliehen.

B. Sachsen-Weimar.

1. Der zeitherige Vorstand der Großherzogl. Steuerrezeptur zu Bacha, Rechnungsamtmann Weber, ist vom 1. Juli d. Js. ab unter Verleihung des Dienstprädikats „Rechnungsrath" auf sein Ansuchen in den Ruhestand versetzt und vom gleichen Zeitpunkte ab der Großherzogl. Ministerialrevisor Thon zum Vorstande der Großherzogl. Steuerrezeptur zu Bacha, unter Verleihung des Dienstprädikats „Rechnungsamtmann" ernannt.
Ministerial-Reskript d. d. Weimar 16. Mai 1883.

2. Dem bisherigen Gehülfen Zechner in Remda ist vom 1. Oktober c. ab die provisorische Verwaltung der dortigen Steuerrezeptur übertragen.
Minist.-Reskr. d. d. Weimar 29. Mai 1883.

3. Der provisorische Steueraufseher Kassel in Weida ist vom 1. Oktober c. ab in gleicher Eigenschaft nach Neustadt a. O. und der provisorische Steueraufseher Otto Schmidt in Neustadt a. O. in gleicher Eigenschaft nach Weida versetzt.
Minist.-Reskr. d. d. Weimar 13. Juni 1883.

C. Sachsen-Meiningen.

1. An Stelle des vom 1. Juli c. ab zum Vorstande des Herzogl. Steueramtes in Hildburghausen ernannten Amtsassistenten Heym in Themar ist vom gleichen Zeitpunkte ab der Amtsassistent Kürschner in Hildburghausen zur Verwaltung des Herzogl. Steueramtes in Themar beauftragt.
Minist.-Reskr. d. d. Meiningen 9. Juni 1883.

2. An Stelle des an das Herzogl. Steueramt Meiningen abgeordneten Revisionsassistenten Sondheimer wird vom 1. Juli c. ab der Revisionsassistent Böller beim Herzogl. Salzsteueramte Salzungen beschäftigt.
Minist.-Reskr. d. d. Meiningen 13. Juni 1883.

3. Der Revisionsassistent Walter in Meiningen ist zum Herzogl. Steueramte Hildburghausen versetzt.
Minist.-Reskr. d. d. Meiningen 5. Juli 1883.

4. Der bei dem Herzogl. Steueramte in Salzungen beschäftigte Revisionsassistent Baumbach ist am 1. Juli c. versetzt und an dessen Stelle der Rechnungspraktikant Albert abgeordnet.
Minist.-Reskr. d. d. Meiningen 5. Juli 1883.

5. Der Revisionsassistent König ist dem Herzogl. Steueramte Meiningen zugewiesen.
Minist.-Reskr. d. d. Meiningen 11. Juli 1883.

Noch C. **Sachsen-Meiningen.**

6. Der Amtsassistent Heil in Saalfeld ist vom 1. Oktober c. ab an das Herzogl. Steueramt in Hildburghausen versetzt.
Minist.-Restr. d. d. Meiningen 16. Juli 1883.

D. **Sachsen-Coburg-Gotha.**

Die durch die Pensionirung des Hauptsteueramtsdieners Ablung in Gotha erledigte Stelle ist dem Gendarmen Stoll daselbst vom 1. Juli c. an übertragen.
Minist.-Restr. d. d. Gotha 6. Juni 1883.

I. **Schwarzburg-Rudolstadt.**

Der Rechnungspraktikant Franke ist zum Rent- und Steueramtsassistenten bei dem Fürstlichen Steueramte in Königsee ernannt.
Minist.-Restr. d. d. Rudolstadt 15. Mai 1883.

Amtsblatt
des General-Inspectors
des Thüringischen Zoll- und Handels-Vereins.

7tes Stück vom Jahre 1883.

№ 37. Cirkularverfügung,
Statistische Nachweisung von Waaren, welche mit einem Zollzuschlage belegt sind, betr.
vom 2. August 1883. № 3688.

Der Bundesrath hat in seiner Sitzung vom 28. Juni d. J. beschlossen:
Ueber die in das Zollgebiet eingeführten zollpflichtigen Gegenstände, welche auf Grund des §. 6 des Zolltarifgesetzes vom 15. Juli 1879 mit einem Zollzuschlage belegt werden, haben die betreffenden Hebestellen chronologische Nachweisungen nach dem nachstehenden Muster für jedes Kalenderjahr zu führen und bis zum 15. Januar nach dem Jahresschlusse mit der Nachweisung über die ausnahmsweise zu ermäßigten Zollsätzen oder zollfrei abgelassenen Gegenstände — §. 30 der Dienstvorschriften vom 21. November 1879, betreffend die Statistik des Waarenverkehrs des Deutschen Zollgebiets mit dem Auslande — an das Kaiserliche statistische Amt einzusenden.

Erfurt, den 2. August 1883.   Der Generalinspektor: **Grolig.**

Bundesstaat: Hauptamtsbezirk:

Verwaltungsbezirk (für Preußen):

Nachweisung
über
die auf Grund des § 6 des Zolltarifgesetzes vom 15. Juli 1879 — Reichs-Gesetzbl. S. 207 — mit einem Zollzuschlage belegten Gegenstände für das Kalenderjahr 18(83).

Bezeichnung und Nummer des Hauptregisters	Waarengattung		Maß- stab.	Waaren- menge.	In An- wendung zu bringender Zollsatz. Mark	Erhobener Zoll- betrag. Mark	Verordnung auf Grund welcher der Zollzuschlag erhoben wurde.
	Nummer des statistischen Waaren- Verzeichnisses.	Tarif- nummer.					
1.	2.	3.	4.	5.	6.	7.	8.

№ 38. Cirkularverfügung,
den deutsch-spanischen Handelsvertrag betr., vom 11. August 1883. № 3801.

Nach einer Bekanntmachung des Herrn Reichskanzlers (in Nr. 32 des Centralblattes für das Deutsche Reich) hat zwischen dem Ersteren und der Königlich spanischen Regierung auf Grund Allerhöchster Ermächtigung und nach eingeholter Zustimmung der verbündeten Regierungen ein Uebereinkommen dahin stattgefunden, daß unter Vorbehalt der späteren Ratifikation des Handels- und Schiffahrtsvertrags zwischen dem Deutschen Reiche und Spanien vom 12. Juli d. J. der deutsche Zolltarif und der dem Vertrage beigefügte Tarif A auf die Einfuhr von Gegenständen spanischer Herkunft in Deutschland vom 11. August d. J. ab

vorläufig Anwendung finden werden, während unter dem nämlichen Vorbehalte vom gleichen Tage ab die 2. Abtheilung des spanischen Zolltarifs auf die Einfuhr von Gegenständen deutscher Herkunft in Spanien Anwendung finden wird.

Demgemäß werden von dem genannten Tage ab die nachstehend bezeichneten Gegenstände bei ihrer Einfuhr in Deutschland allgemein zu folgenden ermäßigten Zollsätzen zugelassen, und zwar

frische Weinbeeren zum Tafelgenuß — Tafeltrauben — (Nr. 9.
    f. des Zolltarifs) . . . . zum Zollsatze von 4 Mark,
grobe Korkwaaren (Nr. 13. f. des Tarifs) . . . „ „ „ 5 Mark,
Korkstopfen, Korksohlen und Korkschnitzereien
    (Nr. 13. g. des Tarifs) . . . . „ „ „ 10 Mark,
Feigen, Korinthen und Rosinen (Nr. 25. h. 2.
    des Tarifs) . . . . „ „ „ 8 Mark,
Chocolade (Nr. 25. p. 1. des Tarifs) . . . „ „ „ 50 Mark,
Johannisbrot (Nr. 25. p. 2. des Tarifs) . . . „ „ „ 2 Mark,

für je 100 kg. — Gleichzeitig treten die nachstehend aufgeführten, in der Cirk.-Verfügung von 3. v. M. Nr. 3127 bezeichneten ermäßigten Zollsätze von:

10 Mark (für 100 kg.) für frische Weinbeeren, andere, als zum Tafelgenuß (Nr. 9. f. des Zolltarifs)
4 Mark „ „ „ für frische Apfelsinen, Citronen, Limonen, Pomeranzen, Granaten. (Nr. 25. h. 1. des Tarifs)
        Anmerk. Verlangt der Zollpflichtige die Auszählung, so zahlt er für 100 Stück 65 Pf.
4 Mark „ „ „ für frische Datteln und Mandeln (Nr. 25. h. 1. des Tarifs)
10 Mark „ „ „ für getrocknete Datteln, Mandeln, Pomeranzen und Granaten. (Nr. 25. h. 3. des Tarifs)
30 Mark „ „ „ für Oliven (Nr. 25. p. 1. des Tarifs)
10 Mark „ „ „ für Speiseöl in Flaschen oder Krügen (Nr. 26. a. 1. des Tarifs)
4 Mark „ „ „ für Olivenöl in Fässern (Nr. 26. a. 2. des Tarifs)

allgemein in Kraft und es kommt daher der in der oben angeführten Cirk.-Verfügung angeordnete Nachweis über die Herkunft der daselbst bezeichneten Waaren in Wegfall.

Erfurt, den 11. August 1883.   Der Generalinspektor: Grolig.

№ 39. Bekanntmachung,
die Zolltarifirung gespaltener ꝛc. Schaffelle betr., vom 29. August 1883. № 4153.

Zur Beseitigung von Zweifeln, welche über die Tarifirung von gespaltenen, mit Kalk behandelten enthaarten Schaffellen entstanden sind, wird nachachtlich bekannt gemacht, daß solche Felle in Gemäßheit der Bestimmung im zweiten Absatze des Artikels „Felle" auf Seite 103 des amtlichen Waarenverzeichnisses, sowie in den Anmerkungen 1 und 3 zu demselben Artikel auf Seite 104 ebendaselbst der Nr. 21 b Anmerkung des Zolltarifs zuzuweisen und demgemäß mit 3 Mark für 100 kg. zur Verzollung zu ziehen sind. Wenn auch das Spalten der Schaffelle keine weitere Zurichtung im Sinne der Anmerkung zu Nr. 21 b des Tarifs darstellt, so ist doch darin eine Art der weiteren Bearbeitung im Sinne des zweiten Absatzes des Artikels „Felle" a. a. O. zu erblicken.

Erfurt, den 29. August 1883.   Der Generalinspektor: Grolig.

№ 40. Verfügung,
die Verwendung von rohem Thieröl bei Branntweindenaturationen betr., vom 31. August 1883. № 4176.

Bei den dortigen Branntweindenaturationen ist auch fernerhin nur rohes (kein ätherisches) Thieröl als Denaturationsmittel zuzulassen (Bericht vom 15. April d. Js.). Sollte der betreffende Zusagescheininhaber oder ein anderer künftig etwa die Denaturation mit ätherischem Thieröl beantragen, weil rohes für seinen Gewerbebetrieb nicht passe, und auch kein anderes der für die betreffende Gewerbeart zugelassenen Denaturirungsmittel geeignet sei, so ist alsbald unter näherer Angabe der Ablehnungsgründe und speziellen Darstellung des betreffenden Gewerbebetriebes, sowie mit Vorschlag eines anderen, dem Thieröl zu substituirenden Denaturirungsmittels, welches den Wünschen des Gewerbetreibenden entsprechen würde, zu berichten.

Erfurt, den 31. August 1883.   Der Generalinspektor: Grolig.

An Herrn Obersteuerkontroleur N. N. zu N.

№ 41. Cirkularverfügung,
Befugniß einer Thüringischen Steuerstelle betr., vom 8. September 1883. № 4177.

In Jena wird demnächst eine daselbst errichtete Spielkartenfabrik in Betrieb kommen und es ist deshalb dem Großherzoglichen Steueramte die Befugniß zur Erhebung der von den daselbst gefertigten Spielkarten ausfallenden Stempelabgabe und zur Abstempelung dieser Karten ertheilt worden, was zur Ergänzung des Thüringischen Steuerstellenverzeichnisses hiermit bekannt gegeben wird.

Erfurt, den 8. September 1883.   Der Generalinspektor: Grolig.

№ 42. Cirkularverfügung,
die Abänderung einiger Positionen des amtlichen Waarenverzeichnisses betr.,
vom 10. September 1883. № 4452.

Der Bundesrath hat in seiner Sitzung vom 4. September d. Js. die nachstehend bezeichneten Abänderungen des amtlichen Waarenverzeichnisses zum Zolltarif beschlossen, welche vom 10. September d. Js. in Kraft treten sollen.

Laufende Nummer.	Seite des amtlichen Waarenverzeichnisses.	Benennung der Gegenstände.	Hinweis auf die Nummern des Zolltarifs.	Zollsatz für 100 kg Mark.
1.	2.	3.	4.	5.

1.	388 und Nachtrag Nr. 203.	Weinbeeren
		1. frische
		  a. zum Tafelgenuß (Tafeltrauben) . . . .
		  b. andere . . . .
		  Anmerkungen zu 1.
		  a. der Zollsatz von 4 ℳ findet nur auf solche Weinbeeren Anwendung, die in Schachteln, Kisten oder Körben eingehen und als Gegenstände des Tafelgenusses anzusehen sind. Zufällige Beschädigung eines Theiles der Beeren schließt die Anwendung dieses Zollsatzes nicht aus;
		  b. in Fässer eingestampfte Weintrauben werden ohne Rücksicht auf eine etwa eingetretene Gährung wie frische behandelt, wenn die eingestampfte Masse alle Theile der Frucht, neben dem Safte also auch noch die Kämme, Kerne und Schalen (Bälge oder Hülsen) der Trauben enthält.
		2. getrocknete . . . .
		3. gemostete, gegohrene, soweit nicht die Anmerkung b zu 1 Anwendung findet, wie Wein s. diesen.
			9 f.
			9 f.
			
			25 h 2
				br. 4
				10
				
				8

2.	389 und Nachtrag Nr. 204	Weinmaische (das bei der Mostbereitung durch Zerdrücken, Zerquetschen u. s. w. der Weintrauben oder Weinbeeren gewonnene Gemenge von Saft (Most), und anderen Bestandtheilen der Weinfrucht) wie Weinbeeren, gemostete, gegohrene s. diese.		

Erfurt, den 10. Sptember 1883.   Der Generalinspektor: **Grolig**.

Personalien.

A. General-Inspektion.

Dem Bureauvorsteher, Steuerrath **Ulrich** ist von Sr. Majestät dem deutschen Kaiser und König von Preußen der Rothe Adlerorden IV. Klasse verliehen.

B. Preußen.

1. Dem Dirigenten des hiesigen Hauptsteueramtes, Steuerrath **Steinbrecher**, ist von Sr. Majestät dem deutschen Kaiser und König von Preußen der Rothe Adlerorden IV. Klasse und dem Steueraufseher **Spielberg** hier, sowie dem Verwiegungsbeamten **Brückner** in Walschleben das Allgemeine Ehrenzeichen verliehen.

2. Der Steueraufseher **Töpperwien** zu Herrenbreitungen ist am 1. September c. nach Wegeleben und der Grenzaufseher **Reisede** zu Föhr als Steueraufseher nach Herrenbreitungen versetzt.

3. An Stelle des am 1. Septbr. c. nach Groß Oschersleben versetzten Steueraufsehers **Weißbeder** zu Gesell ist der Grenzaufseher **Schübler** zu Geestendorf getreten.

C. Sachsen-Weimar.

1. Vom 1. Oktober c. ab ist der Verwiegungsbeamte **Springer** in Allstedt in gleicher Eigenschaft nach Dermbach, der Salzsteueraufseher **Schuster** in Stotternheim als Verwiegungsbeamter nach Allstedt, der Steueraufseher **Pabst** in Gerstungen als Verwiegungsbeamter nach Dermbach versetzt und der Steueraufseher **Rauchmaul** in Stotternheim zum Salzsteueraufseher daselbst ernannt.
   Vom gleichen Zeitpunkte an ist dem Militairanwärter, Steueramtsdiener **Müller** in Apolda die Steueraufseherstelle in Stotternheim und dem Militairanwärter, Sergeant **Berger** in Jena die Steueraufseherstelle in Gerstungen provisorisch übertragen.
   Minist.-Restr. d. d. Weimar, 11. Juli u. 23. August 1883.

2. Die durch die Pensionirung des Steuerkommissars **Alander** in Berga a. E. zur Erledigung kommende Stelle ist vom 1. Oktober c. ab provisorisch dem Steueramtsassistenten **Wölfl** in Apolda übertragen. Vom gleichen Zeitpunkte an ist die Verwaltung der 2. Assistentenstelle in Apolda dem zur Zeit mit der Wahrnehmung der Geschäfte eines Assistenten bei dem Großherzogl. Steueramte in Jena betrauten Gehilfen **Hertig** und die letztere Stelle dem Geometer **Bödel** übertragen.
   Minist.-Restr. d. d. Weimar, 4. Septbr. 1883.

D. Sachsen-Meiningen.

1. An Stelle des am 1. August c. nach Walungen versetzten Rechnungspraktikanten **Göpfert** in Meiningen tritt der Revisionsassistent **Hartung** in Walungen.
   Minist.-Restr. d. d. Meiningen, 30. Juli 1883.

2. Der Steueraufseher **Arndt** hat am 1. August c. die Station Rentwertshausen übernommen.
   Mittheilung des Herzogl. Feldjägerkommandos in Meiningen vom 2. August 1883.

3. Der Revisionsassistent **Koch** ist am 1. August c. an das Herzogl. Steueramt in **Gräfenthal** versetzt.
   Minist.-Restr. d. d. Meiningen, 25. Juli 1883.

Noch J. Sachsen-Meiningen.

4. Den Steueraufsehern Friedrich in Camburg, Ulrich in Molau und Heil in Saalfeld sind vom 15. Septbr. c. ab Stellen als Verwiegungsbeamte bei der Rübenzuckerfabrik in Camburg übertragen.
Minist.-Restr. d. d. Meiningen, 21. Aug. 1883.

5. An Stelle des mit dem 1. Oktober c. in den Ruhestand tretenden Amtsverwalters Rath Linker in Heldburg ist der zum Amtsverwalter ernannte bisherige Amtsassistent Müller in Pößneck versetzt. Zum Verwalter des Steueramtes Pößneck ist der Revisionsassistent Brodführer in Salzungen und zu dessen Nachfolger der Revisionsassistent Groß in Wasungen ernannt. Der Revisionsassistent Günkel in Meiningen ist in gleicher Eigenschaft nach Wasungen versetzt.
Minist.-Restr. d. d. Meiningen, 13. u. 24. Septbr. 1883.

L. Sachsen-Altenburg.

Dem Obersteuerkontroleur Fritzsche in Altenburg ist von Sr. Hoheit dem Herzog von Sachsen-Altenburg das Dienstprädikat „Steuerinspektor" verliehen.
Minist.-Restr. d. d. Altenburg, 16. Septbr. 1883.

F. Sachsen-Coburg-Gotha.

Der Gendarm Lengefeld in Ichtershausen ist versetzt und zu dessen Nachfolger der Gendarm Kurzius aus Ohrdruf bestimmt.
Minist.-Restr. d. d. Gotha, 26. Septbr. 1883.

// # Amtsblatt
des General-Inspectors
des Thüringischen Zoll- und Handels-Vereins.

8tes Stück vom Jahre 1883.

№ 43. **Cirkularverfügung,**
die Ausdehnung der Zollermäßigungen in den Tarifen A zu dem deutsch-italienischen und dem deutsch-spanischen Handels- und Schiffahrtsverträge betr.,
vom 29. Oktober 1883. № 5429.

I. Nach einem neueren Bundesrathsbeschlusse, der auf Seite 296, 297 des Centralblatts für das deutsche Reich mit namentlicher Erwähnung der außer der Türkei und Griechenland noch weiter zur Zeit bevorzugten Staaten ausführlich veröffentlicht worden ist, und dessen Bestimmungen am

2. November d. J.

an Stelle der Bekanntmachungen vom 30. Juni 1883 (Centralblatt S. 221) und vom 9. August 1883 (Centralblatt S. 243) in Geltung treten, finden die in meiner Cirkularverfügung vom 11. August d. J. Nr. 3801 gedachten ermäßigten Zollsätze von dem erwähnten Tage an nicht mehr allgemein, sondern nur noch denjenigen Staaten, welche einen vertragsmäßigen Anspruch auf diese Ermäßigungen haben, sowie auf Grund der Verordnung vom 20. d. M. auch der Türkei und Griechenland gegenüber Anwendung, wobei überdies Nachstehendes zu beachten ist.

II. In Bezug auf die nachbezeichneten Gegenstände, nämlich:
 Grobe Korkwaaren,
 Korkstopfen, Korksohlen und Korkschnitzereien,
 Chocolade,
 Speiseöl in Flaschen oder Krügen und
 Olivenöl in Fässern

ist die Abstammung der eingehenden Waaren aus den Ländern, auf welche nach Ziffer I. die ermäßigten Zollsätze Anwendung finden, durch behördliche, eventuell in beglaubigter Uebersetzung beizubringende Atteste des Heimathlandes oder in anderer Weise (Vorlegung von Schiffspapieren, Fakturen, Original-Frachtbriefen, kaufmännischen Korrespondenzen 2c.) glaubhaft nachzuweisen.

Der Erbringung dieses Nachweises bedarf es nicht, wenn die in Frage kommenden Waaren als Passagiergut von Reisenden eingehen.

In Fällen, wo über die Abstammung der vorbezeichneten Waaren aus einem Lande, auf welches nach Ziffer I. die ermäßigten Zollsätze Anwendung finden, Zweifel nicht bestehen, kann mit Genehmigung des Amtsvorstandes von der Beibringung eines besonderen Nachweises über die Herkunft der Waare Abstand genommen werden.

Erfurt, den 29. Oktober 1883.   Der Generalinspektor: Grolig.

№ 44. Cirkularverfügung,
die Ein- und Ausfuhr von Pflanzen 2c. betr., vom 1. December 1883. ℳ 5939.

Der Herr Reichskanzler (Reichsamt des Innern) hat sich dahin ausgesprochen, daß frischer Salat und (mit Knollen nicht versehene) Selleriestauden, auch wenn noch Wurzeltheile daran sich befinden, zu den Erzeugnissen des Gemüsebaues im Sinne des Art. 2 Abs. 1 der internationalen Reblauskonvention vom 3. November 1881 (R. G. Bl. 1882 S. 125) zu rechnen und demgemäß den in der Kaiserlichen Verordnung vom 4. Juli d. J. (R. G. Bl. S. 152) vorgeschriebenen Einfuhrbeschränkungen nicht unterworfen seien.

Dasselbe gilt auch von (zollpflichtigen) abgeschnittenen Lorbeerblättern, welche nach einer früheren Entscheidung des Herrn Reichskanzlers den im gedachten Artikel 2 Absatz 1 der internationalen Reblauskonvention aufgeführten abgeschnittenen Blumen gleichgestellt und daher als Gegenstände des freien Verkehrs von jenen beschränkenden Bestimmungen des § 4 der Kaiserlichen Verordnung befreit sein sollen.

Im Nachtrage zu meinen Cirkular-Verfügungen vom 21. November 1879 Nr. 8976 und vom 26. Juli cr. Nr. 3499 mache ich dies hiermit zur Kenntnißnahme und Nachachtung bekannt.

Erfurt, den 1. December 1883.   Der Generalinspektor: Grolig.

№ 45. Cirkularverfügung,
Aenderungen des amtlichen Waaren-Verzeichnisses und Bestimmungen über die zollfreie Ablassung von Petroleum für andere gewerbliche Zwecke, als die Leuchtöl- und Leuchtgas-Fabrikation betreffend, vom 14. December 1883. ℳ 6229.

Der Bundesrath hat am 6. d. M. beschlossen, daß die in der Anlage zusammengestellten Aenderungen des amtlichen Waarenverzeichnisses zum Zolltarife, resp. die beigedruckten Bestimmungen in Betreff der zollfreien Ablassung von Petroleum für andere gewerbliche Zwecke als die Leuchtöl- und Leuchtgasfabrikation vom 1. Januar 1884 ab in Kraft treten sollen.

Die Anlage ist auch zur Einsicht des Publikums an Amtsstelle auszulegen oder bereit zu halten.

Zur Ausführung der Vorschrift in der Anmerkung 1 Absatz 2 zu „Packpapier" (Nr. 55 der Aenderungen) ist Folgendes bestimmt worden: Die Feststellung des Verhältnisses des Fabrikats zu dem Gewicht desselben ist bei den in Rollen eingehenden Waarenparthien auf die Weise vorzunehmen, daß unter Benutzung der in der Instruktion für die zollamtliche Ermittelung des relativen Gewichts von Waaren der Nummern 41 d. 5 und 41 d. 6 des Zolltarifs gedachten Schablonen (Reichs-Centralblatt für 1881 Seite 249 und 250) zehn rechteckige Abschnitte von je 20 cm. Länge und 5 cm. Breite von den betreffenden Steuerstellen entnommen und auf einer Präcisionswaage verwogen werden. Ergiebt sich dabei ein Gewicht von weniger als 30 gr., so ist die Waare als Packpapier, im anderen Falle dagegen als Pappe anzusprechen. Auf die Entnahme der Abschnitte finden die bezüglichen Bestimmungen der gedachten Instruction sinngemäße Anwendung.

Geht die Waare in Bogen ein, so ist der Flächeninhalt und das Gewicht von je 10 Bogen gleicher Art zu ermitteln und aus dem Ergebniß durch Berechnung das Gewicht für ein Quadratmeter festzustellen.

Sollte sich bei einzelnen, nicht mit Schablonen der gedachten Art versehenen Steuerstellen als nöthig herausstellen, solche Schablonen zu beschaffen, so sehe ich einer motivirten Berichterstattung entgegen.

Erfurt, den 14. December 1883.　　　Der Generalinspektor: Grolig.

№ 46. Bekanntmachung,
eine Ausstellung in Middelburg betr., vom 19. December 1883. № 6274.

In Middelburg (Königreich der Niederlande) soll im Januar nächsten Jahres eine internationale Ausstellung von Gas-, Heizungs- zc. Apparaten stattfinden, und den zu diesem Zwecke dahin versandten und von da zurückkommenden vereinsländischen zollpflichtigen Gegenständen unter den bestehenden Bedingungen zollfreier Wiedereingang gewährt werden, was ich unter Hinweisung auf die Circularverfügung vom 24. Januar 1865 No. 131 hierdurch bekannt gebe.

Erfurt, den 19. December 1883.　　　Der Generalinspektor: Grolig.

№ 47. Cirkularverfügung,
das Thüring'sche Stellenverzeichniß betr., vom 19. December 1883. № 6300.

I. Nachgenannten Steuerstellen ist die Befugniß zur Ausfertigung von Freipässen über Musterstücke, welche aus dem freien Verkehr des Zollgebiets ausgeführt und nach gemachtem Gebrauche vom Auslande zollfrei wieder zurückgeführt werden sollen, beigelegt worden:
    den Großherzoglich Sächsischen Steuerämtern zu Apolda und Eisenach,
    den Herzoglich Sächsischen Steuerämtern zu Sonneberg, Coburg und Tenneberg,
    dem Fürstlich Schwarzburgischen Steueramte zu Arnstadt.

II. Dem Herzoglich Sächsischen Steueramte zu Eisfeld ist die Befugniß zu Abfertigungen von Waarensendungen aus dem Inland durch das Ausland nach dem Inlande nach § 111 des Vereinszollgesetzes vom 1. Juli 1869 ertheilt worden.

Erfurt, den 19. December 1883.　　　Der Generalinspektor: Grolig.

№ 48. Cirkularverfügung,

den Zollsatz für Speiseöl und Olivenöl in Flaschen oder Krügen von mindestens 50 kg. Bruttogewicht betr., vom 20. December 1883. № 6265.

Unter Zurückbeziehung auf die Cirkularverfügung vom 3. Juli d. J. Nr. 3127 resp. vom 11. August a. c. Nr. 3801 wird nachachtlich bekannt gegeben, daß die in dem Tarif A zu dem Handels- und Schiffahrtsvertrage zwischen dem Deutschen Reich und Italien vom 4. Mai 1883 und in dem Tarif A zu dem Handels- und Schiffahrtsvertrage zwischen dem Deutschen Reich und Spanien vom 12. Juli 1883 zugestandene Ermäßigung des Zollsatzes für Olivenöl in Fässern auf 4 Mark für 100 kg. sich auf das in Flaschen oder Krügen von mindestens 50 kg. Bruttogewicht eingehende Olivenöl miterstreckt, und daß der in jenen Tarifen festgesetzte Zollsatz für Speiseöl in Flaschen oder Krügen mit 10 Mark für 100 kg. nur auf dergleichen Oel in kleineren Flaschen oder Krügen als zu 50 kg. Bruttogewicht Anwendung findet.

Erfurt, den 20. December 1883.   Der Generalinspektor: Grolig.

№ 49. Bekanntmachung,

das Verzeichniß der Massengüter betr., vom 27. December 1883. № 6358.

Es wird auf den Bundesrathsbeschluß vom 6. d. M. — § 463 der Protokolle — zur Nachachtung verwiesen, nach welchem

Eisen- und Stahlwalzdraht, d. h. alles in Form von Bunden, Ringen ꝛc. aufgewundene gewalzte Eisen — aus Nr. 165 des statistischen Waarenverzeichnisses —,

Melasse — Nr. 457 ebend. —,

blos auf einer Seite abgeschliffene Sandsteinplatten — aus Nr. 526 ebend. —, vom 1. Januar 1884 ab in das Verzeichniß derjenigen Massengüter, auf welche die Bestimmung im § 11 Absatz 2 Ziffer 3 des Gesetzes über die Statistik des Waarenverkehrs mit dem Auslande vom 20. Juli 1879 Anwendung findet, aufzunehmen sind.

Erfurt, den 27. December 1883.   Der Generalinspektor: Grolig.

Personalien.

A. General-Inspektion.

Dem Botenmeister Gothe wurde aus Anlaß seines 50jährigen Dienstjubiläums von Sr. Königl. Hoheit dem Großherzog von Sachsen-Weimar die Großherzoglich Sächsische silberne Civilverdienstmedaille verliehen.

B. Sachsen-Weimar.

Der Großherzogliche Obersteuerkontroleur, Steuerinspektor Pezold in Eisenach, ist vom 1. April 1884 an unter Verleihung des Dienstprädikates „Obersteuerinspektor" in den Ruhestand versetzt.

Minist.-Reskr. d. d. Weimar, 21. November 1883.

C. Sachsen-Meiningen.

Bei weiterer Trennung des Steueraufsichtsdienstes vom Polizeidienst im Herzogthum Sachsen-Meiningen haben ausschließlich Steuerdienst zu übernehmen:

1. für den Bezirk Meiningen außer den Steueraufsehern Beck und Greiner der provisorische Steueraufseher Matthes,

2. für den Bezirk Camburg der Steueraufseher Morgenroth.

Der provisorische Steueraufseher Langert übernimmt an Stelle des versetzten Steueraufsehers Roth die Aufsichtsstation Steinach, der Steueraufseher Greiner ist von Obermaßfeld nach Ritschenhausen versetzt.

Mittheilungen des Herzogl. Feldjägerkommandos in Meiningen vom 20. u. 30. Oktober 1883 und Minist.-Reskr. d. d. Meiningen, 24. December 1883.

D. Sachsen-Coburg-Gotha.

1. An Stelle des am 1. December 1883 nach Waltershausen versetzten Steueramtsassistenten Weibezahl in Ohrdruf tritt vom gleichen Zeitpunkte an der Steueramtsassistent Gottwalt.

Minist.-Reskr. d. d. Gotha, 18. Oktober 1883.

2. Der Gendarm Junker in Dietendorf ist versetzt und zu dessen Nachfolger der Gendarm Weißenborn in Friedrichrode ernannt.

Minist.-Reskr. d. d. Gotha, 2. u. 11. December 1883.

E. Reuß j. L.

Die Stelle des zweiten Steueraufsehers in Schleiz ist dem Militäranwärter Langerbeck von Anfang November c. an provisorisch übertragen.

Minist.-Reskr. d. d. Gera, 5. Oktober 1883.

Amtsblatt

des

General-Inspektors

des

Thüringischen Zoll- und Handelsvereins.

Jahrgang
1884.

// # Amtsblatt
des General-Inspektors
des Thüringischen Zoll- und Handels-Vereins.

1tes Stück vom Jahre 1884.

№ 1. Bekanntmachung,
eine Ausstellung in Breslau betr., vom 8. Januar 1884. № 137.

Der Breslauer landwirthschaftliche Verein beabsichtigt in der Zeit vom 9. bis 11. Juni d. Js. in Breslau eine Ausstellung und einen Markt land-, forst- und hauswirthschaftlicher Maschinen und Geräthe zu veranstalten.

Zu dieser Ausstellung können auch unter den bestehenden Bedingungen ausländische Gegenstände zollfrei ein- beziehentl. wieder ausgeführt werden, was ich hierdurch bekannt gebe.

Erfurt, den 8. Januar 1884.   Der General-Inspektor: Grolig.

№ 2. Bekanntmachung,
die Stempelmarken auf den statistischen Anmeldescheinen betr.,
vom 9. Januar 1884. № 100.

Der Bundesrath hat beschlossen, die Vorschrift im § 18 Absatz 2 der Bekanntmachung vom 20ten November 1879, betreffend die Statistik des Waarenverkehrs des deutschen Zollgebiets mit dem Auslande — Centralblatt für das deutsche Reich S. 676 —, dahin zu ergänzen, daß den öffentlichen Transportanstalten auch gestattet sein soll, die Stempelmarken auf den statistischen Anmeldescheinen außer mit der Bezeichnung der Expeditionsstelle mittelst Feder oder Stempel auch mit der Angabe des Datums in Zahlen und des Namens des expedirenden Beamten in möglichst kleiner Schrift zu versehen.

Erfurt, den 9. Januar 1884.   Der General-Inspektor: Grolig.

№ 3. Cirkularverfügung,

Ueberweisung von steuerpflichtigem Taback mittelst Versendungsscheins Nr. 11 betr., vom 15. Januar 1884. № 182.

Von dem Bundesrathe ist unterm 13. Dezember v. Js. nachstehender Beschluß gefaßt worden, den ich den aufschriftlich genannten Steuerstellen zur genauen Beachtung mittheile:

1. Die Erhebung der für inländischen Taback festgestellten Steuer kann mittelst eines nach dem Muster für Begleitschein II auszufertigenden Versendungsscheins II einem zur Erledigung von Versendungsscheinen befugten Amt überwiesen werden.
2. Die Vorschriften des Begleitscheinregulativs über Begleitscheine II finden hierbei sinngemäße Anwendung.
3. Die nach dem Muster 12 zu den Dienstvorschriften vom 29. Mai 1880, betreffend die Besteuerung des Tabacks, auszufertigenden Versendungsscheine sind als „Versendungsscheine I" zu bezeichnen.

In dem Versendungsschein-Ausfertigungsregister (Muster 13 daselbst) ist in der Spalte 2 und im Versendungsschein-Empfangsregister (Muster 14 daselbst) in der Spalte 4 die Gattung des Versendungsscheins durch Eintragung von „I" bezw. „II" ersichtlich zu machen. In dem Empfangsregister ist ferner in den Spalten 7 und 8 die Vereinnahmung der Steuer nachzuweisen. Dabei wird bemerkt, daß bis auf Weiteres zur Ausfertigung der Versendungsscheine II die für Begleitscheine II über inländisches Salz bestimmten Formulare, nach entsprechender Abänderung des Vordrucks mit der Feder, zu benutzen sind und in den nach dem Muster 12 zu den Dienstvorschriften vom 29. Mai 1880, betreffend die Besteuerung des Tabacks, zu Versendungsscheinen über unversteuerten inländischen Taback gelieferten, künftig zu den Versendungsscheinen I zu verwendenden Formularen in der Ueberschrift die Zahl „I" mit der Feder hinzuzufügen ist.

Erfurt, den 15. Januar 1884.   Der General-Inspektor: J. B. Schred.

№ 4. Cirkularverfügung,

die Kistentara bei den aus Amerika zur Einfuhr gelangenden gepreßten Glaswaaren betr., vom 21. Januar 1884. № 420.

Von den Hauptämtern zu Bremen und Hannover ist die Wahrnehmung gemacht worden, daß bei den aus Amerika zur Einfuhr gelangenden gepreßten Glaswaaren (Nr. 10e. des Zolltarifs) in Kisten, besonders bei Gasteller und Glasschaalen, welche ihrer Beschaffenheit nach eine dichte Verpackung gestatten, das wirkliche Gewicht der gedachten Umschließung erheblich gegen die bestimmungsmäßige Tara zurückbleibt.

Die Steuerstellen werden auf die gedachte Abweichung der wirklichen von der festgesetzten Tara aufmerksam gemacht und bezüglich der in Rede stehenden Waaren auf die ihnen nach Ziffer 3 Absatz 2 in § 3 der Bestimmungen über die Tara zustehende Befugniß zur Nettoverwiegung besonders hingewiesen.

Erfurt, den 21. Januar 1884.   Der General-Inspektor: J. B. Schred.

№ 5. Bekanntmachung,
die Uebersicht der Uebergangs-Abgaben und Ausfuhrvergütungs-Sätze betr., vom 30. Januar 1884. № 661.

Nachfolgend wird eine anderweit aufgestellte Uebersicht der Uebergangs-Abgaben und Ausfuhrvergütungen bekannt gemacht.

Erfurt, den 30. Januar 1884.   Der General-Inspektor: Grolig.

Uebersicht
der
Uebergangsabgaben und Ausfuhrvergütungen, welche von Staaten, wo innere Steuern auf die Hervorbringung oder Zubereitung gewisser Erzeugnisse gelegt sind, erhoben beziehungsweise bewilligt werden.

Laufende Nummer	Steuergebiete	Maßstab	Betrag der Uebergangs-abgabe Mark Pfg.		Betrag der Ausfuhr-vergütung Mark Pfg.		Bemerkungen
			1. Von Bier.				
1	Preußen, Sachsen, Hessen, Mecklenburg-Schwerin, Sachsen-Weimar ausschließlich des Vorbergerichts Ostheim, Mecklenburg-Strelitz, Oldenburg, Braunschweig, Sachsen-Meiningen, Sachsen-Altenburg, Sachsen-Coburg-Gotha ausschließlich des Amts Königsberg, Anhalt, Schwarzburg-Sondershausen, Schwarzburg-Rudolstadt, Waldeck, Reuß ä. L., Reuß j. L., Schaumburg-Lippe, Lippe, Lübeck, die in die Zollgrenzen eingeschlossenen Gebietstheile Bremens und Hamburgs, Luxemburg	1 Hkl.	2	—	1	—	Die Ausfuhrvergütung wird nur für solches Bier gewährt, zu dessen Bereitung mindestens 25 Kilogramm Getreideschrot, Reis oder grüne Stärke, und im Falle der Mitverwendung von höher als mit 2 Mark für 50 Kilogramm besteuerten Malzsurrogaten mindestens eine dem Steuerwerthe von 1 Mark entsprechende Menge von Braustoffen auf jedes Hektoliter erzeugten Bieres verwendet worden sind. Das Bier muß der Regel nach in einer Menge von mindestens 2 Hektoliter ausgehen.

Nr.	Steuergebiete	Maßstab	Betrag der Uebergangs-abgabe Mark. Pfg.		Betrag der Ausfuhr-vergütung Mark. Pfg.		Bemerkungen.
2	Bayern, das Großherzoglich sächsische Vordergericht Ostheim und das Herzoglich sachsen-coburg-gothaische Amt Königsberg						Die Ausfuhrvergütung für in Gebinden oder Flaschen ausgeführtes Bier wird nur bei der Ausfuhr von 60 Liter und mehr in einer Sendung gewährt.
	braunes Bier	1 Httl.	3	25	2	60	
	weißes Bier	1 Httl.	3	25	1	20	
3	Württemberg						Die Ausfuhrvergütung wird für jeden einzelnen Sud nach dem Verhältnisse des Malzverbrauchs zu dem Fabrikationsquantum bemessen.
	braunes Bier	1 Httl.	3	—	—	—	
	weißes Bier	1 Httl.	1	65	—	—	
4	Baden	1 Httl.	3	20	2	50	
5	Elsaß-Lothringen						
	starkes Bier	1 Httl.	2	30	2	30	
	Dünnbier	1 Httl.	—	58	—	58	
	II. Von Branntwein.						
1	Die unter I. Nr. 1 genannten Staaten und Gebietstheile mit Ausschluß der hohenzollernschen Lande,						Die Ausfuhrvergütung wird nach Maßgabe der bestehenden näheren Vor-

Laufende Nummer	Steuergebiete.	Maßstab	Betrag der Uebergangsabgabe Mark Pfg.		Betrag der Ausfuhrvergütung Mark Pfg.		Bemerkungen.
	Preußens und Luxemburgs, und Elsaß-Lothringen.	1 Hktl. zu 50 Prozent Alkohol nach Tralles	13	10	8	0,58	schriften nur für Mengen von mindestens 68,7 Liter und bei einer Stärke von mindestens 35 Prozent Tralles gewährt. Im Verkehr mit Luxemburg wird eine Ausfuhrvergütung nicht gewährt. Von Branntwein, welcher aus Luxemburg nach dem Gebiete der in Branntweinsteuergemeinschaft stehenden Staaten versandt wird, findet, sofern die Betheiligten über den zu versendenden Branntwein innerhalb des Großherzogthums Luxemburg einen Uebergangsschein entnehmen und die daraus erwachsenden Verpflichtungen erfüllen, nur die Erhebung einer Ausgleichungsabgabe von 4,37 Mark für das Hektoliter zu 50 Prozent Alkohol nach Tralles statt. Branntwein, welcher aus dem Gebiete der Branntweinsteuergemeinschaft nach Luxem-

Laufende Nummer	Steuergebiete.	Maßstab	Betrag der Uebergangsabgabe Mark	Pfg.	Betrag der Ausfuhrvergütung Mark	Pfg.	Bemerkungen.
							burg versendet wird und von einem Uebergangsschein begleitet ist, trägt in Luxemburg keine Uebergangsabgabe. Ist kein Uebergangsschein entnommen, oder sind die Verpflichtungen aus demselben nicht erfüllt, so findet die Erhebung einer Abgabe von 16 Frk. 37¼ Ct. vom Hektoliter zu 50 Prozent Tralles statt.
2	Hohenzollernsche Lande	1 Hktl. a. bei einer Stärke bis zu 65 Prozent Tralles. b. bei einer Stärke über 65 Prozent Tralles.	1 3	50 —	1 3	50 —	Die Ausfuhrvergütung wird nur für Mengen von mindestens 30 Liter gewährt.
3	Bayern, das Großherzoglich sächsische Vorbergericht Ostheim und das Herzoglich sachsen-coburg-gothaische Amt Königsberg: Branntwein	1 Hktl. zu 50 Prozent Alkohol nach Tralles bei 12½ Grad Réaumur					Die Ausfuhrvergütung wird nur gewährt, wenn der Branntwein eine Stärke von 35 Prozent nach dem Alkoholometer von Tralles und darüber hat

Laufende Nummer	Steuergebiete	Maßstab	Betrag der Uebergangs- abgabe Mark. Pfg.	Betrag der Ausfuhr- vergütung Mark. Pfg.	Bemerkungen
	Liqueure und andere mit Zucker versetzte geistige Getränke, ohne Rücksicht auf die Alkoholstärke	(Normal- tempe- ratur) .	13 10	8 —	und die auf einmal ausgeführte Menge mindestens 50 Liter beträgt.
		1 Hktl.	13 10	4 80	Die Ausfuhr- vergütung wird nur gewährt, wenn die auf einmal ausge- führte Menge min- destens 50 Liter be- trägt.
4	Württemberg	1 Hktl. zu 50 Pro- zent Alko- hol nach Tralles bei 12,44 Grad Ré- aumur	2 75	— —	
5	Baden: Branntwein, bei welchem die Berechnung der Ueber- gangsabgabe beziehungsweise Ausfuhrvergütung nach dem Alkoholgehalte erfolgt.	1 Liter Alkohol oder je 100 Literpro- zent	— 18,5	— 12	Die Ausfuhr- vergütung wird nur für Mengen von min- destens 50 Liter ge- währt. Für Brannt- wein, dessen Alko- holgehalt weniger als 35 Prozent (nach Tralles bei 12½ Grad Réaumur) be- trägt, wird eine Aus- fuhrvergütung nicht geleistet.
	Branntwein, bei welchem die Berechnung der Ueber- gangsabgabe bezw. Ausfuhr- vergütung unabhängig vom				

Laufende Nummer	Steuergebiete.	Maßstab	Betrag der Uebergangs- abgabe Mark. Pfg.	Betrag der Ausfuhr- vergütung Mark. Pfg.	Bemerkungen.
	Alkoholgehalte erfolgt: (Li- queure 2c.)	1 Liter	— 16	— 8	Die Ausfuhr- vergütung wird nur für Mengen von min- destens 50 Liter ge- währt.
	III. Von geschrotetem Malz.				
1	Bayern, das Großherzog- lich sächsische Vorbergericht Ostheim und das Herzog- lich sachsen-coburg-gothaische Amt Königsberg				Ein Malzquan- tum, welches weniger als 4 Liter beträgt, bleibt außer Ansatz.
	zur Bierbereitung	1 Hktl.	6 —	— —	
	zur Essigbereitung	1 Hktl.	4 —	— —	
2	Württemberg	50 Klgr. a. geschro- tetes Malz b. ge- quetschtes Grün- malz	5 — 2 80	— — — —	

№ 6. Bekanntmachung,
eine Ausstellung in Königsberg i. Pr. betr., vom 4. Februar 1884. M 686.

In den Tagen vom 22. bis einschließlich den 25. Mai d. Js. wird in Königs- berg i. Pr. eine Ausstellung landwirthschaftlicher Maschinen und Geräthe in Verbin- dung mit einer landwirthschaftlichen Thierschau abgehalten. Den zu dieser Ausstellung aus dem Auslande ein- und nach beendeter Ausstellung wieder dahin zurückgehenden zollpflichtigen Gegenständen ist unter den bestehenden Bedingungen Zollfreiheit zuge- standen worden, was ich hierdurch bekannt gebe.

Erfurt, den 4. Februar 1884.   Der General-Inspektor: Grolig.

Druck von Otto Conrad in Erfurt.

Amtsblatt

des General-Inspektors
des Thüringischen Zoll- und Handels-Vereins.

2tes Stück vom Jahre 1884.

№ 7. Bekanntmachung,
die Ausführung des § 3 des Wechselstempelsteuergesetzes vom 10. Juni 1869 betr.,
vom 16. Februar 1884. Nr. 955.

Der Bundesrath hat zum Zweck der Berechnung der Wechselstempelsteuer und der Reichsstempelabgabe von ausländischen Aktien, Renten- und Schuldverschreibungen den Mittelwerth von Einem österreichischen Gulden Gold auf 2 Mark bestimmt. — (Amtsblatt 1882 S. 10.)

Erfurt, den 16. Februar 1884.   Der General-Inspektor: Grolig.

№ 8. Cirkularverfügung,
Tarazuschläge für Wein und für Petroleum in zum Transport eigens eingerichteten Fahrzeugen ohne anderweite unmittelbare Umschließung betr.,
vom 18. Februar 1884. Nr. 894.

Der Bundesrath hat in der Sitzung vom 31. v. M. beschlossen, daß bei der Einfuhr von Wein, sowie von Petroleum in zum Transport dieser Flüssigkeiten eigens eingerichteten Fahrzeugen ohne anderweitige unmittelbare Umschließung das zollpflichtige Gewicht in der Weise zu ermitteln ist, daß zu dem Eigengewicht der Flüssigkeit
     bei Wein 17 Prozent,
     bei Petroleum 25 Prozent
dieses Gewichts zugeschlagen werden.

   Die aufschriftlich bezeichneten Steuerstellen werden zur Nachachtung hiervon in Kenntniß gesetzt.

Erfurt, den 18. Februar 1884.   Der General-Inspektor: Grolig.

№ 9. **Bekanntmachung**,
ein Verzeichniß gewisser ausländischer Eisenbahnen betr.,
vom 15. März 1884. Nr. 1441.

Nachstehend wird ein Verzeichniß derjenigen ausländischen Eisenbahnen, die zur Zeit dem Vereine deutscher Eisenbahnverwaltungen angehören, für erhebliche Gebrauchszwecke (Verfügung vom heutigen Tage Nr. 1441) bekannt gegeben.

Erfurt, den 15. März 1884. Der General-Inspektor: Grolig.

Verzeichniß

der dem Vereine deutscher Eisenbahn-Verwaltungen angehörenden ausländischen Bahnen.

Nach dem Stande vom 1. Februar 1884.

A. Oesterreichisch-Ungarische Verwaltungen.

	Sitz.
1. Direktion der K. priv. Alföld-Fiumaner Eisenbahn (Großwardein-Essegg)	Budapest.
2. Direktion der Arad-Csanáder Eisenbahn	Arad.
3. Direktion der Arad-Körösvölgyer Eisenbahn	Arad.
4. Direktion der Arad-Temesvárer Eisenbahn	Budapest.
5. Verwaltungsrath der K. K. priv. Aussig-Teplitzer Eisenbahn-Gesellschaft	Teplitz.
6. Direktion der K. K. Militärbahn Banjaluka-Doberlin	Banjaluka.
7. Direktion der Báttaszék-Dombovár-Zákányer (Donau-Drau-) Eisenbahn	Budapest.
8. Verwaltungsrath der K. K. priv. Böhmischen Nordbahn-Gesellschaft	Prag.
9. Verwaltungsrath der K. K. priv. Böhmischen Westbahn	Wien.
10. Verwaltungsrath der a. priv. Buschtiehrader Eisenbahn	Prag.
11. Verwaltungsrath der K. K. priv. Dux-Bodenbacher Eisenbahn	Teplitz.
12. Direktion der K. priv. Fünfkirchen-Barcser Eisenbahn	Budapest.
13. Verwaltungsrath der K. K. priv. Galizischen Carl Ludwig-Bahn	Wien.
14. Verwaltungsrath der K. K. priv. Graz-Köflacher Eisenbahn- und Bergbau-Gesellschaft	Wien.

	Sitz.
15. Direktion der a. p. Kaiser Ferdinands-Nordbahn zugleich für die Mährisch-Schlesische Nordbahn, Ostrau-Friedlander und Kremsierer Eisenbahn (Strecke Hullein-Zborowitz).	Wien.
16. Verwaltungsrath der K. K. priv. Kaiser Franz-Josef-Bahn	Wien.
17. Direktion der K. K. priv. Kaschau-Oderberger Eisenbahn-Gesellschaft	Budapest.
18. Verwaltungsrath der K. K. priv. Lemberg-Czernowitz-Jassy-Eisenbahn-Gesellschaft	Wien.
19. Verwaltungsrath der Mährisch-Schlesien Centralbahn zugleich für die Staatsbahnen Erbersdorf-Würbenthal und Kriegsdorf-Römerstadt.	Wien.
20. Administration der Ersten K. K. priv. Donau-Dampfschifffahrt-Gesellschaft für die Mohács-Fünfkirchener Eisenbahn.	Wien.
21. Verwaltungsrath der K. K. priv. Oesterreichischen Nordwestbahn	Wien.
22. Verwaltungsrath der priv. Oesterreich-Ungarischen Staats-Eisenbahn-Gesellschaft	Wien.
23. K. K. Direktion für Staats-Eisenbahn-Betrieb in Wien (einschließlich der Istrianer und Dalmatinischen Staats-Eisenbahn und Rakonitz-Protiviner Eisenbahn.)	Wien.
24. K. K. Ministerial-Kommission für die Verwaltung der Dniester, Tarnow-Leluchower Staats-Eisenbahn, der Erzherzog Albrechtbahn und der Mährischen Grenzbahn	Wien.
25. Verwaltungsrath der K. K. priv. Eisenbahn Pilsen-Priesen (Komotau)	Prag.
26. Verwaltungsrath der K. K. priv. Prag-Duxer Eisenbahn	Prag.
27. Direktion der Raab-Oedenburg-Ebenfurter Eisenbahn	Budapest.
28. Direktion der K. priv. Ersten Siebenbürger Eisenbahn	Budapest.
29. Verwaltungsrath der K. K. priv. Südbahn-Gesellschaft zugleich für die Wien-Pottendorf-Wiener Neustädter und Leoben-Vordernberger Eisenbahn, sowie für die Staatsbahnstrecken Unterdrauburg-Wolfsberg und Mürzzuschlag-Neuberg.	Wien.
30. Verwaltungsrath der K. K. priv. Süd-Norddeutschen Verbindungsbahn	Wien.
31. Verwaltungsrath der Ersten Ungarisch-Galizischen Eisenbahn	Wien.
32. Direktion der Ungarischen Nordost-Eisenbahn	Budapest.
33. Direktionsrath der Königl. Ungarischen Staats-Eisenbahnen	Budapest.
34. Direktion der Ungarischen Westbahn	Budapest.
35. Verwaltungsrath der K. K. priv. Eisenbahn Wien-Aspang	Wien.

B. **Luxemburgische Verwaltungen.**

	Sitz.
36. Verwaltungsrath der Prinz Heinrich-Eisenbahn-Gesellschaft	Luxemburg.

C. **Andere Vereins-Verwaltungen.**

37. Verwaltungsrath der Chimay-Eisenbahn-Gesellschaft . .	Chimay (Belgien).
38. General-Direktion der Grand Central Belge-Eisenbahn zugleich für die Aachen-Mastrichter Eisenbahn.	Brüssel.
39. Administrationsrath der Holländischen Eisenbahn-Gesellschaft	Amsterdam.
40. Direktion der Lüttich-Mastrichter Eisenbahn-Gesellschaft .	Lüttich.
41. Administrations-Behörde der Niederländischen Central-Eisenbahn	Utrecht.
42. Direktion der Niederländischen Rhein-Eisenbahn-Gesellschaft zugleich für die Ede-Wageningener u. Leiden-Wördener Eisenbahnen.	Utrecht.
43. General-Direktion der Gesellschaft für den Betrieb von Niederländischen Staatsbahnen zugleich für Niederländische Süd-Ostbahn, sowie die Lüttich-Limburger und Almelo-Salzbergener Privatbahnen.	Utrecht.
44. Direktion der Nordbrabant-Deutschen Eisenbahn-Gesellschaft	Gennep.
45. General-Direktion der Königlich Rumänischen Staats-Eisenbahnen	Bukarest.
46. Direktion der Warschau-Wiener und Warschau-Bromberger Eisenbahn	Warschau.

Personalien.

A. Preußen.

1. Der Steueramtsassistent Reichel in Schmalkalden ist am 1. Januar c. als Steueraufseher nach Egeln versetzt und die kommissarische Verwaltung der hierdurch erledigten Assistentenstelle dem berittenen Steueraufseher Rehberg hier übertragen.

2. Zwischen dem Steueraufseher Reisecke zu Herrenbreitungen und dem Grenzaufseher Krehmke zu Harburg hat am 1. März c. ein Stellentausch stattgefunden.

3. Der Steuereinnehmer Blau zu Schleusingen ist am 1. Februar c. als Steueramtsassistent nach Aschersleben versetzt und die hierdurch erledigte Stelle dem Steueramtsassistenten Loose zu Quedlinburg vom 1. April c. ab übertragen.

4. Dem hiesigen Hauptsteueramtsassistenten Hering ist vom 1. April c. ab die Stelle des Obergrenzkontrolers in Myslowitz und die hierdurch erledigte Assistentenstelle dem Hauptzollamtsassistenten Müller zu Ottensen verliehen.

B. Sachsen-Meiningen.

Die durch Versetzung erledigte Steueraufseherstelle in Neuhaus ist dem Steueraufseher Kleinert am 3. März c. verliehen.
Mittheilung des Herzogl. Feldjägerkommandos in Meiningen vom 7. März 1884.

C. Sachsen-Coburg-Gotha.

1. Dem Sergeanten Vetter in Gotha ist die durch das Ableben des Steueramtsdieners Stoll daselbst erledigte Stelle übertragen.
Minist. Restr. d. d. Gotha, 11. Januar 1884.

2. Der Steueramtsaccessist Meyer in Coburg ist zum Steueramtsassistent daselbst ernannt
Minist. Restr. d. d. Gotha, 18. Dezember 1883.

3. Der Bezirksoberkontroleur und Vorstand des Herzgl. Steueramtes in Coburg, Steuerrath Krizel das. wird am 1. April c. in den Ruhestand versetzt und dem Steueramtsrendanten Kraiß das. vom gleichen Zeitpunkte ab die Stelle des zweiten Assessors beim Herzogl. Steuer- und Rentamte in Tenneberg verliehen.
Minist. Restr. d. d. Gotha, 18. u. 21. Februar 1884.

4. Vom 1. April c. an wird
 a. der Obersteuerkontroleur Hofmann in Gotha in gleicher Eigenschaft nach Coburg versetzt und demselben zugleich bis auf Weiteres die Funktionen des Vorstandes des Herzogl. Steueramtes das. kommissarisch übertragen.
 b. der Steueramtsassistent Meyer zu Coburg mit der kommissarischen Verwaltung der Bezirksoberkontroleurstelle in Gotha beauftragt,
 c. der Steueramtskontroleur Buschmann zu Gotha zum Rendanten bei dem Herzogl. Steueramte in Coburg ernannt.
 d. der Steueramtsassistent Schreiner zu Gotha zum Steueramtskontroleur das. befördert und
 e. der Assistent Weidezahl bei dem Herzogl. Steuer- und Rentamt in Tenneberg in gleicher Eigenschaft an das Herzogl. Steueramt in Gotha versetzt.
Minist. Restr. d. d. Gotha, 6. März 1884.

5. Der Feldwebel Schwarzkopf ist vom 1. April c. an als Steueraufseher in Coburg angestellt.
Minist. Restr. d. d. Gotha, 12. März 1884.

D. Schwarzburg-Rudolstadt.

Dem Steueramtsassistenten Wachsleidt in Rudolstadt ist das Prädikat als Steuerkommissair und dem Steuer- und Rentamtsassistenten Wegner in Königsee das Dienstprädikat als Rent- und Steueramtsrendant verliehen.
Fürstl. Schwarzb. Rudolst. Landeszeitung v. 29. Dezbr. 1883, 14. Jrg.

Berichtigung. Am Seite 1 der Nummer 1 des diesjährigen Amtsblattes muß es in Spalte 2 heißen:
 "II. Von Branntwein.
Die unter 1. Nr. 1 genannten Staaten und Gebietstheile mit Ausschluß der hohenzollernschen Lande Preußens und Luxemburgs, und Elsaß-Lothringen."

Druck von Otto Conrad in Erfurt.

Amtsblatt

des General-Inspektors
des Thüringischen Zoll- und Handels-Vereins.

3tes Stück vom Jahre 1884.

№ 10. Cirkularverfügung,
Abänderungen der bisherigen Tarasätze für unbearbeitete Tabackblätter und Stengel betr., vom 4. April 1884. Nr. 1783.

Der Bundesrath hat in der Sitzung vom 20. v. Mts. — § 129 der Protokolle — beschlossen, daß für unbearbeitete Tabackblätter und Stengel (Nr. 25 v. 1 des Zolltarifs) an Stelle der bisherigen für die Verzollung maßgebenden Tarasätze die nachstehend angegebenen Sätze zu treten haben:

26 in Kisten von 175 kg und darunter,
22 in Kisten von mehr als 175 kg,
12 in Fässern von 700 kg und darunter,
8 in Fässern von mehr als 700 kg,
18 in Körben aus Weidenruthen,
22 in Körben aus Weidenruthen, in Leinen emballirt,
21 in Körben aus Weidenruthen, ohne Deckel, in Leinen emballirt,
10 in Körben aus hartem Schilfgeflecht (Rohrgeflecht) ausgelegt mit Schilfblättern, geschnürt mit Baststricken,
8 in Umschließungen aus Thierhäuten,
13 in Umschließungen aus Bastplatten oder dicken Palmblättern (dicken Palmblatt-Platten) geschnürt mit Baststricken, auch in Leinen emballirt,
12 in Umschließungen aus Schilfgeflecht, ausgelegt mit Bastplatten oder dicken Palmplättern (dicken Palmblatt-Platten) geschnürt mit Hanfstricken, auch in Leinen emballirt,
5 in Umschließungen aus Schilfplatten, geschnürt mit Baststricken, auch in Leinen emballirt,
5 in Umschließungen aus Leinen oder Jute, mit Unterlage von dünnen Bastplatten oder dünnen Palmblättern (dünnen Palmblatt-Platten),
5 in Umschließungen aus Schilf- und Haargeflecht, häufig auch aus Leinen zusammengesetzt,
3 in Umschließungen aus feinem, hartem Bast- oder Rohrgeflecht,
2 in Umschließungen aus feinen Binsenmatten,

2 in einfacher Umschließung aus schwerem Leinen,
1 in einfacher Umschließung aus leichtem Leinen.

Diesem Beschluße ist alsbald zu entsprechen und außerdem der Taratarif sofort zu berichtigen.

Erfurt, den 4. April 1884. Der General-Inspektor: Grolig.

№ 11. Bekanntmachung,
eine Ausstellung in Wien betr., vom 10. April 1884. Nr. 1873.

Im laufenden Jahre findet in Wien eine internationale Ausstellung von Motoren und Werkzeugmaschinen für das Kleingewerbe statt, und soll den zu diesem Zwecke dahin versandten und von da zurückkommenden zollpflichtigen Gegenständen unter den bestehenden Bedingungen zollfreier Wiedereingang gewährt werden, was ich unter Hinweisung auf die Cirkularverfügung vom 24. Januar 1865 Nr. 131 hierdurch bekannt mache.

Erfurt, den 10. April 1884. Der General-Inspektor: J. B. Schred.

№ 12. Bekanntmachung,
das Regulativ für Theilungsläger betr., vom 12. April 1884. Nr. 1910.

Der Bundesrath hat beschlossen, das Regulativ für Theilungsläger (Amtsblatt 1872 S. 2 ff.) dahin abzuändern, daß in § 8 Absatz 1 statt der Worte: „Bei Eisen-Theilungslägern" gesetzt wird: „Bei Eisen- und Petroleum-Theilungslägern" und in § 10 der dritte Absatz folgende Fassung erhält:

Bei anderen zum Theilungsläger zugelassenen Flüssigkeiten können nach Anordnung der Direktivbehörde die Bestimmungen für die Wein- und Spirituosen-Theilungsläger ebenfalls in Anwendung gebracht werden.

Erfurt, den 12. April 1884. Der General-Inspektor: Grolig.

№ 13. Cirkularverfügung,
Befugnißerweiterung des Großherzoglichen Steueramtes in Jena betr., vom 21. April 1884. Nr. 2026.

Mit Zustimmung der bei dem Thüringischen Zoll- und Handelsvereine betheiligten hohen Regierungen ist beschlossen worden, dem Großherzoglichen Steueramte in Jena die unbeschränkte Befugniß zur Ausfertigung von Begleitscheinen I und II, sowie neben der — ihm bereits zustehenden — Befugniß zur Erhebung der Stempelsteuer und der Abstempelung inländischer Spielkarten die gleiche Befugniß in Beziehung auf die vom Auslande eingehenden ungestempelten Spielkarten und zwar
vom 1. Mai d. Js. an
zu ertheilen. Die Stellenverzeichnisse sind zu berichtigen.

Erfurt, den 21. April 1884. Der General-Inspektor: Grolig.

№ 14. Bekanntmachung,
die Kontrole der Erhebung und Verwaltung der Zölle und Brausteuer in den Hohenzollern'schen Landen betr., vom 27. Mai 1884. Nr. 2742.

In Gemäßheit höherer Anweisung bringe ich hiermit zur Kenntniß der resp. Steuerbehörden im Thüringischen Vereinsgebiete, daß die Hohenzollern'schen Lande bezüglich der Kontrole der Erhebung und Verwaltung der Zölle und der Brausteuer als ein besonderer, durch einen in Sigmaringen zu stationirenden Obersteuerkontroleur zu verwaltender Oberkontrolebezirk dem Hauptsteueramt in Frankfurt a. M. und somit dem Bezirke der Königlichen Provinzial-Steuer-Direktion in Cassel zugetheilt werden.

Die Geschäfte der dem Königlichen Hauptsteueramte zu Frankfurt a. M. untergeordneten Hebestellen sind einstweilen den Oberamtssekretairen in Gammertingen, Haigerloch und Sigmaringen, bezw. der mit der Regierungs-Haupt-Kasse in Sigmaringen verbundenen Bezirkssteuerkasse, sowie dem Untersteueramt in Hechingen zur selbständigen Verwaltung übertragen worden.

Erfurt, den 27. Mai 1884.   Der General-Inspektor: Grolig.

Personalien.

A. General-Inspektion.

1. Dem ersten Amtsgehülfen des General-Inspektors, Ober-Regierungsrath Schreck, wurde aus Anlaß seines 50jährigen Dienstjubiläums verliehen:
von Sr. Majestät dem Deutschen Kaiser und König von Preußen der Kronenorden II. Klasse,
von Sr. Königlichen Hoheit dem Großherzog von Sachsen das Komthurkreuz II. Klasse des Großherzoglich Sächsischen Hausordens vom Weißen Falken,
von Ihren Hoheiten den regierenden Herzögen von Sachsen Ernestinischer Linie das Komthurkreuz II. Klasse des Herzoglich Sachsen-Ernestinischen Hausordens,
von Ihren Durchlauchten, den regierenden Fürsten von Schwarzburg-Sondershausen und Schwarzburg-Rudolstadt das Fürstlich Schwarzburgische Ehrenkreuz I. Klasse,
von Sr. Durchlaucht dem regierenden Fürsten Reuß ä. L. zu Greiz das Fürstlich Reuß ä. L. Civil-Ehrenkreuz I Klasse.
2. Dem Sekretair Panzerbieter wurde von Sr. Hoheit dem Herzog von Sachsen-Meiningen das dem Herzoglich Sachsen-Ernestinischen Hausorden affiliirte Verdienstkreuz verliehen.

B. Sachsen-Weimar.

1. An Stelle des versetzten Assistenten Hahn bei der Großh. Steuerrezeptur in Vacha ist der Assistent Neumärker am 1. Mai c. getreten.

Minist. Restr. d. d. Weimar, 29. März 1884.

2. Der Rechnungsamtmann Reim in Ilmenau ist auf sein Ansuchen vom 1. Juli cr. an zur Disposition gestellt und vom gleichen Zeitpunkte an der Ministerialrevisor Menneken in Weimar zum Vorstande der Großherzogl. Steuerrezeptur zu Ilmenau mit dem Dienstprädikate Rechnungsamtmann ernannt.

Minist. Restr. d. d. Weimar, 18. April 1884.

C. **Sachsen-Altenburg.**

1. Dem Steueraufseher Müller in Ehrenhain ist die erledigte Stelle eines Assistenten bei dem vereinsländischen Hauptzollamte in Hamburg vom 1. Mai c. ab übertragen.

   Minist. Restr. d. d. Altenburg, 7. April 1884.

2. Dem Revisionsinspektor Wille in Altenburg ist das Prädikat „Oberrevisor" verliehen und der Hauptsteueramts-Assistent Thieme das. zum Kontroleur ernannt.

   Minist. Restr. d. d. Altenburg, 16. Mai 1884.

3. Der Militairanwärter Fahr ist zum Steueraufseher in Ehrenhain ernannt.

   Minist. Restr. d. d. Altenburg 16. Mai 1884.

D. **Schwarzburg-Rudolstadt.**

Der Steueraufseher Trutschel in Leutenberg ist am 1. Mai c. in den Ruhestand getreten, der Steueraufseher Schwager in Oberweißbach nach Leutenberg versetzt und dem Vicefeldwebel Peterlid die Steueraufseherstelle in Oberweißbach verliehen.

Minist. Restr. d. d. Rudolstadt, 11. März, 2. u. 21. April 1884.

E. **Reuß ä. L.**

Dem Steueramtsaccessisten Lippoldt in Greiz ist vom 1. April c. ab die Stelle des 3. Steueraufsehers im Steuerbezirke Greiz übertragen.

Restr. der Fürstl. Landesregierung d. d. Greiz, 9. April 1884.

F. **Reuß j. L.**

Dem Steueraufseher Hemmann in Schleiz wird zum 1. August c. die erledigte Stelle des zweiten Assistenten bei dem Fürstlichen Steueramte in Lobenstein übertragen.

Minist. Restr. d. d. Gera, 16. April 1884.

Druck von Otto Conrad in Erfurt.

Amtsblatt
des General-Inspektors
des Thüringischen Zoll- und Handels-Vereins.

4tes Stück vom Jahre 1884.

№ 15. Cirkularverfügung,
die Uebergangsabgaben- und Rückvergütungssätze in Bayern betr., vom 10. Juni 1884. Nr. 2964.

Die in Bayern erhobenen Uebergangsabgaben- und Malzaufschlag-Rückvergütungs-Sätze, welche sich in der im ersten Stück meines diesjährigen Amtsblatts veröffentlichten Uebersicht der Uebergangsabgaben und Ausfuhrvergütungen rc. unter I. 2 und III. 1 für Bier bez. das zur Bierbereitung bestimmte geschrotete Malz aufgeführt finden, bleiben auch in den Jahren 1884 und 1885 in Geltung, was ich hierdurch bekannt gebe.

Erfurt, den 10. Juni 1884.   Der General-Inspektor: J. V. Schreck.

№ 16. Bekanntmachung,
eine Ausstellung in München betr., vom 16. Juni 1884. Nr. 3046.

Das Generalkomité des landwirthschaftlichen Vereins in Bayern in Verbindung mit dem milchwirthschaftlichen Vereine, domizilirt in Bremen, veranstaltet im Jahre 1884 eine deutsche Molkerei-Ausstellung in München, deren Eröffnung am 2. Oktober d. J. im k. Glaspalaste stattfinden soll. Für diese Ausstellung werden auch Betriebsmittel und Hilfsstoffe, sowie wissenschaftliche Gegenstände für die Milchwirthschaft aus dem Auslande eingehen und es ist für diejenigen Gegenstände, welche zu der in Rede stehenden Ausstellung vom Auslande eingehen und nach beendigter Ausstellung nach dem Auslande zurückgesendet werden, soweit sie nicht schon tarifmäßig zollfrei sind, auf Antrag die Befreiung vom Eingangszolle bewilligt worden, was ich hierdurch bekannt gebe.

Erfurt, den 16. Juni 1884.   Der General-Inspektor: J. V. Schreck.

№ 17. Cirkularverfügung,

die Denaturirung von Salz mittelst Karbolsäure betr., vom 26. Juni 1884. Nr. 3195.

Der Bundesrath hat in der Sitzung vom 29. Mai d. J. beschlossen, daß Karbolsäure als Denaturirungsmittel für Salz fernerhin nicht mehr zugelassen werde.

Den betreffenden Gewerbetreibenden rücksichtlich Salzwerksbesitzern ist ergeblich hiervon Kenntniß zu geben.

Erfurt, den 26. Juni 1884.   Der General-Inspektor: Grolig.

№ 18. Bekanntmachung,

die probeweise Feststellung des Nettogewichts des mit dem Anspruche auf Steuervergütung in Kisten ausgehenden rangirten Würfelzuckers betr., vom 22. Juli 1884. Nr. 3661.

Der Bundesrath hat in der Sitzung vom 24. v. M. — §. 333 der Protokolle — beschlossen, in Ergänzung früherer Feststellungen folgende Bestimmung zu treffen:

1. Die Feststellung des Nettogewichts des mit dem Anspruche auf Steuervergütung in Kisten ausgehenden rangirten Würfelzuckers bei Posten von 6 bis einschließlich 18 Kisten kann probeweise in der Art erfolgen, daß 6 Kisten davon ausgesondert werden und aus diesen durch Herausnahme von je einer Seite eine Kiste gebildet und verwogen wird.
2. Das deklarirte Nettogewicht wird der Berechnung der Steuervergütung zu Grunde gelegt, wenn dasselbe das bei der Probeverwiegung ermittelte Gewicht nicht um mehr als 2 Prozent übersteigt. Ist der Unterschied erheblicher, so ist die ganze Post netto zu verwiegen.

Hiernach ist vorkommenden Falles zu verfahren.

Erfurt, den 22. Juli 1884.   Der General-Inspektor: Grolig.

№ 19. Cirkularverfügung,

das Thüringische Steuerstellen- und Ortschaftsverzeichnis betr., vom 25. Juli 1884.
Nr. 3767.

1. Bei dem Herzoglich Sächsischen Steueramte in Wasungen ist eine öffentliche Niederlage für unversteuerten inländischen Tabak errichtet worden.
2. Am 1. August d. Js. wird in Ritschenhausen (Steuerhebebezirk Meiningen) ein Herzoglich Sächsisches Uebergangssteueramt errichtet.
   Demselben werden folgende **unbeschränkte** Befugnisse verliehen:
   a. Erhebung von Uebergangsabgaben,
   b. Ausfertigung und Erledigung von Uebergangsscheinen,
   c. Abfertigung von bonifikationsfähigem Bier und Branntwein im Exportverkehr (einschließlich der Uebergangsbescheinigung),

d. Wiederanlegung des amtlichen Verschlusses an Eisenbahnwagen bei Verschlußverletzungen.
3. Der Ort Rohna ist von dem Steuerrezepturbezirke Auma abgetrennt und dem Steuerhebe- und Kontrole-Bezirk Weida zugetheilt worden.
Die betr. Stellenverzeichnisse sind hiernach zu ergänzen.

Erfurt, den 26. Juli 1884.   Der General-Inspektor: **Grolig**.

№ 20. **Bekanntmachung**,
eine **Ausstellung in Berlin** betr., vom 26. Juli 1884. Nr. 3736.

In Berlin wird vom 17.—24. August d. J. eine Bäckerei- und Konditorei-Ausstellung stattfinden, zu welcher auch ausländischen Gegenständen, soweit sie nicht schon tarifmäßig zollfrei sind, der zollfreie Ein- und Wiederausgang unter den bestehenden Bedingungen gestattet worden ist, was ich hierdurch bekannt gebe.

Erfurt, den 26. Juli 1884.   Der Generalinspektor: **Grolig**.

Personalien.

A. Sachsen-Weimar.

Der Steueramtsrendant **Hugo** in Eisenach ist vom 1. Oktober c. ab in den Ruhestand versetzt und demselben gleichzeitig das Prädikat „Steuerrath" verliehen.

Minist. Reskr. d. d. Weimar, 17. Juni 1884.

B. Sachsen-Meiningen.

1. An Stelle des abberufenen Revisionsassistenten **Böckler** wird vom 16. Juli c. ab der Revisionsassistent **Bäron** in Meiningen bei dem Herzogl. Salzsteueramte in Salzungen beschäftigt.

Minist. Reskr. d. d. Meiningen, 9. Juli 1884.

2. Dem Revisionsassistenten **König** sind die Funktionen des Verwalters des neu errichteten Herzoglichen Uebergangssteueramtes in Ritschenhausen übertragen; zum zweiten Beamten der genannten Stelle ist der Revisionsassistent **Most** ernannt.

Minist. Reskr. d. d. Meiningen, 21. Juli 1884.

C. Sachsen-Altenburg.

1. Der Finanzkontroleur **Kluge** in Eisenberg ist in gleicher Eigenschaft an das Herzogl. Steuer- und Rentamt in Altenburg versetzt und an dessen Stelle der Steuer- und Rentamts-Assistent **Miller** getreten; der Steueraufseher **Günther** in Altenburg ist zum Steuer- und Rentamts-Assistenten das. ernannt.

Minist. Reskr. d. d. Altenburg, 23. Mai 1884.

Noch C. **Sachsen-Altenburg.**

2. Der Steuerdienstanwärter Koppe ist vom 1. Juli c. ab zum Steueraufseher in Roda ernannt, der Steueraufseher Müller daselbst von demselben Zeitpunkte ab nach Ronneburg und der Steueraufseher Heyner von da nach Altenburg versetzt.

Minist. Restr. d. d. Altenburg, 27. Juni 1884.

D. **Schwarzburg-Sondershausen.**

Der Steueraufseher Stahn in Gehren wird am 1. Oktober c. versetzt und die hierdurch erledigte Stelle dem Steueraufseher Wid übertragen.

Minist. Restr. d. d. Sondershausen, 10. Juli 1884.

E. **Reuß j. L.**

Die zur Erledigung kommende Steueraufseherstelle in Schleiz wird von Anfang August c. ab dem Hülfssteueraufseher Planert in Gera übertragen.

Minist. Restr. d. d. Gera, 5. Juni 1884.

Druck von Otto Conrad in Erfurt.

ND. 23

Amtsblatt
des General-Inspektors
des Thüringischen Zoll- und Handels-Vereins.

5tes Stück vom Jahre 1884.

№ 21. Bekanntmachung,
eine Ausstellung in Königsberg i/Pr. betr., vom 4. September 1884. Nr. 4640.

In Königsberg i/Pr. wird in der Zeit vom 8. bis 12. September d. Js. eine internationale Ausstellung von lebenden Bienen, Bienenwohnungen, Erzeugnissen, Geräthen, Sammlungen und Hülfsmitteln der Bienenzucht veranstaltet, zu welcher auch zollpflichtige ausländische Gegenstände unter den bekannten Bedingungen und Voraussetzungen zollfrei ein- bez. wieder ausgeführt werden können, was ich hierdurch bekannt gebe.

Erfurt, den 4. September 1884.   Der General-Inspektor: Grolig.

№ 22. Bekanntmachung,
tarifarische Bestimmungen betr., vom 4. September 1884. Nr. 4657.

Nachstehende tarifarische Entscheidungen des Königlichen Finanzministeriums in Berlin werden zur Kenntnißnahme und ergebichen Beachtung hierdurch veröffentlicht.
1. Eiserne Cylinder und Walzen, (als Einsätze für Krempelmaschinen bestimmt), welche mit s. g. Sägezahnkratzen in der Art garnirt sind, daß in, auf der äußeren Metallwand angebrachte, spiralförmige Einschnitte stählerne Sägeblätter eingesetzt sind, gehören auf Grund der Bestimmung zu „Kratzen" und „Wollkratzen" auf Seite 196 und Seite 394 des amtlichen Waarenverzeichnisses zu Nr. 15. b. d. Tarifs.
2. Hutgestelle, zusammengedrückte von alten Cylinderhüten, deren Schauseite von Felbel entblößt und deren Innenseite des Futters ermangelt, sind als Hutformen aus zusammengeklebten, zugeschnittenen Lagen von Zeugstoff (s. g. Hutkalotten) anzusprechen und gemäß der Bestimmung auf Seite 162 des amtlichen Waarenverzeichnisses wie Kleider und Putzwaaren, mithin hingesehen auf die Vorschrift unter 2. c. auf Seite 181 a. a. O. nach Nr. 18. c. des Tarifs mit 300 ℳ für 100 kg zu verzollen.

3. **Mohairlocken**, in Lockenform gebrachte, zum Zweck der schoneneren Verpackung am oberen Ende mit Bindfaden umwickelte gefärbte Mohairhaare, sind als Haararbeit aus Haarimitation nach 11. d des Tarifs zu verzollen, da es sich bei dieser Waare weder um nur in Lockenform gelegte, noch um nur gekämmte Mohairwaare, sondern vielmehr um eine mit Hülfe von Maschinen aus einem zur Haarimitation dienenden Material hergestellte Haararbeit handelt, die überdies auch unmittelbar als Locken verwendet werden kann.

4. **Schuhmacherwaaren**, ordinäre, aus lohgarem geschwärzten geglätteten Leder sind nach Nr. 21. d. des Tarifs mit 70 ℳ. für 100 kg zur Verzollung zu ziehen.

Nach der Anmerkung zu „Leder" auf Seite 210/211 des amtlichen Waarenverzeichnisses sind als bloß geschwärzte Häute nur lohgare, ordinär schwarz gemachte, jedoch keiner weiteren Appretur (durch Glättung, Chagrinirung ꝛc.) unterzogene Leder anzusehen. (Geschwärzte Leder, die eine solche weitere Appretur erfahren haben, fallen mithin unter Nr. 21. b. des Tarifs; folgeweise sind Waaren aus zu Nr. 21. b. gehörigem Leder gefertigt, als feine Lederwaaren zu behandeln, gleichviel ob das Schwärzen und die weitere Bearbeitung am Rohmaterial oder an der fertigen Waare vorgenommen wurde.

5. **Tomaten**, s. g. Liebesäpfel, sind nicht zu den Südfrüchten, sondern zu den im Tarif anderweitig nicht genannten Erzeugnissen des Landbaues zu rechnen und daher im frischen Zustande nach Nr. 9. g. des Tarifs zollfrei zu lassen.

6. **Mit Seide gemischte Zeugwaaren** aus Wolle ꝛc., bei welchen sich, — wenn es auch nicht gelingt, beim Auftrennen des Gewebefadens einen zusammenhängenten nur aus Seide bestehenden Faden, oder einen solchen aus Wolle klar zu legen, — die Seide doch, wenn auch in einem losen Zusammenhange, derartig durch die ganze Länge des Gewebefadens zieht, daß sie an jedem Querschnitt des Fadens deutlich nachweisbar ist, sind gemäß der Bestimmung in Nr. 30 f des Tarifs in Verbindung mit der Anmerkung 2 zu dieser Tarifnummer mit 300 ℳ für 100 kg. zur Verzollung zu ziehen; denn die Verzollung mit Seide gemischter Zeugstoffe nach der Tarifnummer 30. f ist nicht davon abhängig, daß Seide in Form eines Fadens, sondern davon, daß Seide überhaupt sich zusammenhängend durch die ganze Länge des Gewebefadens zieht.

Erfurt, den 4. September 1884.　　　　Der General-Inspektor: **Grolig**.

№ 23. Cirkularverfügung,

die Unterscheidungs-Merkmale der hochsiedenden schweren Steinkohlentheeröle von anderen Mineralölen betr., vom 9. September 1884. Nr. 4734.

Die in dem amtlichen Waarenverzeichniß zum Zolltarif Seite 266 Anmerkung 1 und in dem dritten Nachtrag desselben Seite 18 Anmerkung zu b. vorgeschriebene Prüfungsmethode zur Unterscheidung der hochsiedenden schweren Steinkohlentheeröle, namentlich der sogenannten Anthracenöle, von anderen Mineralölen, führt nach einem Gutachten der Königlichen technischen Deputation für Gewerbe und zahlreichen Beschwerden von Interessenten gegenwärtig nicht mehr zu zuverlässigen Resultaten, da die Zusammensetzung der einzelnen Oelsorten inzwischen vielfach wesentliche Aenderungen erfahren hat. Es ist deshalb die Aufstellung anderer Unterscheidungsmerkmale auf Grund noch anzustellender Ermittelungen in Aussicht genommen worden.

Die aufschriftlich genannten Steuerstellen werden angewiesen, bis auf Weiteres in allen Fällen, wo Steinkohlentheeröl deklarirt, von den Abfertigungsbeamten jedoch auf Grund des jetzigen Prüfungsverfahrens ein anderes Mineralöl ermittelt wird, mit besonderer Sorgfalt Proben zu entnehmen und eine Untersuchung durch Sachverständige eintreten zu lassen. Eventuell wird einem Berichte entgegengesehen.

Erfurt, den 9. September 1884.   Der General-Inspektor: **Grolig.**

№ 24. Bekanntmachung,
ein anderweites Verzeichniß gewisser ausländischer Eisenbahnen nach dem Stande vom Juli 1884 betr., vom 17. September 1884. Nr. 4937.

Nachstehend wird ein Verzeichniß derjenigen ausländischen Eisenbahnen, die zur Zeit dem Vereine deutscher Eisenbahnverwaltungen angehören, für erhebliche Gebrauchszwecke bekannt gegeben.

Erfurt, den 17. September 1884.   Der General-Inspektor: J. B **Schred.**

Verzeichniß
der dem Vereine deutscher Eisenbahn-Verwaltungen angehörigen ausländischen Bahnen.
Nach dem Stande vom Juli 1884.

A. Oesterreichisch-Ungarische Verwaltungen.

	Sitz.
1. Direktion der K. priv. Alföld-Fiumaner Eisenbahn (Großwardein-Essegg)	Budapest.
2. Direktion der Arad Csanáder Eisenbahn	Arad.
3. Direktion der Arad Körösthaler Eisenbahn	Arad.
4. Direktion der Arad Temesvárer Eisenbahn	Budapest.
5. Verwaltungsrath der K. K. priv. Aussig Teplitzer Eisenbahn-Gesellschaft	Teplitz.
6. Direktion der K. K. Militärbahn Banjaluka Doberlin	Banjaluka.
7. Verwaltungsrath der K. K. priv. Böhmischen Kommerzialbahnen	Wien.
8. Verwaltungsrath der K. K. priv. Böhmischen Nordbahn-Gesellschaft	Prag.
9. Verwaltungsrath der K. K. priv. Böhmischen Westbahn	Wien.

		Sitz.
10.	Direktion der Budapest-Fünfkirchener Eisenbahn-Aktien-Gesellschaft	Budapest.
11.	Verwaltungsrath der a. priv. Buschtiehrader Eisenbahn	Prag.
12.	Verwaltungsrath der K. K. priv. Dur-Bodenbacher Eisenbahn	Teplitz.
13.	Direktion der K. priv. Fünfkirchen-Barcsér Eisenbahn	Budapest.
14.	Verwaltungsrath der K. K. priv. Galizischen Carl-Ludwig-Bahn	Wien.
15.	Verwaltungsrath der K. K. priv. Graz-Köflacher Eisenbahn- und Bergbau-Gesellschaft	Wien.
16.	Direktion der a. p. Kaiser Ferdinands-Nordbahn	Wien.
17.	Direktion der K. K. priv. Kaschau-Oderberger Eisenbahn-Gesellschaft	Budapest.
18.	Verwaltungsrath der K. K. priv. Lemberg-Czernowitz-Jassy-Eisenbahn-Gesellschaft	Wien.
19.	Verwaltungsrath der Mährisch-Schlesischen Centralbahn	Wien.
20.	Administration der Ersten K. K. priv. Donau-Dampfschifffahrts-Gesellschaft für die Mohács-Fünfkirchener Eisenbahn	Wien.
21.	Verwaltungsrath der K. K. priv. Oesterreichischen Nordwestbahn	Wien.
22.	Verwaltungsrath der priv. Oesterreichisch-Ungarischen Staats-Eisenbahn-Gesellschaft	Wien.
23.	K. K. General-Direktion der Oesterreichischen Staatsbahnen	Wien.
24.	K. K. Ministerial-Kommission für die Verwaltung der Dniester- und Tarnow-Leluchower Staatsbahn, der Erzherzog Albrecht-bahn und der Mährischen Grenzbahn	Wien.
25.	Verwaltungsrath der K. K. priv. Prag-Duxer Eisenbahn	Prag.
26.	Direktion der Raab-Oedenburg-Ebenfurter Eisenbahn	Budapest.
27.	Verwaltungsrath der K. K. priv. Südbahn-Gesellschaft	Wien.
28.	Verwaltungsrath der K. K. priv. Süd-Norddeutschen Verbindungsbahn	Wien.
29.	Verwaltungsrath der Ersten Ungarisch-Galizischen Eisenbahn	Wien.
30.	Direktion der Ungarischen Nordost-Eisenbahn	Budapest.
31.	Direktion der Königlich Ungarischen Staats-Eisenbahnen	Budapest.
32.	Direktion der Ungarischen Westbahn	Budapest.
33.	Verwaltungsrat der K. K. priv. Eisenbahn Wien-Aspang	Wien.

B. Niederländische und Luxemburgische Verwaltungen.

1.	Administrationsrath der Holländischen Eisenbahn-Gesellschaft	Amsterdam.
2.	Administrationsbehörde der Niederländischen Central-Eisenbahn	Utrecht.
3.	Direktion der Niederländischen Rhein-Eisenbahn-Gesellschaft	Utrecht.
4.	General-Direktion der Gesellschaft für den Betrieb von Niederländischen Staatsbahnen	Utrecht.
5.	Direktion der Nordbrabant-Deutschen Eisenbahn-Gesellschaft	Gennep.
6.	Verwaltungsrath der Prinz Heinrich-Eisenbahn-Gesellschaft	Luxemburg.

C. Andere Vereins-Verwaltungen.

	Sitz
1. Verwaltungsrath der Chimay-Eisenbahn-Gesellschaft	Chimay. (Belgien)
2. General-Direktion der Grand-Central-Belge-Eisenbahn . . .	Brüssel.
3. Direktion der Lüttich-Mastrichter Eisenbahn-Gesellschaft . .	Lüttich.
4. General-Direktion der Königlich-Rumänischen Staats-Eisenbahnen	Bukarest.
5. Direktion der Warschau-Wiener und Warschau-Bromberger Eisenbahn	Warschau.

№ 25. **Bekanntmachung,**

Zollerleichterungen im Veredelungsverkehr mit Roheisen betr.,
vom 1. Oktober 1884. Nr. 5114.

Durch Bundesrathsbeschluß vom 5. Juli d. J. (§ 379 der Protokolle) ist den obersten Landes-Finanzbehörden die Ermächtigung ertheilt worden:

a. denjenigen Eisenwerken, welche vor Erlaß des Bundesrathsbeschlusses vom 28. März 1882 (§ 165 der Protokolle) im Besitz der Begünstigung gewesen sind, sowohl ausländisches Roheisen im Veredelungsverkehr unter der Bedingung der Ausführung der daraus gefertigten Fabrikate zollfrei einzuführen, als auch in ihre Privatniederlage für ausländisches Roheisen das zur Verarbeitung mit demselben bestimmte inländische Eisen unter der Bedingung aufnehmen zu dürfen, daß es dadurch die Eigenschaft unverzollter ausländischer Waare annehme, auf Nachsuchen eine Zollerleichterung dadurch zu gewähren, daß denselben die auf Grund der vorgeschriebenen vierteljährlichen Abrechnungen über das von der Niederlage abgemeldete und das in Fabrikaten zur Ausfuhr gelangte zollpflichtige Eisen bis zu dem oben bezeichneten Zeitpunkte ihnen zur Last gelegte Zollschuld bis zu demjenigen Betrage erlassen werde, den sie bei sofortiger Verzollung des für den Veredelungsverkehr von der Niederlage abgemeldeten ausländischen Roheisens zu entrichten gehabt haben würden,

b. in Abweichung von der Vorschrift in Ziffer 6. der Anlage A zu Nr. 2 des Schlußprotokolls zum Zollvereinigungsvertrage vom 8. Juli 1867 eine Verlängerung der Ausfuhrfrist zu gestatten, wenn die in einem Quartale von der Niederlage abgemeldete Menge Roh- und Brucheisen in Folge Eintritts außerordentlicher unverschuldeter Umstände in dem darauf folgenden Quartal nicht hat ausgeführt werden können.

Erfurt, den 1. Oktober 1884.   Der General-Inspektor: J. B. Schreck.

Personalien.

A. General-Inspektion.

Dem seit dem 1. Juli d. J. mit der kommissarischen Verwaltung einer Assessorstelle bei der General Inspektion betrauten Großherzoglich Sächs. Gerichtsassessor Dr. Pohle aus Jena ist von Sr. Königlichen Hoheit dem Großherzog von Sachsen der Titel Regierungsassessor verliehen.

B. Preußen.

1. Die Rübenzuckersteueraufseher Brückner, Damm und Trillhaase in Walschleben sind auf Ansuchen vom 1. Oktober d. J. ab in den Ruhestand versetzt.
2. Den Steueraufsehern Bunzel zu Artern und Gundermann zu Eisleben sind vom 1. Oktober d. J. ab Stellen als Rübenzuckersteueraufseher in Walschleben verliehen.

C. Sachsen-Weimar.

Der Obersteuerkontroleur Hosäus zu Weida ist vom 1. Oktober c. ab zum Steueramtsrendanten in Eisenach, der Steueramtsassistent Stütz das. zum Obersteuerkontroleur in Weida ernannt und dem Rechnungsamts-accessisten Kraunig in Ilmenau die kommissarische Verwaltung der Steueramtsassistenstelle in Eisenach übertragen.

Minist. Restr. d. d. Weimar, 22. August u. 13. Septbr. 1884.

D. Sachsen-Meiningen.

1. An Stelle des nach Gräfenthal versetzten Revisionsassistenten Bäron wird vom 16. Oktober c. ab der Rechnungspraktikant Roth bei dem Herzogl. Salzsteueramte in Salzungen beschäftigt.

Minist. Restr. d. d. Meiningen, 20. Septbr. 1884.

2. Der Revisionsassistent Moch in Gräfenthal ist vom 16. Oktober c. ab an Stelle des abberufenen Amtsassistenten Sontag nach Römhild versetzt.

Minist. Restr. d. d. Meiningen, 12. u. 20. Septbr. 1884.

E. Sachsen-Altenburg.

1. Der Steueraufseher Heuner in Altenburg ist mit Tode abgegangen.
2. Der Steuerdienstkandidat Petzold ist zum Steueraufseher in Meuselwitz ernannt und der Steueraufseher Jäger von da nach Altenburg versetzt.

Minist. Restr. d. d. Altenburg, 16. Septbr. 1884.

F. Schwarzburg-Sondershausen.

1. Der Dienstantritt des Steueraufsehers **Eid** in **Gehren** ist schon am 1. Septbr. c. erfolgt. (cfr. Bekanntm. in Nr. 4 des Amtsblattes de 1884.)

   Minist. Reskr. d. d. Sondershausen, 23. August 1884.

2. Dem Fürstlichen Obersteuerkontroleur, Steuerrath **Berger** in **Arnstadt** wurde aus Anlaß seines 50 jährigen Dienstjubiläums verliehen:
   - von Sr. Königl. Hoheit dem Großherzog von Sachsen das Ritterkreuz II. Klasse des Großh. S. Hausordens,
   - von Sr. Hoheit dem Herzog von Sachsen-Coburg-Gotha das Ritterkreuz I. Klasse des Herzogl. S. Ernest. Hausordens,
   - von Ihren Durchlauchten den Fürsten von Schwarzburg-Sondershausen und Schwarzburg-Rudolstadt das Fürstliche Ehrenkreuz II. Klasse.

G. Reuß ä. L.

Der Steueramtsassistent **Möve** in **Greiz** ist auf sein Ansuchen vom 1. Septbr. c. ab in den ehrenvollen Ruhestand versetzt.

Reskr. der Fürstl. Landesregierung d. d. Greiz, 4. August 1884.

Druck von Otto Conrad in Erfurt.

Amtsblatt

des General-Inspektors
des Thüringischen Zoll- und Handels-Vereins.

6tes Stück vom Jahre 1884.

№ 26. **Bekanntmachung,**
eine Ausstellung in Berlin betr., vom 21. Oktober 1884. Nr. 5693.

Seitens des Kunsthändlers Fritz Gurlitt in Berlin wird im Gebäude der Königlichen Akademie daselbst eine öffentliche Ausstellung von Skulpturen des Bildhauers Adolf Hildebrand in Florenz veranstaltet, deren Eröffnung am 20 d. Mts. stattfinden soll, und deren Dauer für 2 Monate in Aussicht genommen worden ist.

Auch ausländischen Gegenständen dieser Art, welche zu der fraglichen Ausstellung eingehen, nur nach deren Beendigung wieder zurückgehen, ist unter den bekannten Bedingungen und Voraussetzungen, soweit sie nicht schon an sich tarifmäßig zollfrei sind, Befreiung vom Eingangszolle zugestanden worden, was ich hiermit bekannt gebe.

Erfurt, den 21. Oktober 1884.   Der General-Inspektor: Grolig.

№ 27. **Cirkular-Verfügung,**
das Thüringische Steuerstellen-Verzeichniß betr., vom 30. Oktober 1884.

1. Dem Königlichen Steueramte zu Suhl und dem Fürstlich Schwarzburgischen Steueramte zu Arnstadt ist die Befugniß zur Wiederanlegung des amtlichen Verschlusses bei Verschlußverletzungen (§ 96 des Vereinszollgesetzes und § 27 des Eisenbahnregulativs) beigelegt.
2. Dem Herzoglichen Steueramte zu Wasungen, bei welchem zu der vorhandenen steuerfreien Niederlage (Bearbeitungslager) für inländischen Tabak auch vom 1. November d. Js. ab ein Privattransitlager für ausländischen Tabak eröffnet werden wird, ist vom gleichen Zeitpunkte ab die Befugniß zur Abfertigung ausländischer Poststücke und zur Ausfertigung von Begleitscheinen I über Tabaksblätter und Tabaksfabrikate, sowie zur Erledigung von Begleitscheinen I über Tabaksblätter unter Eisenbahnwagenverschluß verliehen worden.

Erfurt, den 30. Oktober 1884.   Der General-Inspektor: Grolig.

№ 28. **Circularverfügung,**
die Erkennungsmerkmale von schwerem Steinkohlentheeröl betr., vom 3. November 1884. Nr. 5911.

Mit Bezugnahme auf die Cirkularverfügung vom 9. September d. Js. Nr. 4734 eröffne ich den aufschriftlich genannten Steuerstellen, daß nach einem Gutachten der Königlichen technischen Deputation für Gewerbe zu Berlin Steinkohlentheeröle die Eigenschaft haben, in der Regel schon bei 0°, stets aber bei erheblich niederen Temperaturen farblose, glänzende, in der Oelmasse schwimmende Krystallblättchen von Naphtalin abzuscheiden. Soweit diese Untersuchungsmethode bei den Steuerstellen nicht anwendbar erscheint, ist darauf Bedacht zunehmen, daß von derselben wenigstens bei Prüfungen von Oelproben durch Sachverständige Gebrauch gemacht wird.

Erfurt, den 3. November 1884.   Der General-Inspektor: Grolig.

№ 29. **Bekanntmachung,**
den Beitritt weiterer Staaten zu der internationalen Reblauskonvention vom 3. November 1881 betr., vom 13. November 1884. Nr. 6083.

Auf Grund des Art. 13 der internationalen Reblaus Konvention vom 3. November 1881 (Reichsgesetzbl. vom Jahre 1882 S. 125) haben sich nunmehr Belgien, Luxemburg, die Niederlande und Serbien derselben angeschlossen.

Mit Bezugnahme auf § 2 fg. der Allerhöchsten Verordnung, betreffend das Verbot der Einfuhr und der Ausfuhr von Pflanzen und sonstigen Gegenständen des Wein- und Gartenbaues vom 4. Juli 1883 und meine Bekanntmachung vom 26. Juli 1883 (Nr. 34 des Amtsblattes vom Jahre 1883 S. 24) gebe ich dies zur ergebensten Nachachtung bekannt.

Erfurt, den 13. November 1884.   Der General-Inspektor: Grolig.

Personalien.

A. Sachsen-Meiningen.

Der Uebergangsstellenverwalter Heublein in Heinersdorf ist am 2. Oktober d. J. mit Tode abgegangen und sind bis auf Weiteres die Geschäfte der Uebergangsstelle daselbst durch den stellvertretenden Uebergangsstelle Verwalter, Förster Haberjang, zu besorgen.

Minist. Reskr. d. d. Meiningen, 29. Oktober 1884.

B. Sachsen-Altenburg.

Der Finanzkontroleur Rudolph in Kahla ist mit Tode abgegangen.

C. Reuß ä. L.

Dem 2. Assistenten Heilmann in Greiz wird vom 1. Januar k. J. ab die zur Erledigung gekommene Stelle des 1. Assistenten und dem Steueranseher, Steueramtsassistenten Trommer in Zeulenroda die Stelle des 2. Assistenten bei dem Fürstl. Steueramte Greiz, sowie dem Steueramtsaccessisten Klopfer das. die Stelle eines Steueranshers und eines Hülfsarbeiters bei dem Fürstlichen Steueramte in Zeulenroda übertragen.

Reskr. der Fürstl. Landesregierung d. d. Greiz, 23. Septbr. 1884.

Amtsblatt
des General-Inspektors
des Thüringischen Zoll- und Handels-Vereins.

7tes Stück vom Jahre 1884.

№ 30. Cirkular-Verfügung,
die Errichtung einer Wermuthmühle zu Ahl bei Steinau betr., vom 14. November 1884. Nr. 6047.

Der Rechtsanwalt und Gutsbesitzer Scheuch in Bockenheim hat zu Ahl bei Steinau, im Hauptamtsbezirke Hanau, eine Wermuthmühle in Betrieb gesetzt und ist das mit der Beaufsichtigung der Mühlenanlage beauftragte Steueramt zu Steinau zur Ertheilung von Transportscheinen über das unter amtlicher Aufsicht hergestellte Wermuthpulver ermächtigt, wovon die pp. Salzsteuerämter meines Verwaltungsbereichs zu ergeblichem weiteren Behufe hiermit in Kenntniß gesetzt werden.

Erfurt, den 14. November 1884.　　Der General-Inspektor: Grolig.

№ 31. Bekanntmachung,
die Einfuhr von Pflanzenknollen betr., vom 25. November 1884. Nr. 6286.

Nach einer von dem Herrn Reichskanzler getroffenen Entscheidung sind Pflanzenknollen den Vorschriften des § 34 der Kaiserlichen Verordnung vom 4. Juli v. Js. (R. G. Bl. S. 153) nicht unterworfen, vielmehr zum freien Verkehr zuzulassen, was vorkommenden Falls zu beachten ist.

Erfurt, den 25. November 1884.　　Der General-Inspektor: Grolig.

№ 32. Bekanntmachung,
die Ausführung der Reblauskonvention betr., vom 1. Dezember 1884. Nr. 6382.

Nachdem mittelst Bekanntmachung des Herrn Reichskanzlers vom 24. v. Mts. (Centralblatt für das Deutsche Reich Seite 285) gemäß der Bestimmung im Artikel 9

Ziffer 6 der internationalen Reblauskonvention vom 3. November 1881 (Reichs-Gesetzblatt von 1882 Seite 125) ein Verzeichniß derjenigen in Belgien belegenen Gartenbau- oder botanischen Anlagen, Schulen und Gärten veröffentlicht ist, welche regelmäßigen Untersuchungen in angemessener Jahreszeit unterliegen und amtlich als den Anforderungen der Konvention entsprechend erklärt worden sind, wird zur Nachachtung darauf hingewiesen, daß für Pflanzensendungen, welche aus einer der in dem Verzeichnisse genannten Anlagen stammen, es der Beibringung der im § 4 Nr. 3 a—d der Kaiserlichen Verordnung vom 4. Juli v. Js. (Reichs-Gesetzblatt Seite 153) erforderten behördlichen Bescheinigung nicht bedarf.

Erfurt, den 1. Dezember 1884.   Der General-Inspektor: J. B. Schreck.

№ 33. Bekanntmachung,
die Tarifirung ungarnirter Filzhüte für Damen betr., vom 6. Dezember 1884. Nr. 6531.

Es wird hiermit zur Kenntniß und Nachachtung der betr. Steuerstellen gebracht, daß ungarnirte Filzhüte, welche sich durch ihre Form als Damenhüte kennzeichnen, den Bestimmungen unter Nr. 18f. des Zolltarifs entsprechend mit 0,20 ℳ für das Stück — Nr. 18f. 4. — zur Verzollung zu ziehen sind, und daß unter den in der Anmerkung 1 zu „Hüte" auf Seite 159 des amtlichen Waarenverzeichnisses erwähnten Damen- und Kinderhüten, die wie Herrenhüte behandelt werden sollen, nur solche nach der Art der Herrenhüte von Filz gearbeitete zu verstehen sind, die sich auch in der Form und, wenn sie garnirt sind, auch in der Art der Ausstattung von Herrenhüten nicht unterscheiden lassen.

Erfurt, den 6. Dezember 1884.   Der General-Inspektor: Grolig.

№ 34. Bekanntmachung,
eine Druckfehler-Berichtigung betr., vom 27. Dezember 1884.

Es wird bemerkt, daß in einzelnen Exemplaren des statistischen Waarenverzeichnisses zwei Druckfehler zu berichtigen sind, nämlich Seite 43 Nr. 258 Spalte 2 muß es heißen: „Drahtseile zur Tauerei" und Seite 43 Nr. 259 Spalte 2: „Ketten zur Kettenschleppschifffahrt."

Erfurt, den 27. Dezember 1884.   Der General-Inspektor: J. B. Schreck.

№ 35. Bekanntmachung,
eine Ausstellung in Breslau betr., vom 29. Dezember 1884. Nr. 6889.

Der Breslauer landwirthschaftliche Verein beabsichtigt in der Zeit vom 9. bis 11. Juni l. J. zu Breslau eine Ausstellung und einen Markt land-, forst- und hauswirthschaftlicher Maschinen und Geräthe zu veranstalten, und ist den zu dieser Ausstellung aus dem Auslande ein- und später dahin wieder zurückgehenden zollpflichtigen Gegenständen unter den bekannten Voraussetzungen Befreiung vom Eingangszolle zugestanden worden, was ich hierdurch bekannt gebe.

Erfurt, den 29. Dezember 1884.   Der General-Inspektor: J. B. Schreck.

Personalien.

A. Sachsen-Meiningen.

1. Der Rechnungspraktikant **Albert** ist als dritter Erhebungsbeamter an das Herzogliche Uebergangssteueramt **Ritschenhausen** abgeordnet.

         Minist. Reskr. d. d. Meiningen, 21. November 1884.

2. An Stelle des bisherigen Verwalters der Herzogl. Uebergangsstelle in **Lehesten**, Bürgermeister **Dürr** das. ist am 1. Dezember c. der Steuer- und Holzgelder-Einnehmer **Pretz** getreten.

         Minist. Reskr. d. d. Meiningen, 10. Oktober u. 6. Dezember 1884.

B. Sachsen-Altenburg.

Die erledigte Kontroleurstelle bei dem Herzogl. Steuer- und Rentamte in **Kahla** ist vom 1. Dezember c. ab dem Assistenten bei dem Herzogl. Steuer- und Rentamte in **Ronneburg**, **Pfeiffer** unter Beibehaltung seines Prädikates als Assistent und die hierdurch erledigte Stelle dem bisherigen Hilfsarbeiter bei dem Herzogl. Steuer- und Rentamte in **Altenburg**, **Weyner** mit dem Prädikate als Steuer- und Rentamtsassistent, übertragen.

         Minist. Reskr. d. d. Altenburg, 24. u. 25. November 1884.

C. Schwarzburg-Rudolstadt.

Der Rent- und Steueramtsassistent **Bauermeister** in **Rudolstadt** ist an Stelle des an das Fürstliche Steueramt das. beorderten Accessisten **Jahn** dem Fürstlichen Steueramte **Königsee** zugetheilt.

         Minist. Reskr. d. d. Rudolstadt, 8. Dezember 1884.

D. Reuß j. L.

Dem Militäranwärter **Davideit** ist die Stelle eines zweiten Salzsteueraufsehers bei dem Fürstlichen Salzsteueramte in **Heinrichshalle** verliehen.

         Minist. Reskr. d. d. Gera, 4. Dezember 1884.

Druck von Otto Conrad in Erfurt.

Amtsblatt

des

General-Inspektors

des

Thüringischen Zoll- und Handelsvereins.

Jahrgang
1885.

Erfurt.

Register

zum Jahrgange 1884 des Amtsblattes des General-Inspektors des Thüringischen Zoll- und Handelsvereins.

I. Chronologisches Register.

Laufende Nummer.	Der Circular-Verfügung 2c. Datum.	Journal №	Inhalt.	Zu finden unter №	Seite.
	1884.				
1.	8. Januar	137	Bekanntmachung, eine Ausstellung in Breslau betr.	1.	1.
2.	9. ejd.	108	Bekanntmachung, die Stempelmarken auf den statistischen Anmeldescheinen betr.	2.	1.
3.	15. ejd.	182	Circular-Verfügung, Ueberweisung von steuerpflichtigem Tabak mittelst Versendungsscheins Nr. 11 betr.	3.	2.
4.	21. ejd.	420	Circular Verfügung, die Kistentara bei den aus Amerika zur Einfuhr gelangenden gepreßten Glaswaaren betr.	4.	2.
5.	30. ejd.	661	Bekanntmachung, die Uebersicht der Uebergangsabgaben- und Ausfuhrvergütungs-Sätze betr.	5.	3.
6.	4. Februar	686	Bekanntmachung, eine Ausstellung in Königsberg i. Pr. betr.	6.	8.
7.	16. ejd.	955	Dgl., die Ausführung des § 3 des Wechselstempelsteuergesetzes vom 10. Juni 1869 betr.	7.	9.
8.	18. ejd.	894	Circular-Verfügung, Tarasätze für Wein und für Petroleum in zum Transport eigens eingerichteten Fahrzeugen ohne anderweite unmittelbare Umschließung betr.	8.	9.
9.	15. März	1441	Bekanntmachung, ein Verzeichniß gewisser ausländischer Eisenbahnen betr.	9.	10.
10.	4. April	1783	Circular-Verfügung, Abänderungen der bisherigen Tarasätze für unbearbeitete Tabaksblätter und Stengel betreffend	10.	15.
11.	10. April	1873	Bekanntmachung, eine Ausstellung in Wien betr.	11.	16.
12.	12. ejd.	1910	Dgl., das Regulativ für Theilungsläger betr.	12.	16.
13.	21. ejd.	2826	Circular Verfügung, Befugnißerweiterung des Großherzogl. Steueramtes in Jena betr.	13.	16.
14.	27. Mai	2742	Bekanntmachung, die Kontrole der Erhebung und Verwaltung der Zölle und Brausteuer in den Hohenzollernschen Landen betr.	14.	17.
15.	10. Juni	2964	Circular-Verfügung, die Uebergangsabgaben- und Rückvergütungssätze in Bayern betr.	15.	19.
16.	16. ejd.	3046	Bekanntmachung, eine Ausstellung in München betr.	16.	19.
17.	26. ejd.	3195	Circular Verfügung, die Denaturirung von Salz mittelst Karbolsäure betr.	17.	20.
18.	22. Juli	3661	Bekanntmachung, die probeweise Feststellung des Nettogewichts des mit dem Anspruche auf Steuervergütung in Kisten ausgehenden rangirten Würfelzuckers betr.	18.	20.
19.	26. ejd.	3767	Circular-Verfügung, das Thüringische Steuerstellen- und Ortschaftsverzeichniß betr.	19.	20.
20.	26. ejd.	3736	Bekanntmachung, eine Ausstellung in Berlin betr.	20.	21.
21.	4. Septbr.	4640	Dgl., eine Ausstellung in Königsberg i. Pr. betr.	21.	23.

Laufende Nummer.	Der Circular-Verfügung ꝛc. Datum.	Journal №	Inhalt.	Zu finden unter № Seite.	
	1884.				
22.	4. Septbr.	4657	Bekanntmachung, tarifarische Bestimmungen betr. . . .	22.	23.
23.	9. ejd.	4734	Circular-Verfügung, die Unterscheidungsmerkmale der hochsiedenden schweren Steinkohlentheeröle von anderen Mineralölen betr.	23.	24.
24.	17. ejd.	4937	Bekanntmachung, ein anderweites Verzeichniß gewisser ausländischer Eisenbahnen nach dem Stande vom 1. Juli 1884 betr.	24.	25.
25.	1. Oktober	5114	Bekanntmachung, Zollerleichterungen im Veredelungsverkehr mit Rohseiden betr.	25.	27.
26.	21. ejd.	5693	Bekanntmachung, eine Ausstellung in Berlin betr. . .	26.	31.
27.	30. ejd.	5890	Circular-Verfügung, das Thüringische Steuerstellen-Verzeichniß betr.	27.	31.
28.	3. Novbr.	5914	Circular-Verfügung, die Erkennungsmerkmale von schweren Steinkohlentheeröl betr.	28.	32.
29.	13. ejd.	6083	Bekanntmachung, den Beitritt weiterer Staaten zu der internationalen Reblauskonvention vom 3. Novbr. 1881 betr.	29.	32.
30.	14. ejd.	6047	Circular-Verfügung, die Errichtung einer Wermuthmühle zu Ahl bei Steinau betr.	30.	33.
31.	25. ejd.	6286	Bekanntmachung, die Einfuhr von Pflanzenknollen betr.	31.	33.
32.	1. Dezbr.	6382	Dgl., die Ausführung der Reblauskonvention betr. . .	32.	33.
33.	6. ejd.	6521	Bekanntmachung, die Tarifirung ungarnirter Filzhüte für Damen betr.	33.	34.
34.	27. ejd.	6870	Bekanntmachung, eine Druckfehlerberichtigung betr. . .	34.	34.
35.	29. ejd.	6889	Dgl., eine Ausstellung in Breslau betr.	35.	34.

II. Sachregister.

Bemerkung. Die beigesetzten Ziffern bedeuten die Seitenzahlen.

A.

Ausfuhrvergütungssätze. 3. 19.
Ausstellungen. 1. 8. 16. 19. 21. 27. 31. 34.

B.

Befugnißerweiterungen. 16. 20. 31.

D.

Denaturirung von Salz. 20.
Druckfehlerberichtigung. 34.

II. Sachregister.

E.

Einfuhrverbote. 32. 33.
Eisenbahnen, ausländische. 10. 25.

H.

Hohenzollernsche Lande, Steuererhebung in dens. 17.

M.

Mineralöle. 24. 32.

O.

Ortschaftsverzeichniß. 20.

S.

Stempelmarken auf statist. Anmeldescheinen. 1.
Steuervergütung für Zucker. 20.

T.

Tarabestimmungen. 2. 9. 15.
Tarifarische Bestimmungen. 23. 34.
Theilungsläger. 16.

U.

Uebergangsabgaben-Sätze. 3. 19.

V.

Veredelungsverkehr mit Roheisen. 27.
Versendungsschein über steuerpflichtigen Tabak. 2.

W.

Wechselstempelsteuergesetz. 9.
Wermuthmühle. 33.

Amtsblatt
des General-Inspektors
des Thüringischen Zoll- und Handels-Vereins.

1tes Stück vom Jahre 1885.

№ 1. Bekanntmachung,
eine Ausstellung in Budapest (Ungarn) betr., vom 5. Januar 1885. Nr. 21.

In Budapest soll während des laufenden Jahres neben einer allgemeinen Landesausstellung auch eine internationale Spezialausstellung für Kraft- und Arbeitsmaschinen, Werkzeuge des Kleingewerbes, ferner für Rinder, Schafe, Pferde, Schweine 2c. veranstaltet, und den aus Deutschland zu diesem Zwecke dahin versandten Gegenständen und Thieren bei deren Wiedereinfuhr, soweit nicht rücksichtlich der letzteren veterinär-polizeiliche Verbote dem Wiedereingange entgegenstehen, Befreiung vom Eingangszolle zugestanden werden. Ich bringe dieses hierdurch unter Bezugnahme auf die in ähnlichen Fällen ergangenen Bestimmungen (conf. insbesondere Circular-Verfügung vom 24. Januar 1865 Nr. 131) zur öffentlichen Kenntniß.

Erfurt, den 5. Januar 1885.   Der General-Inspektor: Grolig.

№ 2. Bekanntmachung,
Ausstellungen in Königsberg i. Pr. und in Görlitz betr., vom 12. Januar 1885. Nr. 231.

In Königsberg i. Pr. wird in der Zeit vom Mai bis August d. J. eine internationale Ausstellung von Betriebs-, Arbeits- und Hülfsmaschinen für Handwerk und Klein-Industrie, ebenso in Görlitz vom Anfang Mai bis September d. J. eine Gewerbe- und Industrie-Ausstellung veranstaltet.

Den zu diesen beiden Ausstellungen aus dem Auslande ein- und später zurückgehenden Gegenständen ist, soweit sie nicht schon tarifmäßig zollfrei sind, Befreiung vom Eingangszolle unter den bestehenden Voraussetzungen und Bedingungen zugestanden worden, was ich hierdurch bekannt gebe.

Erfurt, den 12. Januar 1885.   Der General-Inspektor: Grolig.

№ 3. **Bekanntmachung,**
eine Ausstellung in Nürnberg betreffend, vom 19. Januar 1885. Nr. 352.

Das bayerische Gewerbemuseum in Nürnberg beabsichtigt in der Zeit vom 15. Juni bis 30. September d. J. daselbst eine internationale Ausstellung von Arbeiten aus edlen Metallen und Legirungen zu veranstalten, zu welcher auch derartige ausländische Gegenstände unter den bestehenden Bedingungen zollfrei ein- bez. wieder ausgeführt werden können, was ich hierdurch bekannt gebe.

Erfurt, am 19. Januar 1885.   Der General-Inspektor: Grolig.

№ 4. **Bekanntmachung,**
Maße und Gewichte betr., vom 23. Januar 1885. Nr. 413.

Aus entstandenem Anlaß mache ich die Thüringischen Steuerbehörden und Beamten auf die Bekanntmachung des Herrn Reichskanzlers vom 30. Oktober v. J. (Reichsgesetzblatt S. 215) zum Gesetze, betreffend die Abänderung der Maß- und Gewichtsordnung, vom 11. Juli 1884 (Reichsgesetzblatt S. 115) noch besonders aufmerksam.

Erfurt, den 23. Januar 1885.   Der General-Inspektor: J. B. Schreck.

№ 5. **Bekanntmachung,**
eine Ausstellung in Paris betreffend, vom 27. Januar 1885. Nr. 507.

In Paris wird in der Zeit vom 1. März bis 31. Mai d. J. eine internationale Ausstellung für Gegenstände der Müllerei und Bäckerei, sowie der damit verbundenen Gewerbe veranstaltet und soll den deutschen Ausstellungsgegenständen bei ihrer Rückkehr in das deutsche Zollgebiet zollfreier Wiedereingang gewährt werden, was ich unter Hinweis auf die in ähnlichen Fällen ergangenen Bestimmungen bekannt gebe.

Erfurt, den 27. Januar 1885.   Der General-Inspektor: Grolig.

№ 6. **Bekanntmachung,**
die Zollerleichterung im Veredelungsverkehr mit Roheisen betr.,
vom 2. Februar 1885. Nr. 598.

Der Bundesrath hat beschlossen, daß in Ergänzung der Vorschriften der Ziffern 5 und 6 a. a. O. die Abschreibung des verabfolgten Roh- und Brucheisens vom Niederlagekonto auf Höhe des Gewichts der daraus gefertigten Gegenstände auch dann gestattet werden darf, wenn die Abfertigung dieser Gegenstände zur weiteren Verarbeitung bezw.

Vervollkommnung mit der Bestimmung zur Wiederausfuhr (§ 115 des Vereinszollgesetzes) oder zur zollfreien Verwendung bei dem Bau, der Reparatur oder der Ausrüstung von Seeschiffen (§ 5 Ziffer 10 des Zolltarifgesetzes vom 15. Juli 1879) bescheinigt worden ist.

Erfurt, den 2. Februar 1885.   Der General-Inspektor: Grolig.

№ 7. Bekanntmachung,
eine Ausstellung in Waren betreffend, vom 5. Februar 1885. Nr. 646.

In Waren (Mecklenburg-Schwerin) wird in der Zeit vom 1.—6. Juni d. Js. eine Thierschau, verbunden mit einer Ausstellung von Maschinen, gewerblichen und landwirthschaftlichen Produkten abgehalten und soll auch den aus dem Auslande hierzu ein- und später wieder zurückgehenden zollpflichtigen Gegenständen unter den bestehenden Bedingungen Zollfreiheit zugestanden werden, was ich hierdurch bekannt gebe.

Erfurt, den 5. Februar 1885.   Der General-Inspektor: Grolig.

№ 8. Cirkular-Verfügung,
das Thüringische Steuerstellen- und Ortschaftsverzeichniß betreffend, vom 10. Februar 1885. Nr. 785.

1. Der Großherzoglichen Steuerrezeptur in Ilmenau ist die Befugniß zur Erledigung von Begleitscheinen II (einschließlich solcher über inländisches Salz) vom 1. Februar 1885 an verliehen.
2. Die Ortschaft Oelknitz ist vom 1. Januar 1885 an wieder an den Steuerhebe- und Kontrolebezirk des Herzoglichen Steuer- und Rentamtes zu Kahla zurückverwiesen (cfr. Cirkular-Verfügung vom 2. Oktober 1882 Nr. 5046.)

Erfurt, den 10. Februar 1885.   Der General-Inspektor: Grolig.

Personalien.

A. Sachsen-Meiningen.

1. Der Steueraufseher Schübel in Gräfenthal ist versetzt und übernimmt lediglich Polizeidienst; der Steueraufseher Beck ist von Meiningen nach Gräfenthal versetzt und der neueintretende provisorische Steueraufseher Neumeister übernimmt die Station des p. Beck in Meiningen.

Mittheilung des Herzogl. Feldjägerkommandos in Meiningen, vom 24. Januar 1885.

2. Vom 1. Februar 1885 ab ist der Revisionsassistent Wehner zum Herzogl. Steueramt in Wasungen und der Revisionsassistent Böckler zum Herzogl. Steueramt Salzungen abgeordnet.

Minist. Restr. d. d. Meiningen, 22. Januar 1885.

B. Sachsen-Coburg-Gotha.

Vom 1. Februar c. an sind die Steueramtsassistenten Otto zu Coburg und Stichling zu Lichtenfels zum Herzogl. Steueramte in Gotha, der Steueramtsassistent Weibezahl in Gotha zum Herzogl. Steueramte in Coburg, der Steueramtsassistent Schmeling zu Coburg zum Herzogl. Uebergangssteueramte in Lichtenfels versetzt. Der Steueramtsaccessist Lerch in Coburg ist vom gleichen Zeitpunkte ab als Steueramtsassistent dem Herzogl. Steueramte daselbst und dem Herzogl. Uebergangssteueramte in Lichtenfels mit dem Wohnsitze in Coburg, zugetheilt.

Minist. Restr. d. d. Gotha, 12. Januar 1885.

Druck von Otto Conrad in Erfurt.

Amtsblatt
des General-Inspektors
des Thüringischen Zoll- und Handels-Vereins.

2tes Stück vom Jahre 1885.

№ 9. Bekanntmachung,
die Ursprungszeugnisse für Roggen betr., vom 11. März 1885. Nr. 1245. II.

In Ausführung der Bekanntmachung vom 20. v. Mts. (Centralblatt für das deutsche Reich S. 47) ist den Kaiserlichen Konsuln das in Abschrift beiliegende Muster A zur Ausstellung von Ursprungszeugnissen für meist begünstigten Roggen mitgetheilt worden. Es sind aber ferner bezüglich der Ursprungszeugnisse für den in den Vereinigten Staaten von Amerika produzirten Roggen, welcher über Belgien oder die Niederlande in das Zollgebiet eingeführt werden soll, besondere Maßregeln nothwendig geworden mit Rücksicht darauf, daß in Belgien und den Niederlanden eine erhebliche Einfuhr von russischem Roggen stattfindet und sonach die Gefahr nahe liegt, daß Roggen, welcher aus den Vereinigten Staaten auf Grund der von den Kaiserlichen Konsuln daselbst ausgestellten Ursprungsatteste über Belgien und die Niederlande in das deutsche Zollgebiet zum Konventionalsatze von 1 Mark eingeführt wird, in Belgien bezw. den Niederlanden mit russischem Roggen vertauscht wird. Zu diesem Zwecke werden Diejenigen, welche in den Vereinigten Staaten von Amerika produzirten Roggen über Belgien oder die Niederlande in das deutsche Zollgebiet einführen wollen, vor dem zuständigen Kaiserlichen Konsul in den Vereinigten Staaten gleichzeitig mit dem Antrage auf Ausstellung des Ursprungsattestes eine diesbezügliche Erklärung abzugeben haben. Seitens des Konsuls wird in diesem Falle auf dem Ursprungsatteste noch zu vermerken sein, daß, sofern die Waare über einen belgischen oder niederländischen Hafen eingeführt werden soll, das Attest seine Gültigkeit verliert, wenn dasselbe nicht alsbald nach dem Eintreffen des Schiffs in diesem Hafen und vor der Umladung der Waare dem für den Hafen zuständigen Kaiserlichen Konsul mit dem Antrage auf Ausstellung einer Zusatzbescheinigung über die Festhaltung der Identität der Waare bei der Umladung, sowie mit der Erklärung darüber vorgelegt wird, mit welcher Transportart die Durchfuhr durch Belgien oder die Niederlande, sowie über welches Grenzeingangsamt und bis zu welchem Zeitpunkt die Einfuhr in das deutsche Zollgebiet erfolgen soll. Seitens des letztgedachten Konsuls wird demnächst auf Grund der von ihm gepflogenen Ermittelungen auf dem Ursprungsatteste noch eine Zusatzbescheinigung dahin beizufügen sein, daß die Waare direkt ohne Aenderung der Verpackung und ohne Lagerung umgeladen und während der Umladung nicht vertauscht worden ist, sowie daß diese Bescheinigung ihre Gültigkeit verliert, wenn die Waare erst nach dem bestimmten Termine dem bezeichneten Grenzeingangsamt zur Eingangsabfertigung gestellt wird, oder wenn während des Transportes eine Umpackung oder eine Lagerung derselben stattgefunden hat.

Ein nach Maßgabe dieser Vorschriften aufgestelltes Muster zu derartigen Konsulatsbescheinigungen ist in der Anlage D beigefügt und sind die betheiligten Kaiserlichen Konsulate in Belgien, den Niederlanden und den Vereinigten Staaten von Amerika mit erforderlicher Instruktion versehen worden.

Die betheiligten Thüringischen Grenzeingangsämter (Bekanntmachung II, 5) haben hiernach vorkommenden Falles beim Eingange von Roggen im Begleitzettelverfahren die übergebenen Ursprungszeugnisse zu prüfen. Dem Handelsstande ist, soweit in den einzelnen Thüringischen Steuerbezirken ein solches Handelsinteresse vorliegt, von vorstehenden Anordnungen Kenntniß zu geben.

Erfurt, den 11. März 1885.   Der General-Inspektor: Grolig.

A.

Anmeldung.

Der Unterzeichnete will

Beispiele: 100 Sack Roggen, signirt D L 1—100, brutto 10000 kg,

oder

brutto 10000 kg Roggen, unverpackt,

welcher in | Ungarn / den Vereinigten Staaten von Amerika | produzirt worden ist, zu dem Zollsatze von 1 ℳ für 100 kg in das deutsche Zollgebiet, und zwar

Beisp. 1: vermittelst der österreichischen Nordwestbahn über das Königlich preußische
(landwärts)   Hauptzollamt zu Mittelwalde

Beisp. 2: zu Schiff auf der Elbe über das Königlich sächsische Hauptzollamt zu
(flußwärts)   Schandau

Beisp. 3: auf dem Seewege
(seewärts)

einführen und beantragt bei dem Kaiserlich deutschen (General-) Konsulat zu | Budapest / Cincinnati | die Ausstellung eines Ursprungsattestes über diese Waare.

(Ort), den   ten   1885.

(Unterschrift.)

Bescheinigung.

Daß der vorstehend näher bezeichnete Roggen in | Ungarn / den Vereinigten Staaten von Amerika | produzirt worden ist, wird hierdurch auf Grund der stattgehabten Ermittelungen bescheinigt.

Diese Bescheinigung verliert ihre Gültigkeit, wenn

Beisp. 1 u. 2: die Waare erst nach dem (Datum) dem vorgenannten Grenzeingangs-
(land- oder flußwärts) amt zur Eingangsabfertigung gestellt wird, oder wenn während
des Transports eine Umpackung oder eine Lagerung derselben stattgefunden hat.

Beisp. 3: das für den Transport der Waare bestimmte Schiff (welches eventuell zu
(seewärts) benennen ist) einen Hafen eines nicht meistbegünstigten Landes angelaufen hat.

(Ort), den ten . 1885.

(L. S.) (Unterschrift.)

B.

Anmeldung.

Der Unterzeichnete will

Beispiele: 100 Sack Roggen, signirt D L 1 — 100 brutto 10000 kg,
oder
brutto 10000 kg Roggen, unverpackt,

welcher in den Vereinigten Staaten von Amerika produzirt worden ist, zu dem
Zollsatze von 1 ℳ für 100 kg in das deutsche Zollgebiet einführen und beantragt
bei dem Kaiserlich deutschen Konsulat zu Cincinnati die Ausstellung eines Ursprungsattestes über diese Waare. Zugleich erklärt derselbe, daß die Einfuhr der Waare
über (Namen des belgischen oder niederländischen Hafens) erfolgen werde, beziehungsweise, daß das Schiff auf Ordre laufe, und eventuell die Einfuhr über einen
belgischen oder niederländischen Hafen stattfinden werde.

(Ort), den ten . . . 1885.

(Unterschrift.)

Bescheinigung.

Daß der vorstehend näher bezeichnete Roggen in den Vereinigten Staaten von
Amerika produzirt worden ist, wird hierdurch auf Grund der stattgehabten Ermittelungen
bescheinigt.
Diese Bescheinigung verliert ihre Gültigkeit, wenn das für den Transport der
Waare bestimmte Schiff (welches eventuell zu benennen ist) einen Hafen eines nicht
meistbegünstigten Landes angelaufen hat.
Falls die Waare über einen belgischen oder niederländischen Hafen (welcher even-
tuell zu benennen ist) in das deutsche Zollgebiet eingeführt werden soll, verliert das
Attest seine Gültigkeit, wenn dasselbe nicht alsbald nach dem Eintreffen des Schiffs
in diesem Hafen und vor der Umladung der Waare dem für den Hafen zuständigen
Kaiserlich deutschen Konsul mit dem Antrage auf Ausstellung einer Zusatzbescheinigung
über die Festhaltung der Identität der Waare bei der Umladung, sowie mit der

Erklärung darüber vorgelegt wird, mit welcher Transportart die Durchfuhr durch Belgien oder die Niederlande, sowie über welches Grenzeingangsamt und bis zu welchem Zeitpunkt die Einfuhr in das deutsche Zollgebiet erfolgen soll.

  (Ort), den ten . . . 1885.
    (L. S.)   (Unterschrift.)

Zusatzbescheinigung des Kaiserlichen Konsuls in (Antwerpen).

  Es wird hierdurch auf Grund der stattgehabten Ermittelungen bescheinigt, daß der Roggen direkt ohne Aenderung der Verpackung und ohne Lagerung umgeladen und während der Umladung nicht vertauscht worden ist.
  Diese Bescheinigung verliert ihre Gültigkeit, wenn die Waare erst nach dem (Datum) dem Grenzeingangsamt . . . . zur Eingangsabfertigung gestellt wird oder wenn während des Transports eine Umpackung oder eine Lagerung derselben stattgefunden hat.

  (Antwerpen), den ten   . 1885.
    (L. S.)   (Unterschrift.)

Amtsblatt
des General-Inspektors
des Thüringischen Zoll- und Handels-Vereins.

3tes Stück vom Jahre 1885.

№ 10. Bekanntmachung,
tarifarische Bestimmungen betr., vom 14. März 1885. Nr. 1293.

1. Der Bundesrath ist der Auffassung beigetreten, wonach auch lohgares Kalbleder, wenn es nach seiner Steifheit, Stärke oder sonstigen Beschaffenheit zur Herstellung von Sohlen (äusseren Sohlen oder Brandsohlen) geeignet erscheint, nach Nr. 21b des Zolltarifs mit 36 ℳ für 100 kg zur Verzollung zu ziehen ist.

2. Zu einfachen Strängen lose zusammengedrehte Fasern von Hanf oder von anderen zu Nr. 8 des Zolltarifs gehörigen Spinnstoffen sind als Garn zu behandeln und demgemäß der Nr. 22a oder b des Tarifs zu unterstellen.

   Dublirte Stränge der bezeichneten Art sind der für gezwirnte Garne aus Jute, Manillahanf oder ähnlichen Fasern durch das amtliche Waaren-Verzeichniss zum Zolltarif bereits vorgeschriebenen Behandlung wie Bindfaden dann zu unterwerfen, wenn nach ihrer Stärke kein Zweifel darüber besteht, daß sie nur als Material zur Herstellung von Seilerwaaren, Fußdecken und dergleichen, nicht aber etwa als Zwirn zu dienen bestimmt sind.

3. Unter Bezugnahme auf die Bekanntmachung vom 4. September 1884 Nr. 4657 (Amtsblatt 5. Stück) wird darauf aufmerksam gemacht, daß Hutkalotten der dort näher bezeichneten Art, sofern sie aus gefirnisten oder mit Schellack gesteiften Stoffen bestehen, auf Grund der Bestimmung im Absatz 7 auf Seite 182 des amtlichen Waaren-Verzeichnisses u. v. „Kleider und Putzwaaren" nach Nr. 21d des Tarifs mit 70 ℳ für 100 kg zur Verzollung zu ziehen sind.

Erfurt, den 14. März 1885.   Der General-Inspektor: J. B. Schreck.

№ 11. Bekanntmachung,
eine Ausstellung in Antwerpen betr., vom 20. März 1885. Nr. 1368.

In Antwerpen wird vom Mai bis Oktober dieses Jahres eine Weltausstellung stattfinden und soll den deutschen Ausstellungsgegenständen bei ihrer Rückkehr in das deutsche Zollgebiet zollfreier Wiedereingang unter den bekannten Voraussetzungen und Bedingungen gewährt werden, was ich hierdurch bekannt gebe.

Erfurt, den 20. März 1885. Der General-Inspektor: J. B. Schreck.

№ 12. Bekanntmachung,
die Ursprungszeugnisse für Roggen betr., vom 25. März 1885. Nr. 1459.

1. Die in der Bekanntmachung vom 11. d. M. (Amtsblatt S. 5) angegebenen Maßregeln für den Fall einer Umladung von Roggen aus den Vereinigten Staaten von Amerika in Belgien und Holland sind auch in Bezug auf Roggen aus anderen meistbegünstigten Staaten nothwendig erschienen, und daher namentlich bereits die Kaiserlichen Konsulate in der europäischen Türkei, Bulgarien und Rumänien, sowie in Belgien und den Niederlanden mit Instruktion versehen worden.
2. Seewärts eingeführter Roggen aus einem meistbegünstigten Lande kann auch dann zum ermäßigten Zollsatze von 1 ℳ für 100 kg eingelassen werden, wenn das betreffende Schiff einen Nothhafen eines nicht meistbegünstigten Landes hat anlaufen müssen, sofern in diesem Nothhafen weder eine Umpackung, noch eine Lagerung des Roggens stattgefunden hat. Ist letzteres der Fall gewesen, so steht die Entscheidung über den anzuwendenden Zollsatz dem Bundesrathe zu.

Erfurt, den 25. März 1885. Der General-Inspektor: J. B. Schreck.

№ 13. Bekanntmachung,
die Ursprungs-Zeugnisse für Roggen betr., vom 2. April 1885. Nr. 1587.

Für Umladungen von Roggen aus der europäischen Türkei in Triest sind dieselben Maßnahmen erforderlich geworden, welche nach der Bekanntmachung vom 11. v. M. (Amtsblatt S. 5) hinsichtlich der Einfuhr aus den Vereinigten Staaten von Amerika über Belgien und die Niederlande getroffen worden sind. Demgemäß ist den Kaiserlichen Konsularbehörden in der europäischen Türkei sowie dem Kaiserlichen General-Konsul in Triest die erforderliche Instruktion ertheilt worden. Dem betheiligten Handelsstande ist Nachricht zu geben. (Vergl. auch Amtsblatt-Bekanntmachung vom 25. v. M. S. 10.)

Erfurt, den 2. April 1885. Der General-Inspektor: Grolig.

Druck von Otto Conrad in Erfurt.

Amtsblatt
des General-Inspektors
des Thüringischen Zoll- und Handels-Vereins.

4tes Stück vom Jahre 1885.

№ 14. Bekanntmachung,

die Ausführung der Reblauskonvention betr., vom 20. April 1885. Nr. 1884.

Zur Nachachtung wird darauf hingewiesen, daß die in Artikel 3 der internationalen Reblauskonvention vom 3. November 1881 (R. G. Bl. 1882 S. 125.) aufgeführten nicht zur Kategorie der Rebe gehörigen Bodenerzeugnisse, deren Ein- und Durchfuhr in Oesterreich-Ungarn bisher nur unter gleichen Bedingungen gestattet war, wie die Einfuhr derselben über die Grenzen des Deutschen Reiches und ihre Ausfuhr aus dem Reichsgebiet in die Gebiete der bei der internationalen Reblauskonvention betheiligten Staaten nach § 4 der Allerhöchsten Verordnung vom 4. Juli 1883 (R. G. Bl. S. 153) zugelassen ist, fernerhin ohne Rücksicht auf ihre Provenienz kann zur Durchfuhr durch Oesterreich-Ungarn zugelassen sind, wenn dieselbe unter Kolloverschluß und unter Zollkontrole erfolgt.

Erfurt, den 20. April 1885.   Der General-Inspektor: Grolig.

№ 15. Bekanntmachung,

Roggensendungen aus Oesterreich-Ungarn betr., vom 24. April 1885. Nr. 1966.

Zu Ziffer 4 der Bekanntmachung des Herrn Reichskanzlers vom 20. Februar d. Js. (Cirk. Verf. vom 24. 2. d. Js. Nr. 1003 Ziffer 1) ist Folgendes zu beachten: Bei denjenigen aus Oesterreich-Ungarn in das Zollvereinsgebiet eingehenden, mit ordnungsmäßigem Ursprungsattest versehenen Roggensendungen, welche von dem betreffenden österreichisch-ungarischen Exporteur direkt an den bezeichneten deutschen Empfänger verfrachtet werden, darf das Transportmittel gewechselt werden, sofern der die Waare bezettelnde Frachtbrief derselbe bleibt und die Waare bei dem Wechsel des Transportmittels im Besitze und Gewahrsam des beziehungsweise der Transportführer verbleibt. Umladungen dagegen, bei welchen nicht auf diese Weise die Gefahr einer Vertauschung ausgeschlossen erscheint, sind unzulässig.

Erfurt, den 24. April 1885.   Der General-Inspektor: Grolig.

№ 16. Cirkular-Verfügung,

Ausführung des Zolltarifgesetzes vom 20. Februar 1885 betr., vom 25. April 1885. Nr. 2000

Der Bundesrath hat beschlossen:

1. Die unter № I 1 des Beschlusses des Bundesraths vom 20. Februar d. Js. (vergl. Bekanntmachung vom 20. Februar d. J., Central-Blatt Seite 30) getroffene Anordnung, daß der frühere geringere Zollsatz auf Grund eines vor dem 15. Januar d. Js. abgeschlossenen Vertrages nur dann in Anspruch genommen werden kann, wenn durch diesen Vertrag die unmittelbare Lieferung der Waare nach dem Zollinlande bedungen worden ist, dahin zu deklariren, daß, abgesehen von den sonstigen Bedingungen, die Bestimmungen des §. 1 Absatz 2 des Gesetzes vom 20. Februar d. Js. (Reichs-Gesetzbl. S. 15) auch auf solche Waaren Anwendung finden, welche über Häfen des Zollauslands eingeführt werden, wenn der Nachweis erbracht wird, daß aus der Zeit vor dem 15. Januar d. Js. Thatsachen vorliegen, aus welchen hervorgeht, daß die Waaren schon damals zur Einfuhr in das Zollinland bestimmt waren;
2. die Prüfung der Thatsachen, aus welchen hervorgehen soll, daß die Waare schon vor dem 15. Januar d. Js. zur Einfuhr in das Zollinland bestimmt war, im einzelnen Falle den obersten Landesfinanzbehörden zu übertragen;
3. daß die in Rede stehenden Sendungen bei der Umladung in den ausländischen Häfen weder eine Lagerung noch eine unkontrolirte Umpackung erfahren dürfen.

Dem Handelsstande ist, soweit in den einzelnen thüringischen Steuerbezirken ein solches Handelsinteresse vorliegt, von diesem vorkommenden Falls zu beachtenden Bundesrathsbeschlusse in entsprechender Weise Kenntniß zu geben.

Erfurt, den 25. April 1885. Der General-Inspektor: Grolig.

№ 17. Bekanntmachung,

einen internationalen Maschinenmarkt in Leipzig betr., vom 27. April 1885. Nr. 1987.

Für diejenigen an sich zollpflichtigen Gegenstände, welche zu dem am 19., 20. und 21. Juni d. J. in Leipzig abzuhaltenden V. internationalen Maschinenmarkte vom Auslande eingehen und nach dessen Beendigung dahin als unverkauft zurückgeführt werden, ist Befreiung vom Eingangszolle zugestanden worden, was ich unter Bezugnahme auf die in ähnlichen Fällen ergangenen Bestimmungen hierdurch bekannt gebe.

Erfurt, den 27. April 1885. Der General-Inspektor: Grolig.

№ 18. Bekanntmachung,

die Ausführung der Reblauskonvention betr., vom 30. April 1885. Nr. 2036.

Nachdem mittelst Bekanntmachung des Herrn Reichskanzlers vom 23. d. Mts. (Centralblatt für das Deutsche Reich S. 74) gemäß der Bestimmung im Artikel 9

Ziffer 6 der internationalen Reblaskonvention vom 3. November 1881 (Reichs-Gesetzblatt von 1882 Seite 125) ein Verzeichniß derjenigen im Großherzogthum Luxemburg belegenen Gartenbau- oder botanischen Anlagen, Schulen und Gärten veröffentlicht ist, welche regelmäßigen Untersuchungen in angemessener Jahreszeit unterliegen und amtlich als den Anforderungen der Konvention entsprechend erklärt worden sind, wird zur Nachachtung darauf hingewiesen, daß es für Pflanzensendungen, welche aus einer der in dem Verzeichnisse genannten Anlagen stammt, der Beibringung der im §. 4 № 3 a — d der Kaiserlichen Verordnung vom 4. Juli 1883 (R. G. Bl. S. 153) erforderten behördlichen Bescheinigung nicht bedarf.

Erfurt, den 30. April 1885.   Der General-Inspektor: Grolig.

№ 19. Cirkular-Verfügung,
Abänderungen von Tarasätzen betreffend, vom 2. Mai 1885. Nr. 2057.

Der Bundesrath hat in der Sitzung vom 31. März d. Js. — § 214 der Protokolle — beschlossen, daß vom 1. d. Mts. ab
1. die Bestimmung im viertletzten und drittletzten Absatz des durch die Cirkular-Verfügung vom 4. April v. Js № 1783 mitgetheilten Bundesrathsbeschlusses vom 20. März 1884, betreffend Tarasätze für unbearbeitete Tabacksblätter und Stengel wie folgt zu lauten hat:
    „3 in Umschließungen aus feinem harten Bast- oder Rohrgeflecht oder aus Matten von gleich schwerem oder schwererem Material" anstatt: 3 in Umschließungen aus feinem harten Bast- oder Rohrgeflecht" und
    „2 in Umschließungen aus leichteren Matten" anstatt: „2 in Umschließungen aus feinen Binsenmatten";
2. an Stelle des bisherigen für die Verzollung von saucirten Tabacksblättern (№ 25. v. 2. §. des Zolltarifs) in Thierhäuten maßgebenden Tarasatzes (6 Prozent) der Tarasatz 8 Prozent zu treten hat.
    Hiernach ist alsbald zu verfahren und der Taratarif zu berichtigen.

Erfurt, den 2. Mai 1885.   Der General-Inspektor: Grolig.

№ 20. Bekanntmachung,
die Umpackung der zu ermäßigten Zollsätzen einzuführenden Waaren betr.,
vom 5. Mai 1885. Nr. 2228.

Nach dem in der Cirkular-Verfügung vom 25. v. Mts. Nr. 2000 Ziffer 3 bekannt gegebenen Bundesrathsbeschlusse dürfen Waaren, welche auf Grund der vor dem 15. Januar d. Js. abgeschlossenen Verträge zum ermäßigten Zollsatze eingeführt werden, bei der Umladung in den ausländischen Häfen weder eine Lagerung, noch eine unkontrolirte Umpackung erfahren. Es war hiernach erforderlich, den Betheiligten auch für die in Rede stehenden Waarensendungen die Führung des

Nachweises zu ermöglichen, daß bei der Umladung in den erwähnten Häfen entweder keine Umpackung oder nur eine solche unter entsprechender Kontrole stattgefunden hat. Zu diesem Zwecke sind die Kaiserlichen Konsulate in Belgien und in den Niederlanden angewiesen worden, auf Antrag der Betheiligten auch bei Sendungen dieser Art eine Kontrole nebst Attest-Ausstellung in ähnlicher Weise eintreten zu lassen, wie solche hinsichtlich der Umpackung der aus den **meistbegünstigten Ländern** kommenden Roggensendungen angeordnet worden ist (Amtsblatt 1885 S. 5 flg.).

Ein Muster für die in diesen Fällen zu ertheilende konsularische Bescheinigung ist beigefügt.

Bezüglich derjenigen Waaren, welche über Deutsche zollausländische Häfen eingeführt werden, hat die vorgedachte Kontrole und Attest-Ausstellung durch die in der Bekanntmachung des Herrn Reichskanzlers vom 20. Februar d. Js. unter II. 5 erwähnte Behörde zu erfolgen.

Beim Eingange von Waaren der obengedachten Art im Begleitzettelverfahren sind hiernach die übergebenen Bescheinigungen zu prüfen.

Dem betheiligten Handelsstande ist von den vorstehenden Anordnungen Kenntniß zu geben.

Erfurt, den 5. Mai 1885.   Der General-Inspektor: Grolig.

Anmeldung.

Der Unterzeichnete, welcher

(Beispiele: 80 Säcke Gerste, signirt L. S. 1—80, brutto 8000 kg,
oder
brutto 10000 kg Weizen, unverpackt,)

auf Grund eines vor dem 15. Januar 1885 abgeschlossenen Vertrags in Gemäßheit des Bundesrathsbeschlusses vom 16. April 1885 zum ermäßigten Zollsatze über das Grenzeingangsamt . . . . in das Deutsche Zollgebiet einführen will, beabsichtigt, bei der Umladung der Waare in dem Hafen von

(Fall 1): weder eine Umpackung noch Lagerung der Waare
(Fall 2): keine Lagerung, dagegen eine Umpackung der Waare (entweder aus Säcken pp. in losem Zustand oder aus letzterem in Säcke pp.)

vorzunehmen und beantragt bei dem Kaiserlich Deutschen Konsulate zu . . . . die Ausstellung einer bezüglichen Bescheinigung.

(Ort), den ͭᵉⁿ . . . . 1885.
(Unterschrift.)

Bescheinigung.

Daß die vorstehend näher bezeichnete Waare in dem Hafen von . . . . (zu Fall 1): weder eine Umpackung noch Lagerung zu Fall 2): keine Lagerung und bei der Umpackung pp. (wie oben) keine Vertauschung erfahren hat, wird auf Grund der stattgehabten Ermittelungen bescheinigt.

Diese Bescheinigung verliert ihre Gültigkeit, wenn die Waare erst nach dem .... (Datum) .... dem vorgenannten Grenzeingangsamte zur Eingangsabfertigung gestellt wird, oder wenn während des Transports eine Umpackung oder eine Lagerung derselben stattgefunden hat.

(Ort), den ....ten .... 1885.

(L. S.) (Unterschrift).

Personalien.

A. Preußen.

1. Dem Hauptsteueramtsassistenten Natz hier ist vom 1. April c. ab die Stelle des Obergrenzkontroleurs in Neuhaus a/O. verliehen.
2. Der Steueramtsassistent Hauck in Suhl ist vom 1. April c. ab zum Steuereinnehmer in Ziesar, Hauptamtsbezirk Burg, befördert.
3. Dem Vollziehungsbeamten Martin in Suhl ist vom 1. April c. ab die erledigte Stelle eines Rübenzuckersteueraufsehers in Walschleben verliehen.
4. Dem Steueramtsassistenten Henschel in Heiligenstadt ist am 1. April c. die erledigte Assistentenstelle beim Steueramte Schwalbach übertragen.
5. Die Steueraufseher Lade in Suhl und Vieweg in Schleusingen sind vom 1. Mai c. ab zu Hauptamtsassistenten in Magdeburg befördert.
6. Dem kommissarischen Grenzaufseher Herrenlind zu Geestendorf ist vom 1. Mai c. ab die Steueraufseherstelle in Suhl und dem kommissarischen Grenzaufseher Rothenbach zu Sebaldsbrück vom gleichen Zeitpunkte ab die Steueraufseherstelle zu Schleusingen übertragen.

B. Sachsen-Weimar.

An Stelle des abgehenden Accessisten Krannig ist der Steueramtsassistent Rüdel in Weimar vom 1. April c. ab in gleicher Eigenschaft an das Großherzogl. Steueramt in Eisenach versetzt und die Assistentenstelle in Weimar vom gleichen Zeitpunkte ab dem Geometer Gaug kommissarisch übertragen.

Minist. Reskr. d. d. Weimar, 17. Februar 1885.

C. Sachsen-Meiningen.

1. Der Revisionsassistent Bärou in Gräfenthal ist am 10. März c. an das Herzogl. Steueramt in Pößneck versetzt.

Minist. Reskr. d. d. Meiningen, 1. März 1885.

2. Dem Amtsverwalter Kost in Sonneberg ist von Sr. Hoheit dem Herzog das Prädikat „Rath" ertheilt worden.

Regierungsblatt Nr. 62 vom 2. April 1885.

Noch C. Sachsen-Meiningen.

3. Dem provisorischen Salzsteueraufseher Herbarth in Oberneusulza ist seine Stelle vom 1. Mai c. ab definitiv übertragen.

Minist. Restr. d. d. Meiningen, 19. April 1885.

D. Sachsen-Altenburg.

Am 1. April c. ist der Steueraufseher Vogel von Roda nach Ehrenhain, der basige Steueraufseher Fahr nach Uhlstädt und der dortige Steueraufseher Kunze nach Roda versetzt; der Militäranwärter Nicodemus ist zum Steueraufseher in Altenburg ernannt.

Minist. Restr. d. d. Altenburg, 12. Februar und 14. März 1885.

E. Sachsen-Coburg-Gotha.

Der Steueramtsaccessist Reinhardt z. Z. in Sonnefeld ist zum Steueramtsassistenten in Gotha befördert und der Sergeant Hahn als Steueraufseher in Sonnefeld angestellt.

Minist. Restr. d. d. Gotha, 22. u. 23. April 1885.

F. Schwarzburg-Rudolstadt.

Der provisorische Steueraufseher Peterlid in Oberweißbach ist aus dem Dienste ausgeschieden und die erledigte Stelle dem Vicefeldwebel Vogler provisorisch übertragen.

Minist. Restr. d. d. Rudolstadt, 2. Februar und 21. März 1885.

G. Reuß ä. L.

Der Steueraufseher Seibel in Greiz ist mit dem 31. März c. zur Disposition gestellt und die hierdurch erledigte Stelle dem Militairanwärter Heimstädt aus Weimar übertragen.

Restr. der Fürstl. Landesregierung d. d. Greiz, 27. März u. 21. April 1885.

H. Reuß j. L.

1. Der Steueramtsassistent Korn in Lobenstein ist Anfang März c. in den Ruhestand versetzt und dessen Stelle dem Steueraufseher Nahr daselbst übertragen. Als Steueraufseher in Lobenstein ist der Vicefeldwebel Stoy aus Weimar angestellt.

Minist. Restr. d. d. Gera, 4. Dezember 1884.

2. Dem in Ruhestand getretenen Steueramtsassistenten Korn in Lobenstein ist von Sr. Durchlaucht dem Fürsten die silberne Verdienstmedaille verliehen.

Minist. Restr. d. d. Gera, 13. Februar 1885.

3. Der Obersteuerinspektor Engelhardt in Gera ist auf Ansuchen aus dem Staatsdienste entlassen.

Minist. Restr. d. d. Gera, 16. März 1885.

Druck von Otto Conrad in Erfurt.

Amtsblatt
des General-Inspektors
des Thüringischen Zoll- und Handels-Vereins.

5tes Stück vom Jahre 1885.

№ 21. Bekanntmachung,
die Rechtschreibung von Ortsnamen betr., vom 13. Mai 1885. Nr. 2448.

Zur Herbeiführung gleichmäßiger Schreibweise von Ortschaften in verschiedenen Thüringischen Staaten sind bezügliche Verordnungen ergangen. Ich gebe die angeordnete amtliche Ortsnamenfeststellung, soweit dieselbe von der Schreibweise im Thüringischen Ortschaftsverzeichnisse abweicht, hierdurch mit der Anweisung bekannt, das Letztere entsprechend zu berichtigen.

Bisherige Ortsbenennung.	Nunmehrige Ortsbenennung.	Anderweite Aenderung.
A. Preußen.		
Bechstedtwagd.	Bechstett Wagd.	
Bischofrod.	Bischofsrode.	
Elxleben.	Elxleben a. Gera.	
Geisenhöhe.	Geisenhöhn.	
Gerhardsgereuth.	Gerhartsgereuth.	
Großkamsdorf.	Großcamsdorf.	
Keulrota.	Keulrod.	
Kleinkamsdorf.	Kleincamsdorf.	
Neidenberga.	Neidenberge.	
Seisla.	Seißla.	
Tranroba.	Trannroba.	
Barchfeld mit Hof Norelsgrube.	Barchfeld mit Hof Raboldsgrube.	
Hohlebrunn, (Hohleborn.)	Hohleborn.	
Rotteroba.	Rotterode.	
Steinbach.	Steinbach-Hallenberg.	(Steuerhebebezirk Schmalkalden.)
Weidenbrunn.	Weidebrunn.	

Bisherige Ortsbenennung.	Nunmehrige Ortsbenennung.	Anderweite Aenderung.
B. Sachsen-Weimar Eisenach.		
Buchfarth.	Buchfart.	
Camsdorf (Ober- und Unter-.)	Camsdorf.	„Ober-" und „Unter-" ist zu streichen.
Cronspitz.	Cronschwitz.	
Daumitsch.	Daumitsch.	
Köckeritz.	Köckritz.	
Cöthnitz.	Köthnitz.	
Copitzsch.	Kopitzsch.	
Cospoda.	Kospoda.	
Crölpa.	Krölpa.	
Lasan.	Laasan.	
Mildenfurt.	Mildenfurth.	(s. auch bei Altgomla.)
Moßbach.	Mosbach.	
Neustedt.	Neustädt a. Werra.	(Steuerbezirk Gerstungen.)
Obercamsdorf.		„s. Camsdorf" ist zu streichen; in Spalte 3. 4. „W. Jena" einzusetzen.
Oberreuthendorf.		„(Reuthendorf)" ist zu streichen.
Oberöchsen mit Niederöchsen.	Öchsen.	„Niederöchsen s. Oberöchsen" ist zu streichen, Bei Öchsen ist „s. Oberöchsen" zu streichen und in Sp. 3. 4. einzusetzen „W. Geisa."
Remda.	Stadtremda.	
Untercamsdorf. s. Camsdorf.		„Untercamsdorf s. Camsdorf" ist zu streichen
C. Sachsen-Meiningen.		
Herrmannsfeld.	Hermansfeld.	
Beierode.	Bairoda.	Hinter „Bairoda" ist zu streichen „s. Beierode" u. in Sp. 3 u. 4 zu setzen: |„P. Schmalkalden |M. Salzungen." „Beierode" ist zu streichen.
Barchfeld.	Barchfeld a. d. Ilm.	
Bernhard, Sct.	Bernhardt, Sct.	
Herrmannsroda.	Hermannsroda.	
Knollenbach.	Knollbach.	
Ebenharz.	Ebenhards.	
Kloster Veitsdorf.	Kloster Veilsdorf.	
		Bei „Gellershausen" ist in Sp. 3 statt „W." zu setzen „M."
Roth (Unterroth.)	Roth.	„Unterroth" ist zu streichen; ebenso nach Nr. 42 „Unterroth, s. Roth."

Bisherige Ortsbenennung.	Nunmehrige Ortsbenennung.	Anderweite Aenderung.
Schweikershausen.	Schweickershausen.	
Unter- oder Niederlind.	Unterlind.	
Dorfculm.	Dorfkulm.	
Unterwirbach.	Unterwirrbach.	
Schlage.	Schlaga.	
Pösneck.	Pößneck.	
Herrschdorf.	Herschdorf.	
Camburg.	Camburg.	
Kasekirchen.	Casekirchen.	
Kauerwitz.	Cauerwitz.	
Eckelstedt.	Eckelstädt.	
Kölenitsch.	Ködenitsch.	
Münchengosserstedt.	Münchengosserstädt.	
Schleußlau.	Schleuslau.	
Witzelroda.	Witzelrode.	

D. Sachsen-Coburg.

Mönchröden mit Hof Gnailes.	Mönchröden mit Hof Gneiles.	
Plehsten.	Plesten.	
Schönstedt.	Schönstädt.	
Weimarsdorf.	Weimersdorf.	
Wildenhaid.	Wildenheid.	

E. Sachsen-Gotha.

Apfelstedt.	Apfelstädt.	
Ballstedt.	Ballstädt.	
Bienstedt.	Bienstädt.	
Bittstedt.	Bittstädt.	
Boilstedt.	Boilstädt.	
Cobstedt.	Cobstädt.	
Döllstedt.	Döllstädt.	
Eberstedt.	Eberstädt.	
Fröttstedt.	Fröttstädt.	
Gamstedt.	Gamstädt.	
Gräfentonna. (s. Tonna.)		„s. Tonna" ist zu streichen; in Sp. 3. 4. „G. Gotha" einzusetzen.
Gierstedt.	Gierstädt.	
Mechterstedt.	Mechterstädt.	
Rehestedt.	Rehestädt.	
Remstedt.	Remstädt.	
Sättelstedt.	Sättelstädt.	
Thörey.	Thörei.	
Tonna.	Gräfentonna.	
Töttelstedt.	Töttelstädt.	

Bisherige Ortsbenennung.	Nunmehrige Ortsbenennung.	Anderweite Aenderung.
	F. Schwarzburg-Sondershausen.	
Breitenbach.	Großbreitenbach.	„Breitenbach (Großbreitenbach)" ꝛc. ist zu streichen.
Großbreitenbach.		„s. Breitenbach" ist zu streichen, in Sp. 3. 4. „S. Arnstadt" einzusetzen.
	G. Schwarzburg-Rudolstadt.	
Neuhaus.	Neuhaus am Rennsteig.	
Kleingeschwenta.	Kleingeschwende.	
	H. Reuß ä. L.	
Arnsgrün mit Neuhaus ꝛc.	Arnsgrün mit Neuhäuser ꝛc.	
Kleinreinsdorf.		„(Niederreinsdorf) mit Unterreinsdorf" ist zu streichen, dgl. „Niederreinsdorf s. Kleinreinsdorf" nach Nr. 74.
Sorge.	Sorge-Seitendorf.	„Seitendorf" (Nr. 146) ist zu streichen. Bei Friesau ist der Zusatz „vulgo kalter Frosch" zu streichen.
	I. Reuß j. L.	
Kretzschwitz.	Tretzschwitz.	
Niederböhmsdorf.	Niederböhmersdorf.	
Schönbrunn ꝛc. und Weißer Trutz.	Schönbrunn ꝛc. und Weißer Trotz.	
Pohlitz mit Saline und chemischer Fabrik Heinrichshalle.	Pohlitz mit Saline und chemisch er Fabrik Heinrichshall.	

Erfurt, den 13. Mai 1885.   Der General-Inspektor: Grolig.

Druck von Otto Conrad in Erfurt.

Amtsblatt
des General-Inspektors
des Thüringischen Zoll- und Handels-Vereins.

6tes Stück vom Jahre 1885.

№ 22. Bekanntmachung,
eine Ausstellung in Kaaden (Böhmen) betreffend, vom 28. Mai 1885. Nr. 2684.

In Kaaden (Böhmen) wird vom 30. August bis 20. September d. Js. eine Ausstellung von Erzeugnissen der Gewerbe, Industrie, der Land- und Forstwirthschaft veranstaltet werden, zu welcher — vorbehältlich der für die Einfuhr von Vieh und Vegetabilien bestehenden Beschränkungen — auch zollpflichtige vereinsländische Gegenstände einschließlich lebender Thiere unter den bekannten Voraussetzungen aus- bez. zollfrei wieder eingeführt werden können, was ich hierdurch bekannt gebe.

Erfurt, den 28. Mai 1885.   Der General-Inspektor: Grolig.

№ 23. Cirkular-Verfügung,
das Thüringische Steuerstellenverzeichniß betr., vom 17. Juni 1885. Nr. 3002.

Die Ortschaften Neuroda, Traßdorf und Kettmannshausen sind bezüglich der Erhebung aller gemeinschaftlichen indirekten Steuern vom 1. Juli d. Js. an dem Fürstlichen Steueramt in Arnstadt als Bezirkshebestelle für den Bezirk Ichtershausen zugewiesen worden. (Cirkular-Verfügung vom 28. Juli 1874. Nr. 4939 Ziffer 2).

Erfurt, den 17. Juni 1885.   Der General-Inspektor: Grolig.

№ 24. Cirkular-Verfügung,
die Ergänzung des statistischen Waarenverzeichnisses betr., vom 23. Juni 1885. Nr. 3144.

Der Bundesrath hat beschlossen, daß folgende Artikel:
    Eisen- und Stahldraht aller Art — Nr. 239 und 240 des statistischen Waarenverzeichnisses vom 4. Dezember 1884
    Drahtstifte — Nr. 253 ebendaselbst und
    Briquetts — aus Nr. 806 ebendaselbst

vom 1. Juli 1885 ab in das Verzeichniß derjenigen Massengüter, auf welche die Bestimmung im § 11 Absatz 2 Ziffer 3 des Gesetzes über die Statistik des Waarenverkehrs mit dem Auslande vom 20. Juli 1879 Anwendung findet, aufzunehmen seien.

Erfurt, den 23. Juni 1885.   Der General-Inspektor: Grolig.

№ 25. Bekanntmachung,
betr. die Erhebung von Uebergangsabgaben und die Ausfuhrvergütung für Branntwein in Württemberg vom 2. Juli 1885. Nr. 3269.

Zur Ergänzung von Ziffer II. 4 der in dem Amtsblatt vom vorigen Jahre unter Nr. 5 (Bekanntmachung vom 30. Januar 1884 Nr. 561) enthaltenen Uebersicht der Uebergangsabgaben und Ausfuhrvergütungen wird hiermit bekannt gegeben, daß in Württemberg vom 1. Juli d. Js. an eine Uebergangsabgabe im Betrage von 13 ℳ 10 ₰ für 1 hl. Branntwein zu 50 Prozent Alkohol nach dem Alkoholometer von Tralles bei 12,44 Réaumur zur Erhebung gelangt, während die Uebergangsabgabe bisher 2 ℳ 75 ₰ betragen hat.

Ferner ist dort das vom 1. Juli d. Js. an die Steuerrückvergütung im Falle der Ausfuhr auf 8 ℳ für 1 hl Branntwein zu 50 Prozent Alkohol nach dem Alkoholometer von Tralles bei 12,44 Réaumur und auf 4 ℳ 80 ₰ für 1 hl Liqueur ohne Rücksicht auf den Stärkegrad festgesetzt worden, während bisher eine solche Steuerrückvergütung überhaupt nicht gewährt worden. Die Ausfuhrvergütung wird jedoch nur gewährt werden, wenn der Branntwein eine Stärke von 35 Prozent nach dem Alkoholometer von Tralles oder darüber hat und wenn die auf einmal ausgeführte Menge mindestens 20 Liter beträgt.

Erfurt, den 2. Juli 1885.   Der General-Inspektor: Grolig.

Personalien.

A. Preußen.

1. Dem Hauptamtsdiener Urbach hier ist vom 16. Juni c. ab die Stelle eines Grenzaufsehers in Dybsterkrug und die hierdurch erledigte Hauptamtsdienerstelle dem Vicefeldwebel Holzapfel verliehen.
2. Der Steueraufseher Maffored in Ranis ist am 25. Juni c. mit Tode abgegangen.

B. Sachsen-Meiningen.

1. Der Steueramtsrendant Meffert in Meiningen ist zum Buchhalter der Herzogl. Landeskreditanstalt ernannt.

       Minist. Restr. d. d. Meiningen, 11. Mai 1885.

2. Der berittene Steueraufseher Scheller in Saalfeld ist am 1. Juni c. in den Ruhestand versetzt und die hierdurch erledigte Stelle dem Steueraufseher Koch in Römhild übertragen.

       Mittheilung des Herzogl. Feldjägerkommandos vom 12. Mai 1885.

3. An Stelle des mit dem 16. Juni c. abberufenen Revisionsassistenten Rost in Ritschenhausen ist der Rechnungspraktikant Göpfert in Sonneberg getreten.

       Minist. Restr. d. d. Meiningen, 15. Mai 1885.

4. Der Revisionsassistent Hartung in Meiningen ist vom 16. Juni c. ab an das Herzogl. Steueramt in Sonneberg versetzt.

       Minist. Restr. d. d. Meiningen, 15. Mai 1885.

C. Sachsen-Coburg-Gotha.

1. Der Militairanwärter Görlach ist vom 1. Juli c. an als Steueraufseher in Gräfentoda angestellt.

       Minist. Restr. d. d. Gotha, 21. Juni 1885.

2. Der Steueraufseher Heß in Gotha ist am 1. Juli c. nach Ichtershausen versetzt.

       Minist. Restr. d. d. Gotha, 20. Juni 1885.

3. Der Steueramtsrendant Müller zu Gotha ist zum Vorstande des Herzogl. Steueramts daselbst mit dem Dienstprädikate „Rentamtmann" ernannt.

       Minist. Restr. d. d. Gotha, 21. Juni 1885.

4. Die durch das Ableben des Rentamtmanns Müller erledigte Stelle des Vorstandes beim Herzogl. Steueramte in Tenneberg ist vom 1. Juli c. an dem Kasserath Trebschuh in Gotha unter Verleihung des Dienstprädikats „Rentamtmann" verliehen.

       Minist. Restr. d. d. Gotha, 21. Juni 1885.

Noch C. Sachsen-Coburg-Gotha.

5. Der Militairanwärter Hegewald aus Berlin ist vom 1. Juli c. an als Steueraufseher in Waltershausen angestellt.

Minist. Restr. d. d. Gotha, 28. Juni 1885.

D. Schwarzburg-Rudolstadt.

Der Rechnungsaccessist Jahn ist zum Rent- und Steueramtsassistenten bei dem Fürstlichen Steueramte in Rudolstadt ernannt.

Minist. Restr. d. d. Rudolstadt, 30. Juni 1885.

Druck von Otto Conrad in Erfurt.

Amtsblatt
des General-Inspektors
des Thüringischen Zoll- und Handels-Vereins.

7tes Stück vom Jahre 1885.

№ 26. Bekanntmachung,
Denaturirung von Talg betr., vom 23. Juli 1885. Nr. 3658.

Der Bundesrath hat unter Abänderung seines früheren Beschlusses (conf. Bekanntmachung vom 3. April 1883 Nr. 1571 — Amtsblatt 1883 Seite 7) beschlossen, daß Talg (eingeschmolzenes Fett von Rind- oder Schafvieh), auch wenn er bei einer Temperatur von 14 bis 15° R. schmalzartige Konsistenz zeigt, nach Nr. 26. 1 des Zolltarifs zum Satze von 2 ℳ abgelassen werden darf, sofern er bei der Abfertigung durch Vermischung mit 1 kg gewöhnlichen Petroleums (Brennpetroleums) auf je 100 kg unter amtlicher Aufsicht denaturirt wird.

Erfurt, den 23. Juli 1885.   Der General-Inspektor: Grolig.

№ 27. Bekanntmachung,
die Ausführung der Kaiserlichen Verordnung vom 6. März 1883 betr.,
vom 23. Juli 1885. Nr. 3657.

Unter Bezugnahme auf die Bestimmung in Ziffer 1 b der im Centralblatt für das deutsche Reich 1883 Seite 92 abgedruckten Ausführungsbestimmungen zur Kaiserlichen Verordnung vom 6. März 1883, betreffend das Verbot der Einfuhr von Schweinen, Schweinefleisch und Würsten amerikanischen Ursprungs (Amtsblatt 1883 Seite 8) ist höheren Orts beschlossen worden, daß bei der Einfuhr von Schweinefleisch einschließlich der Speckseiten aus Frankreich nach Deutschland auch solche Ursprungszeugnisse zuzulassen sind, welche von der betreffenden französischen Ortsbehörde ausgestellt und von dem zuständigen deutschen Konsul bezw., wo ein solcher nicht bestellt ist, von der Kaiserlichen Botschaft zu Paris legalisirt sind.

Erfurt, den 23. Juli 1885.   Der General-Inspektor: Grolig.

№ 28. **Cirkular-Verfügung,**
die Abfertigung von Branntwein mit Anspruch auf Steuervergütung betreffend,
vom 29. Juli 1885. Nr. 3771.

Der Bundesrath hat in der Sitzung vom 4. d. Mts. beschlossen,
1. daß Branntwein, für welchen die Steuervergütung beansprucht wird, nach amtlicher Feststellung des Gewichts und der Alkoholstärke in Bassinwagen unter Wagenverschluß über die Grenze der Branntweinsteuergemeinschaft ausgeführt werden darf;
2. daß Branntwein, welcher von dem inländischen Inhaber unter Inanspruchnahme der Steuervergütung nach einem Freihafengebiet ausgeführt werden soll, in Bassinwagen, welche entweder im Inlande unter amtlichen Verschluß zu setzen oder von der letzten inländischen Eisenbahnstation ab amtlich zu begleiten sind, über die Grenze gebracht, unter Aufsicht der im Freihafengebiet befindlichen Amtsstelle in Gebinde übergeführt und dann von derselben in Bezug auf Gewicht und Alkoholstärke geprüft werden darf.

Erfurt, den 29. Juli 1885.   Der General-Inspektor: Grolig.

№ 29. **Cirkular-Verfügung,**
die amtliche Revision von Gewerbebestellsalz am Bestimmungsorte betr.,
vom 29. Juli 1885. Nr. 3772.

Der Bundesrath hat in der Sitzung vom 4. d. Mts. beschlossen, daß unter bezüglicher Aenderung des Bundesrathsbeschlusses vom 18. Oktober 1876, betreffend die Denaturirung von Gewerbebestellsalz mit Petroleum, Kienöl oder anderen mit Erlaubniß der Direktivbehörden zulässigen Denaturirungsmitteln genehmigt werde, daß am Bestimmungsorte des auf den Salinen denaturirten Salzes auf Antrag des Empfängers die amtliche Revision der geöffneten Kolli in Bezug auf ihren Inhalt und die geschehene Denaturirung mittelst des Visitireisens vorgenommen werden darf.

Vorkommenden Falls bewendet es also bei diesem Revisionsakte, sodaß die Ausschüttung des denaturirten Salzes in den Gewerbsräumen des Empfängers von einem Steuerbeamten nicht mehr überwacht zu werden braucht.

Erfurt, den 29. Juli 1885.   Der General-Inspektor: Grolig.

№ 30. **Bekanntmachung,**
die zollfreie Wiedereinfuhr der zur Weltausstellung nach Antwerpen gesandten inländischen Thiere betr., vom 31. Juli 1885. Nr. 3806.

Dem zur Weltausstellung nach Antwerpen (conf. Bekanntmachung Nr. 11 vom 20. März c.) gesandten und dort unverkauft gebliebenen deutschen Rindvieh soll die zollfreie Wiedereinfuhr unter der Voraussetzung gestattet werden, daß in den bei dem

Transport berührten belgischen und niederländischen Landestheilen keine ansteckenden Viehseuchen herrschen, und daß die Thiere auf der Grenzstation von einem diesseitigen beamteten Thierarzte untersucht und als vollkommen gesund befunden werden. Zum Zwecke der Prüfung hat der Viehzüchter dem betreffenden Regierungspräsidenten (zu Aachen, Coeln, Münster, Aurich und Osnabrück) rechtzeitig eine genaue Beschreibung der auszustellenden Thiere einzureichen und diejenige Grenzstation, über welche die Zurückführung erfolgen soll, sowie die Transportroute zu bezeichnen.

Auf höhere Anordnung mache ich dies sämmtlichen Steuerstellen meines Verwaltungsbezirks hierdurch bekannt.

Erfurt, den 31. Juli 1885.   Der General-Inspektor: Grolig.

№ 31. Cirkular-Verfügung,

Zollerleichterungen bei der Ausfuhr von Mühlenfabrikaten und die Privattransitläger von Getreide betr., vom 5. August 1885. Nr. 3926.

Der Bundesrath hat die nachstehenden Bestimmungen getroffen:

I. Zu dem Regulativ für Privattransitlager von den in Nummer 9 des Zolltarifs aufgeführten Waaren (Getreide ꝛc.) ohne Mitverschluß der Zollbehörde vom 13. Mai 1880 (vergl. Cirkular-Verfügung vom 8. Juni 1880, Nr. 4611):

Zu § 5.

Der § 5 erhält folgende Fassung:

„Zugang zum Lager.

Werden Getreidemengen derselben Art, welche verschiedenen Zollsätzen unterliegen, gelagert, so findet auf den gesammten Bestand dieser Getreideart der höchste der in Betracht kommenden Zollsätze Anwendung.

Die Einlagerung des Getreides erfolgt nach Nettogewicht."

Hinter § 22 und vor „V. Strafbestimmungen." ist als

§ 22 a

einzuschalten:

„Getreidemengen derselben Art, welche verschiedenen Zollsätzen unterliegen, müssen gesondert in von einander getrennten Räumen, welche mit dem für die lagernden Waaren maßgebenden Zollsatze deutlich bezeichnet sind, gelagert werden.

In den Niederlagsregistern (§ 15), den An- und Abmeldungen (§ 18) und in den Lagerregistern (§ 20) ist der Zollsatz, welchem die Waare unterliegt, ersichtlich zu machen und in den Abmeldungen außerdem die Richtigkeit der letzteren Angabe ausdrücklich vom Deklaranten zu versichern.

Mischungen mit den vorbezeichneten Waaren dürfen nur nach vorheriger Anmeldung (§ 19) und unter amtlicher Aufsicht vorgenommen werden."

II. Zu dem Regulativ, betreffend die Gewährung einer Zollerleichterung bei der Ausfuhr von Mühlenfabrikaten (vergl. Cirk.-Verf. vom 8. Juli 1882 Nr. 3202):

Zu § 4.

Der Absatz 2 erhält folgende Fassung:

„Die Buchführung ist so einzurichten, daß jederzeit festgestellt werden kann, wieviel Getreide jeder Art und zu welchem Zollsatze in den bezeichneten Räumen vorhanden sein soll."

Zu § 5.

Als zweiter Absatz ist aufzunehmen:

„Getreidemengen derselben Gattung, welche verschiedenen Zollsätzen unterliegen, sind im Konto in besonderen Unterabtheilungen anzuschreiben."

Zu § 8.

Der § 8 erhält folgende Fassung:

„Die Abrechnung findet vierteljährlich in der Art statt, daß am 20. Tage, falls dieser aber auf einen Sonn- oder Feiertag fällt, am nächsten Werktage des siebenten Monats nach Ablauf des Abrechnungsquartals von der in diesem Quartal angeschriebenen Menge ausländischen Getreides diejenige Getreidemenge, welche nach dem Ausbeuteverhältniß (§ 9) der Menge der in dem bezeichneten und in den beiden folgenden Quartalen thatsächlich zur Ausfuhr gelangten Mühlenfabrikate entspricht, in Abzug gebracht wird, soweit dieselbe nicht etwa schon bei der Abrechnung für das Vorquartal zum Abzug gebracht ist. Es ist dabei für jede Getreideart besonders abzurechnen. Falls bei der Abrechnung die in Abzug zu bringende Getreidemenge die im Abrechnungsquartal stattgefundenen Aufschreibungen der betreffenden Getreideart nicht erreicht, so ist der Zollbetrag von dem zu verzollenden Quantum unter Zugrundelegung des Verhältnisses der im Abrechnungsquartal angeschriebenen, verschiedenen Zollsätzen unterliegenden Getreidemengen der in Betracht kommenden Gattung zu berechnen. Der Konteninhaber hat binnen längstens 8 Tagen nach Zustellung der Abrechnung den sich ergebenden Zollbetrag einzuzahlen. Ein weiterer Geldkredit ist unzulässig."

Zu § 9.

An die Stelle des zweiten Absatzes tritt folgende Bestimmung:

„Bei Gemischen von Weizen- und Roggenmehl, sowie bei Weizen- oder Roggenmehl, welches aus Weizen- oder Roggenmengen hergestellt ist, die verschiedenen Zollsätzen unterliegen, ist das Verhältniß der zur Mischung verwendeten Getreidemengen, bezw. der verschiedenen Zollsätzen unterliegenden Getreidemengen derselben Gattung anzumelden und gelangen diese Gemische bei nachgewiesener Ausfuhr dementsprechend zur Abschreibung. Ist das Mischungsverhältniß nicht bekannt, so hat die Abschreibung und Abrechnung nach Maßgabe der Vorschriften zu bewirken, welche die obersten Landesfinanzbehörden für diesen Fall ertheilen werden."

Der Absatz 5 erhält folgende Fassung:

„Bei der Ausfuhr von Mühlenfabrikaten, welche aus einer Mischung von verschiedenen Tarifsätzen unterworfenen Getreidearten hergestellt sind, findet, abgesehen von der im zweiten Absatze dieses Paragraphen vorgesehenen Ausnahme, ein Zollnachlaß überhaupt nicht statt."

Es bleibt das Erforderliche überlassen, damit etwa betheiligte Handel- und Gewerbetreibende in geeigneter Weise von den vorgedachten Bestimmungen Kenntniß erhalten.

Erfurt, den 5. August 1885.   Der General-Inspektor: Grolig.

Druck von Otto Conrad in Erfurt.

Amtsblatt
des General-Inspektors
des Thüringischen Zoll- und Handels-Vereins.

8tes Stück vom Jahre 1885.

№ 32. Bekanntmachung,
die Ausfertigung oder Beglaubigung von Ursprungszeugnissen zu Waarensendungen nach Rumänien betr., vom 2. September 1885. Nr. 4476.

Von der rumänischen Zollverwaltung werden für diejenigen aus Deutschland eingehenden Waaren, deren zollamtliche Behandlung nach dem Vertragstarife vom 14. November 1877 — cfr. Seite 199 ff. des Reichsgesetzblattes vom Jahre 1881 — beansprucht wird, Ursprungszeugnisse verlangt, welche in der Sprache des Landes, dem die betreffenden Waaren angehören, abgefaßt sein können, jedoch von einer rumänischen Uebersetzung begleitet werden müssen. Falls diese Uebersetzung dem Certifikat nicht von Anfang an beigegeben ist, soll dieselbe doch bei der Ankunft in den rumänischen Douanen von den Interessenten angefertigt werden.

Zur behördlichen Ausfertigung oder Bestätigung solcher Certifikate, aus welchen deutlich zu ersehen sein soll, daß die Waarensendung aus Deutschland oder einem der begünstigten Länder stammt, werden hierdurch die mit Zollabfertigungs-Befugnissen versehenen Steuerstellen mit der Aufforderung ermächtigt, wegen geeigneter Mittheilung an die Interessenten ihres Bezirks das Erforderliche zu veranlassen.

Erfurt, den 2. September 1885.   Der General-Inspektor: Grolig.

№ 33. Verfügung,
Denaturirung von Baumöl ɛc. mit Petroleum betr., vom 7. September 1885. Nr. 4652.

Der Herr Finanzminister hat genehmigt, daß in Fässern eingehendes Olivenöl (Nr. 26. d des Tarifs) und ebenso Ricinusöl auch unter Anwendung von Petroleum amtlich denaturirt werden dürfe, sofern gewöhnliches stark riechendes Brenn-Petroleum als Denaturirungsmittel in einer Menge von 5 kg auf 100 kg Oel zugesetzt wird. Zu den auf Seite 10 und 11, sowie 119 der vorläufigen Aenderung des amtlichen Waarenverzeichnisses angegebenen Ingredienzien kommt also unter der vorstehenden Voraussetzung Petroleum hinzu.

Erfurt, den 7. September 1885.   Der General-Inspektor: Grolig.

№ 34. Bekanntmachung,
Befugnisse zweier Thüringischer Steuerstellen betr., vom 12. September 1885. Nr. 4803.

Am 1. Oktober d. J. wird mit der Eröffnung des Bahnbetriebs von Ludwigstadt nach Probstzella die bisherige Herzogliche Uebergangsstelle in Probstzella aufgehoben. Die Geschäfte gehen auf ein neu errichtetes Herzogliches Uebergangssteueramt auf dem Bahnhofe in Probstzella über. Desgleichen wird am 1. Oktober d. J. oder aber mit dem Tage, an welchem der Bahnbetrieb von Ludwigstadt nach Lehesten beginnt, die Herzogliche Uebergangsstelle in Lehesten auf den Bahnhof daselbst verlegt.

Beide genannte Stellen erhalten die Befugniß zur unbeschränkten Erhebung von Uebergangsabgaben, sowie Ausfertigung und Erledigung von Uebergangsscheinen (Stellenverzeichniß Theil II Spalte 3), das Herzogliche Uebergangssteueramt in Probstzella überdies die Befugniß zur Abfertigung und Ertheilung der Ausgangsbescheinigung für Bier und Branntwein, welche mit dem Anspruch auf Steuervergütung ausgehen (Theil I Spalte 21) und zur Wiederanlegung des Verschlusses bei Verschluß-Verletzungen (Theil I Spalte 18).

Bezirkssteuerstelle (Prozeßbefugniß) ist das Herzogliche Steueramt in Gräfenthal.

Erfurt, den 12. September 1885.   Der General-Inspektor: Grolig.

Personalien.

A. General-Inspektion.

1. Dem zweiten Amtsgehülfen des General-Inspektors, Regierungsrath Dr. jur. Geutebrück ist von Sr. Hoheit dem regierenden Herzog von Sachsen-Altenburg das Ritterkreuz I. Klasse des Herzoglich-Sachsen-Ernestinischen Hausordens verliehen worden.

2. Der Regierungs-Assessor Dr. jur. Pohle ist von den hohen Thüringischen Vereinsregierungen als Mitglied der General-Inspektion definitiv angestellt worden.

B. Preußen.

Vom 1. Oktober c. ab wird der Steuereinnehmer Loose von Schleusingen nach Seehausen b. M. und gleichzeitig der zu Nebra stationirte Steuereinnehmer II. Klasse Schröter in gleicher Eigenschaft nach Schleusingen versetzt.

C. Sachsen-Weimar.

Vom 1. Oktober c. ab wird der Verwiegungsbeamte Springer in Dermbach in gleicher Eigenschaft nach Oldisleben, der berittene Steueraufseher Rein in Ruma als Verwiegungsbeamter nach Dermbach, der Steueraufseher Borkmann in Geisa als berittener Steueraufseher nach Ruma versetzt. Vom gleichen Zeitpunkte an wird dem Dienstanwärter, Geometergehülfen Vogt aus Weimar die Steueraufseherstelle in Geisa provisorisch übertragen.

Minist. Restr. d. d. Weimar, 28. Juni 1885.

D. **Sachsen-Meiningen.**

1. Die provisorische Anstellung der Steueraufseher Langert in Steinach und Mathes in Meiningen ist in eine definitive umgewandelt worden.

    Mittheilung des Herzogl. Feldjägerkommandos vom 21. Juli 1885.

2. Dem Revisionsassistenten Koch in Römhild sind die Funktionen des Verwalters des neu errichteten Herzogl. Uebergangssteueramtes in Probstzella übertragen; zum zweiten Beamten der genannten Stelle ist der Revisionsassistent Pödler in Salzungen ernannt.

    Ministerial-Restr. d. d. Meiningen, 7. Septbr. 1885.

3. Der Revisionsassistent Rexroth in Meiningen ist vom 14. Septbr. c. ab an das Herzogl. Steueramt in Römhild versetzt.

    Ministerial-Restr. d. d. Meiningen, 8. Septbr. 1885.

L. **Reuß j. L.**

Die erledigte Stelle des Hauptsteueramtsvorstandes und gleichzeitigen Oberkontroleurs in Gera ist vom 1. Oktober c. ab dem Königl. Preußischen Steuerinspektor Bertram in Saalfeld zunächst kommissarisch übertragen.

Minist. Restr. d. d. Gera, 14. August 1885.

Druck von Otto Conrad in Erfurt.

Amtsblatt
des General-Inspektors
des Thüringischen Zoll- und Handels-Vereins.

9tes Stück vom Jahre 1885.

№ 35. Bekanntmachung,
Abfertigung von hartem Kammgarn aus Glanzwolle betr., vom 30. Septbr. 1885. Nr. 5137.

Der Bundesrath hat beschlossen, daß zur Abfertigung von Wollengarn als „hartes Kammgarn aus Glanzwolle über 20 Centimeter Länge" zu den Zollsätzen der Tarifposition 41. c. 2 nur die nachstehend genannten Amtsstellen befugt sind:
1. das Königlich Preußische Hauptsteueramt für ausländische Gegenstände in Berlin,
2. die Zollabfertigungsstellen des Königlich Preußischen Hauptsteueramts zu Elberfeld auf den Bahnhöfen in Rittershausen und Steinbeck,
3. das Königlich Sächsische Hauptzollamt zu Leipzig.

Erfurt, den 30. September 1885.   Der General-Inspektor: Grolig.

№ 36. Bekanntmachung,
eine Abänderung des Verzeichnisses der dem Vereine deutscher Eisenbahnverwaltungen angehörigen ausländischen Bahnen betreffend, vom 9. Oktober 1885. Nr. 5367.

Mit Bezugnahme auf das im Amtsblatt für 1884 S. 25 fg. enthaltene Verzeichniß der dem Vereine deutscher Eisenbahnverwaltungen angehörigen ausländischen Bahnen wird zur Nachachtung bekannt gegeben, daß diesem Vereine nicht mehr angehören:
1. Direktion der K. priv. Alföld-Fiumaner Eisenbahn (Großwardein-Essegg). Sitz: Budapest. (Ziffer 1 des Verzeichnisses.)
2. K. K. Ministerial-Kommission für die Verwaltung der Dniester- und Tarnow-Leluchower Staatsbahn, der Erzherzog Albrecht-Bahn und der Mährischen Grenzbahn. Sitz: Wien. (Ziffer 21 des Verzeichnisses.)

Erfurt, den 9. Oktober 1885.   Der General-Inspektor: Grolig.

№ 37. Bekanntmachung
tarifarischer Bestimmungen, vom 14. Oktober 1885. Nr. 5495.

1. Nach einem Beschlusse des Bundesraths sind **Kautschuckplatten** mit aufgewalztem Baumwollengewebe nach Nr. 17e des Zolltarifs zu behandeln.
2. Es ist in Frage gekommen, ob ein in Knänelform eingegangenes einfaches, ungefärbtes, unbedrucktes und ungebleichtes Hanfgarn, das eine weitere Zubereitung durch Waschen, Glätten oder Glänzen nicht erfahren hatte, als Nähgarn anzusehen und demgemäß nach Nr. 22c des Zolltarifs zum Satze von 36 ℳ für 100 kg oder als Garn der Tarifnummer 22a zu verzollen sei. Nach den stattgehabten technischen Erörterungen sind unter accomodirtem Nähgarn und dergleichen Nähzwirn im Sinne der Nr. 22 c und d des Zolltarifs alle diejenigen in den auf Seite 89 der vorläufigen Aenderung des amtlichen Waarenverzeichnisses gedachten Aufmachungen eingehenden einfachen oder mehrfachen Leinengarne zu verstehen, welche zum Nähen, gleichviel ob von Zeugen, Leder oder sonstigen Stoffen, ob in einfachen oder mehrfachen mit Wachs, Pech ꝛc. behandelten oder nicht behandelten Fäden verwendet werden.
3. Unter Aufhebung etwa entgegenstehender früherer Entscheidungen wird nachachtlich darauf aufmerksam gemacht, daß unter den nach dem Tarif A zum Handels- und Schifffahrtsvertrage zwischen dem Deutschen Reiche und Spanien vom 12. Juli 1883 zu dem ermäßigten Zollsatze von 10 ℳ für 100 kg zuzulassenden **Korksohlen** und **Korkstopfen** nur solche ohne Verbindung mit anderen Materialien zu verstehen sind.

Erfurt, den 14. Oktober 1885.   Der General-Inspektor: Grolig.

Personalien.

A. Preußen.

1. Die durch den Tod ihres bisherigen Inhabers Hühn erledigte Steuerrezeptorstelle in Ranis ist vom 1. Oktober c. ab dem Steuereinnehmer Schaar in Wippra übertragen.

2. Vom 1. Oktober c. ab ist der Steueraufseher Krehmke von Herrenbreitungen nach Staßfurt und der Grenzaufseher Schönemeyer zu Emden als Steueraufseher nach Herrenbreitungen versetzt.

3. Die erledigte Steueraufseherstelle in Ranis ist vom 16. Oktober c. ab dem Grenzaufseher Lollis in Brunshausen verliehen.

4. Die kommissarische Verwaltung der Obersteuerkontrole in Saalfeld ist dem Hauptsteueramtsassistenten Rohde hier übertragen.

B. Sachsen-Weimar.

1. An Stelle des nach Neustadt a. O. versetzten Großherzogl. Rechnungsamtmanns Lieber ist vom 1. Oktober c. an der bisherige Rechnungsamtsassistent Reinhardi von Eisenach zum Vorstand des Großherzogl. Rechnungsamtes und der Steuerrezeptur in Butistädt unter Verleihung des Dienstprädikates „Rechnungsamtmann" ernannt.

Minist. Reskr. d. d. Weimar, 4. Septbr. 1885.

2. Der Steueramtsrendant Hosäus in Eisenach ist gestorben.

3. Der Steueraufseher Engau in Bürgel wird vom 1. Januar 1886 ab zur Disposition gestellt und die dienstliche Vertretung desselben dem provisorischen Steueraufseher Krieger übertragen.

Minist. Reskr. d. d. Weimar, 25. Septbr. 1885.

4. Der seither mit der Wahrnehmung der Geschäfte eines Assistenten bei dem Großherzogl. Steueramte Weimar kommissarisch betraute Dienstanwärter, Geometer Gang, ist vom 1. Oktober c. ab zum Assistenten bei dem genannten Steueramte ernannt.

Minist. Reskr. d. d. Weimar, 5. Oktober 1885.

5. Die kommissarische Verwaltung der Steueraufseherstelle in Geisa ist vom 1. Oktober 1885 an dem Vizefeldwebel Raubitzer in Jena übertragen.

Minist. Reskr. d. d. Weimar, 10. Oktober 1885.

C. Sachsen-Meiningen.

1. Der Revisionsassistent Wachtel in Meiningen ist als Revisionsbeamter an das Herzogl. Uebergangssteueramt in Probstzella versetzt.

Minist. Reskr. d. d. Meiningen, 19. Septbr. 1885.

C. Noch Sachsen-Meiningen.

2. Am 10. Oktober c. ist der Steueraufseher **Wicklein** in **Eisfeld** nach **Römhild**, der Steueraufseher **Langert** in **Steinach** nach **Eisfeld** und der provisorische Steueraufseher **Neutsch** in **Hildburghausen** nach **Steinach** versetzt.

Mittheilung des Herzogl. Feldjägerkommandos vom 27. Septbr. 1885.

3. Dem Herzogl. Uebergangssteueramte zu **Probstzella** ist bis auf Weiteres der Steueraufseher **Arius** als Stellvertreter der Revisionsbeamten beigegeben.

Minist. Restr. d. d. Meiningen, 29. Septbr. 1885.

D. Sachsen-Altenburg.

Dem Finanzkassirer **Kratzsch** in **Eisenberg** wurde von Sr. Hoheit dem Herzog das Prädikat als Rechnungsrath verliehen.

Amts- u. Nachrichtsblatt Nr. 114 de 1885.

E. Schwarzburg-Rudolstadt.

Der Rent- und Steueramtsassistent **Baurmeister** in **Königsee** ist vom 1. Oktober c. ab dem Fürstlichen Steueramte in **Rudolstadt** zugetheilt.

Minist. Restr. d. d. Rudolstadt, 21. Septbr. 1885.

Druck von Otto Conrad in Erfurt

Amtsblatt
des General-Inspektors
des Thüringischen Zoll- und Handels-Vereins.

10tes Stück vom Jahre 1885.

№ 38. Bekanntmachung,
eine Ausstellung im Zollausschlußgebiet Altona's betr., vom 1. Dezember 1885. Nr. 6420.

In den Räumen der von dem Industrie-Verein zu Altona gegründeten, im Zollausschlußgebiet Altona's liegenden Kunst- und Gewerbehalle soll eine ständige Ausstellung von Muster-Erzeugnissen des Gewerbefleißes stattfinden, zu welcher auch zollpflichtige vereinsländische Gegenstände unter den bekannten Voraussetzungen aus- bez. zollfrei wieder eingeführt werden können, was ich hierdurch bekannt gebe.

Erfurt, den 1. Dezember 1885.   Der General-Inspektor: Grolig.

№ 39. Cirkular-Verfügung,
die zollfreie Ablassung von Petroleum für gewerbliche Zwecke betreffend,
vom 15. Dezember 1885. Nr. 6713.

Der Bundesrath hat an Stelle der mit der Cirkularverfügung vom 14. Dezember 1883 Nr. 6229 hinausgegebenen die anliegenden Bestimmungen, betreffend die zollfreie Ablassung von Petroleum für gewerbliche Zwecke, beschlossen, welche zu beachten und an Amtsstelle zur Einsicht des betheiligten Publikums bereit zu halten sind. Werden neue bezügliche Anträge gestellt oder wird eine Aenderung der bereits in Thüringen für Gummifabrikanten pp. bestehenden, nach 4 B c 5 A. B der Anlage beantragt, so ist anher zu berichten.

Erfurt, den 15. Dezember 1885.   Der General-Inspektor: Grolig.

Personalien.

A. General-Inspektion.

Der erste Kanzleidiener bei der General-Inspektion, Botenmeister Gothe, ist vom 1. Januar 1886 ab auf sein Ansuchen in Ruhestand versetzt und die hierdurch erledigte Stelle dem bisherigen Steueraufseher Heimstädt aus Greiz verliehen.

B. Sachsen-Meiningen.

1. Der Rechnungspraktikant Albert in Ritschenhausen ist als Revisionsbeamter an das Herzogl. Uebergangssteueramt in Probstzella abgeordnet.

   Minist. Reskr. d. d. Meiningen, 15. November 1885.

2. Der Amtsverwalter Rath Hellbach in Camburg ist vom 1. Dezbr. cr. ab in Ruhestand getreten und der Amtsassistent Kohles in Hildburghausen vom gleichen Zeitpunkte ab als Amtsverwalter nach Camburg versetzt. An Stelle des Letzteren tritt der Revisionsassistent Wachtel von Probstzella.

   Minist. Reskr. d. d. Meiningen, 15. Novbr. 1885 und Regierungsblatt Nr. 180.

3. Dem Herzogl. Steueramte in Meiningen ist der Revisionsassistent Kelner als dritter Beamter zugewiesen.

   Minist. Reskr. d. d. Meiningen, 11. Mai 1885.

4. Der Steueraufseher Beck ist von Gräfenthal nach Probstzella und der Steueraufseher Artus von Probstzella nach Gräfenthal versetzt.

   Mittheilung des Herzogl. Feldjägerkommandos vom 18. Dezbr. 1885.

5. Der Revisionsassistent Zinn in Ritschenhausen ist nach Probstzella und der Revisionsassistent Schuffner in Meiningen nach Ritschenhausen versetzt.

   Minist. Reskr. d. d. Meiningen, 16. u. 19. Dezbr. 1885.

C. Sachsen-Altenburg.

Die durch das Ableben des Oberkontroleurs Jäger erledigte Assistentenstelle bei dem Herzoglichen Hauptsteueramte in Altenburg ist dem Steueraufseher Jäger daselbst mit dem Dienstprädikate „Hauptsteueramtsassistent" vom 1. Januar 1886 ab verliehen.

Minist. Reskr. d. d. Altenburg, 28. Dezbr. 1885.

D. Sachsen-Coburg-Gotha.

1. Der Militairanwärter Schreiber ist vom 1. Novbr. c. an als Steueraufseher in Gotha provisorisch angestellt.

   Minist. Reskr. d. d. Gotha, 19. Oktober 1885.

Noch B. Sachsen-Coburg-Gotha.

2. Die Geschäfte der durch Versetzung des Assessors Heß erledigten zweiten Beamtenstelle bei dem Herzogl. Steueramte in Tenneberg sind dem Assistenten Rennert das. übertragen.

3. Dem bisherigen Verwalter der Obersteuerkontrole in Gotha, Steueramtsassistenten Meyer, ist vom 1. Januar 1886 ab unter Beförderung zum Obersteuerkontroleur die erledigte gemeinschaftliche Obersteuerkontrolestelle in Arnstadt verliehen.

Die Bezirksoberkontrolestelle in Gotha wird vom gleichen Zeitpunkte ab von dem Vorstande des Herzogl. Steueramtes das., Rentamtmann Müller, bis auf Weiteres mit verwaltet.

Minist. Restr. d. d. Gotha, 27. Novbr. und 20. Dezbr. 1885.

E. Schwarzburg-Rudolstadt.

Der Steueramtsassistent Jahn in Rudolstadt ist am 1. Novbr. c. an die Fürstliche Hauptlandeskasse versetzt.

Mittheilung des Fürstlichen Steueramtes Rudolstadt.

F. Schwarzburg-Sondershausen.

Der Obersteuerkontroleur, Steuerrath Berger in Arnstadt ist vom 1. Januar 1886 ab auf sein Ansuchen in den Ruhestand versetzt.

Minist. Restr. d. d. Sondershausen, 10. Oktober 1885.

Druck von Otto Conrad in Erfurt.

Register

zum Jahrgange 1885 des Amtsblatts des General-Inspektors des Thüringischen Zoll- und Handelsvereins.

I. Chronologisches Register.

Laufende Nummer.	Der Cirkular-Verfügung ꝛc. Datum.	Journal №	Inhalt.	Zu finden unter №	Seite.
	1885.				
1.	5. Januar	21	Bekanntmachung, eine Ausstellung in Budapest (Ungarn) betr.	1.	1.
2.	12. ejd.	231	Dgl. Ausstellungen in Königsberg i. Pr. und in Görlitz betr.	2.	1.
3.	19. ejd.	352	Dgl. eine Ausstellung in Nürnberg betr.	3.	2.
4.	23. ejd.	413	Dgl. Maße und Gewichte betr.	4.	2.
5.	27. ejd.	507	Dgl. eine Ausstellung in Paris betr.	5.	2.
6.	2. Februar	598	Dgl. Zollerleichterung im Veredelungsverkehr mit Roheisen betr.	6.	2.
7.	5. ejd.	646	Dgl. eine Ausstellung in Waren betr.	7.	3.
8.	10. ejd.	785	Cirkular-Verfügung, das Thüringische Steuerstellen- und Ortschaftsverzeichniß betr.	8.	3.
9.	11. März	1245ᵃ	Bekanntmachung, die Ursprungszeugnisse für Roggen betr.	9.	5.
10.	14. ejd.	1293	Bekanntmachung, tarifarische Bestimmungen betr.	10.	9.
11.	20. ejd.	1368	Dgl. eine Ausstellung in Antwerpen betr.	11.	9.
12.	25. ejd.	1459	Dgl. die Ursprungszeugnisse für Roggen betr.	12.	10.
13.	2. April	1587	Dgl. denselben Gegenstand betr.	13.	10.
14.	20. ejd.	1884	Dgl. die Ausführung der Reblauskonvention betr.	14.	11.
15.	24. ejd.	1966	Dgl. Roggensendungen aus Oesterreich-Ungarn betr.	15.	11.
16.	25. ejd.	2000	Cirkular-Verfügung, Ausführung des Zolltarifgesetzes vom 20. Februar 1885 betr.	16.	12.
17.	27. ejd.	1987	Bekanntmachung, einen internationalen Maschinenmarkt in Leipzig betr.	17.	12.
18.	30. ejd.	2036	Dgl. die Ausführung der Reblauskonvention betr.	18.	12.
19.	2. Mai	2057	Cirkular-Verfügung, Abänderungen von Tarasätzen betr.	19.	13.
20.	5. ejd.	2228	Bekanntmachung, die Umpackung der zu ermäßigten Zollsätzen einzuführenden Waaren betr.	20.	13.
21.	13. ejd.	2448	Bekanntmachung, die Rechtschreibung von Ortsnamen betr.	21.	17.
22.	28. ejd.	2684	Dgl. eine Ausstellung in Raaben (Böhmen) betr.	22.	21.
23.	17. Juni	3002	Cirkular-Verfügung, das Thüringische Steuerstellenverzeichniß betr.	23.	21.
24.	23. ejd.	3144	Dgl. die Ergänzung d. statistischen Waarenverzeichnisses betr.	24.	21.
25.	3. Juli	3269	Bekanntmachung, die Erhebung von Uebergangsabgaben auch die Ausfuhrvergütung für Branntwein in Württemberg betr.	25.	22.
26.	23. ejd.	3658	Dgl. Denaturirung von Talg betr.	26.	25.
27.	23. ejd.	3657	Dgl. die Ausführung der Kaiserlichen Verordnung vom 6. März 1885 betr.	27.	25.
28.	29. ejd.	3771	Cirkular-Verfügung, die Abfertigung von Branntwein mit Anspruch auf Steuervergütung betr.	28.	26.

Laufende Nummer.	Der Circular-Verfügung ꝛc. Datum.	Journal-№	Inhalt.	Zu finden unter №	Seite.
	1885.				
29.	29. Juli.	3772	Cirkular-Verfügung, die amtliche Revision von Gewerbesteuersalz betr.	29.	26.
30.	31. ejd.	3806	Bekanntmachung, die zollfreie Wiederausfuhr der zur Weltausstellung nach Antwerpen gesandten inländischen Thiere betr.	30.	26.
31.	5. August	3926	Cirkular-Verfügung, Zollerleichterungen bei der Ausfuhr von Mühlenfabrikaten und die Privattransitläger von Getreide betr.	31.	27.
32.	2. Septbr.	4176	Bekanntmachung, die Ausfertigung oder Beglaubigung von Ursprungszeugnissen zu Waarensendungen nach Rumänien betr.	32.	29.
33.	7. ejd.	4652	Verfügung, Denaturirung von Baumöl ꝛc. mit Petroleum betr.	32.	29.
34.	12. ejd.	4803	Bekanntmachung, Befugnisse zweier Thüringischer Steuerstellen betr.	34.	30.
35.	30. ejd.	5137	Bekanntmachung, Abfertigung von hartem Kamingarn aus Glanzwolle betr.	35.	32.
36.	9. Oktober	5367	Bekanntmachung, eine Abänderung des Verzeichnisses der dem Verein Deutscher Eisenbahnverwaltungen angehörigen ausländischen Bahnen betr.	36.	32.
37.	14. ejd.	5495	Bekanntmachung, tarifarische Bestimmungen betr.	37.	33.
38.	1. Dezbr.	6420	Bekanntmachung, eine Ausstellung im Zollausschlußgebiet Altona's betr.	38.	36.
39.	15. ejd.	6713	Cirkular-Verfügung, die zollfreie Ablassung von Petroleum für gewerbliche Zwecke betr.	39.	36.

II. Sachregister.

Bemerkung. Die beigesetzten Ziffern bedeuten die Seitenzahlen.

A.

Ausfuhrvergütung. 22.
Ausstellungen. 1. 2. 3. 9. 12. 21. 26. 36.

B.

Befugnißerweiterung. 30. 32.
Branntweinexport. 26.

D.

Denaturirung von Baumöl. 29.
      "   "   Talg. 25.

II. Sachregister.

E.
Einfuhrverbote. 11. 12. 25.
Eisenbahnen, ausländische. 32.

G.
Gewerbebestellsalz. 26.

M.
Maße und Gewichte. 2.
Mineralöle. 36.

O.
Ortschaftsverzeichniß. 3. 17.

P.
Personalien. 4. 15. 23. 30. 34. 37.

S.
Steuerstellenverzeichniß. 3. 21.

T.
Tarasätze. 13.
Tarifarische Bestimmungen. 9. 33.

U.
Uebergangsabgaben. 22.
Ursprungszeugnisse. 5. 10. 11. 13. 29.

V.
Veredelungsverkehr. 2.

W.
Waarenverzeichniß, statistisches. 21.

Z.
Zollerleichterungen. 27.
Zolltarifgesetz. 12. 13.

Amtsblatt

des

General-Inspektors

des

Thüringischen Zoll- und Handelsvereins.

Jahrgang
1886.

Erfurt.

Amtsblatt
des General-Inspektors
des Thüringischen Zoll- und Handels-Vereins.

1tes Stück vom Jahre 1886.

№ 1. Bekanntmachung,
eine Ausstellung in Breslau betr., vom 21. Januar 1886. Nr. 380.

Der Breslauer landwirthschaftliche Verein beabsichtigt in der Zeit vom 8. bis 10. Juni d. J. zu Breslau eine Ausstellung und einen Markt land-, forst- und hauswirthschaftlicher Maschinen und Geräthe zu veranstalten.

Den zu dieser Ausstellung aus dem Auslande eingehenden und wieder dahin zurückgehenden zollpflichtigen Gegenständen ist unter den bestehenden Voraussetzungen und Bedingungen Befreiung vom Eingangszoll zugesichert worden, was ich hierdurch bekannt gebe.

Erfurt, den 21. Januar 1886.   Der General-Inspektor: J. B. Schreck.

№ 2. Cirkular-Verfügung,
den Posteingang von Taschenuhren, sowie Werken und Gehäusen zu solchen betr., vom 22. Januar 1886. Nr. 399.

Der Bundesrath hat beschlossen, und es ist zu beachten, daß
1. von der Zollbefreiung des § 4 lit. a des Zolltarifgesetzes vom 15. Juli 1879 die über die Grenzen gegen Oesterreich-Ungarn und die Zollausschlüsse, sowie gegen die Schweiz, Frankreich, Belgien und die Niederlande mit der Post eingehenden Waarensendungen, soweit dieselben Taschenuhren, Werke und Gehäuse zu solchen enthalten, ausgeschlossen werden;
2. die zu 1 bezeichneten Sendungen der Inhaltserklärung und der zollamtlichen Behandlung nach den Bestimmungen des Regulativs über die zollamtliche Behandlung der mit den Posten ein-, aus- oder durchgehenden Gegenstände unterliegen.

Erfurt, den 22. Januar 1886.   Der General-Inspektor: J. B. Schreck.

Personalien.

A. Preußen.

Der hiesige Hauptsteueramtsrendant, Rechnungsrath Schellenberg wird seinem Antrage gemäß vom 1. April d. Js. ab in den Ruhestand versetzt.

B. Sachsen-Weimar.

Der Steueraufseher Lorenz in Jena ist gestorben.

C. Sachsen-Meiningen.

1. Der Revisionsassistent Ostermann in Meiningen ist an das Herzogl. Steueramt in Salzungen versetzt.

   Minist. Restr. d. d. Meiningen, 30. Dezbr. 1885.

2. Der Revisionsassistent Böckler in Probstzella ist an Stelle des abberufenen Revisionsassistenten Rost an das Herzogliche Salzsteueramt Salzungen versetzt.

   Minist. Restr. d. d. Meiningen, 30. Dezbr. 1885.

3. Der Revisionsassistent Ley in Meiningen ist als zweiter Revisionsbeamter an das Herzogl. Uebergangssteueramt in Probstzella versetzt.

   Minist. Restr. d. d. Meiningen, 30. Dezbr. 1885.

4. Der Amtsverwalter Braun in Eisfeld wird mit dem 1. April c. auf sein Ansuchen in den Ruhestand versetzt und die hierdurch erledigte Stelle dem bisherigen Amtsrechnungsrevisor Dressel in Saalfeld unter Ernennung desselben zum Amtsverwalter übertragen.

   Regierungsblätter Nr. 7 und Nr. 12 vom Jahre 1886.

D. Sachsen-Altenburg.

Dem Finanzoberkontroleur Buchmann in Roda wurde das Dienstprädikat als Rechnungsrath und dem Assistenten Meuschke bei dem Herzogl. Hauptsteueramte in Altenburg das Dienstprädikat als Hauptsteueramtskontroleur verliehen.

   Amts- und Nachrichtsblatt Nr. 2 vom Jahre 1886.

E. Reuß j. L.

Die Stelle des Hauptsteueramtsvorstandes und Oberkontroleurs in Gera ist dem mit deren kommissarischer Verwaltung betraut gewesenen Steuerinspektor Bertram unter Verleihung des Prädikats „Obersteuerinspektor" definitiv übertragen.

   Minist. Restr. d. d. Gera, 25. Januar r.

Druck von Otto Conrad in Erfurt.

Amtsblatt
des General-Inspektors
des Thüringischen Zoll- und Handels-Vereins.

2tes Stück vom Jahre 1886.

№ 3. Bekanntmachung,
Tabacksurrogate betr., vom 23. Februar 1886. Nr. 1002.

Der Bundesrath hat beschlossen, daß in Zukunft auch die Verwendung von Veilchenwurzelpulver bei der Herstellung von Tabackfabrikaten gestattet werde, daß die Abgabe von diesem Tabacksurrogate 65 ℳ für 100 kg nach Maßgabe seines Gewichts in fabrikationsreifem Zustande betrage, als Minimalmenge jährlich 10 kg zu verwenden seien und daß für die Verwendung die nämlichen Kontrolvorschriften in Geltung treten, welche für die Verarbeitung von Kirsch- und Weichselblättern bei der Tabackfabrikation (cfr. Amtsblatt 1879 S. 20 flg.) festgesetzt worden sind.

Erfurt, den 23. Februar 1886.   Der General-Inspektor: **Grolig.**

№ 4. Bekanntmachung,
eine Ausstellung zu Königsberg i. Pr. betr., vom 27. Februar 1886. Nr. 1097.

In den Tagen vom 3. bis einschließlich 7. Juni d. J. soll in Königsberg i. Pr. eine Ausstellung land- und hauswirthschaftlicher Maschinen, gewerblicher Hülfsmaschinen und Werkzeuge, Geräthe und Gebrauchsgegenstände in Verbindung mit einer Thierschau abgehalten werden, zu welcher auch ausländische Gegenstände, soweit sie nicht schon tarifmäßig zollfrei sind, unter den bestehenden Bedingungen und Voraussetzungen zollfrei ein- bez. wieder ausgeführt werden können, was ich hierdurch bekannt gebe.

Erfurt, den 27. Februar 1886.   Der General-Inspektor: **Grolig.**

№ 5. Bekanntmachung,
eine Befugniß des Großherzogl. Steueramts zu Eisenach betr., vom 25. März 1886. Nr. 1528.

Dem Großherzogl. Steueramte zu Eisenach ist die Befugniß zur Ausfertigung von Versendungsscheinen I und II und zur Erledigung von Versendungsscheinen I über inländischen Taback (Spalte 11 bis 13 des Reichsstellenverzeichnisses) ertheilt worden.

Erfurt, den 25. März 1886.   Der General-Inspektor: **Grolig.**

№ 6. **Bekanntmachung,**
betreffend die zollamtliche Behandlung des Walzdrahts beim Eingang in Italien,
vom 26. März 1886. Nr. 1511.

 Auf erhaltenen Anlaß mache ich bekannt, daß mir ein Erlaß des Königlich italienischen General-Zolldirektors vom 4. d. M., betreffend die zollamtliche Behandlung des Walzdrahts beim Eingang in Italien, in Abschrift zugegangen ist, und ich diesen Erlaß abschriftlich gegen Erstattung der Kopialien auf ergebliches Antrag an betheiligte Interessenten mittheilen werde. Die Bezirkssteuerstellen haben solche ihnen bekannte Gewerbtreibende in geeigneter Weise hiervon in Kenntniß zu setzen.

Erfurt, den 26. März 1886.   Der General-Inspektor: Grolig.

№ 7. **Cirkular-Verfügung,**
Tarabestimmungen für akkomodirten Baumwollenzwirn, rohen Kaffee, unbearbeitete
Tabackblätter und Stengel u. für Muskat- u. Kakaoöl betr., vom 27. März 1886. Nr. 1568.

 Der Bundesrath hat beschlossen, daß vom 1. April d. Js. ab
1. die Tarasätze
für akkomodirten, zum Einzelverkauf hergerichteten Baumwollenzwirn jeder Art auf Holzrollen in Kisten über 200 kg auf 13 Prozent,
für rohen Kaffee in doppelwandigen, cylinderförmigen Fässern leichter Bauart, sogenannten Patentfässern, auf 8 Prozent,
für unbearbeitete Tabackblätter und Stengel in Fässern von 700 kg und darunter auf 11 Prozent und
für Muskatöl (Muskatbalsam) und Kakaoöl (Kakaobutter) in konsistenter Form (Blöcken, Tafeln rc.) auf
   16 Prozent in Kisten,
    9 Prozent in Körben,
    6 Prozent in Ballen
festgesetzt werden, und
2. an Stelle der Vorschrift im § 4 Ziffer 4 der Bestimmungen über die Tara vom 16. Mai 1882 (vergl. Cirkular-Verfügung vom 24. Mai 1882 Nr. 2547) folgende Vorschrift zu treten hat:
 „Bleibt bei unbearbeiteten Tabackblättern und Tabackstengeln in Fässern von 700 kg und darunter das Gewicht der Umschließung augenscheinlich unter dem hierfür festgestellten Tarasatze, so kann von der Nettoüberwiegung abgesehen werden, wenn der Zollpflichtige sich mit der für Fässer von mehr als 700 kg festgestellten Taravergütung begnügt."

Erfurt, den 27. März 1886.   Der General-Inspektor: Grolig.

Personalien.

A. Preußen.

1. Dem Hauptzollamtsrendanten **Ohlemann** in Emden ist die erledigte Stelle eines Haupt-Steueramts-Rendanten bei dem hiesigen Königl. Hauptsteueramte hier übertragen.

2. Dem Haupt-Steueramts-Rendanten Rechnungsrath **Schilksberg** hier ist bei seiner Versetzung in den Ruhestand von Sr. Majestät dem Kaiser und König der Rothe Adlerorden vierter Klasse verliehen.

B. Sachsen-Weimar.

1. Dem Steueramtsassistenten **Schultze** in Apolda ist vom 1. April c. ab die erledigte Rendantenstelle bei dem Großherzogl. Steueramte in Eisenach übertragen.

Minist. Restr. d. d. Weimar, 6. März 1886.

2. Dem Steueramtsassistenten **Gang** in Weimar ist vom 1. April c. ab die erste Assistentenstelle bei dem Großherzogl. Steueramte in Apolda und dem Ministerial-Kanzlisten **Schumann** in Weimar die Assistentenstelle bei dem Großherzogl. Steueramte daselbst verliehen.

Minist. Restr. d. d. Weimar, 8. März 1886.

3. Die erledigte Steueraufseherstelle in Jena ist dem Steueraufseher **Vogt** aus Geisa vom 1. April c. ab übertragen.

Minist. Restr. d. d. Weimar, 3. März 1886.

4. Der zeitherige Revisionsaccessist **Reichardt** in Weimar ist vom 1. April c. an zum Assistenten bei der Großherzogl. Steuerreceptur zu Gerstungen an Stelle des von dort versetzten Assistenten **Feistkorn** ernannt.

Minist. Restr. d. d. Weimar, 18. März 1886.

C. Sachsen-Meiningen.

1. Der Revisionsassistent **Eggers** in Meiningen ist am 1. April c. an Stelle des abberufenen Amtsassistenten **Lorenz** in Camburg an das Herzogl. Steueramt daselbst versetzt.

Minist. Restr. d. d. Meiningen, 26. Februar 1886.

2. Die neuerrichtete Aufsichtsstation in Marktgölitz ist dem Steueraufseher **Kellner** übertragen.

Mittheilung des Herzogl. Feldjägerkommando's in Meiningen vom 1. März 1886.

3. Von Sr. Hoheit dem Herzog ist den Amtsverwaltern **Ley** in Gräfenthal und **Heym** in Hildburghausen das Prädikat „Rath" und dem Vorstande der Herzogl. Untereinnahme, Amtsassistent **Nippold** in Steinach das Prädikat „Amtsverwalter" ertheilt.

Regierungsblatt Nr. 51 de 1886.

D. Schwarzburg-Rudolstadt.

1. Die Anstellung des provisorischen Steueraufsehers **Bogler** in **Oberweißbach** ist in eine definitive umgewandelt worden.

    Minist. Reskr. d. d. Rudolstadt, 5. März 1886.

2. Der Steueramtsassistent **Bauermeister** in **Rudolstadt** ist aus dem Fürstlichen Staatsdienste entlassen und die hierdurch erledigte Stelle dem Steueramtsassistenten **Schmelzer** in **Frankenhausen** übertragen.

    Minist. Reskr. d. d. Rudolstadt, 12. und 19. März 1886.

3. Der Steueramtsrendant **Metzner** in **Königsee** ist am 1. April c. als Bezirksoberkontroleur nach **Saalfeld** versetzt.

    Minist. Reskr. d. d. Rudolstadt, 27. März 1886.

E. Reuß ä. L.

Dem Militairanwärter **Schwarz** aus **Weimar** ist die erledigte Steueraufseherstelle in **Greiz** übertragen.

Reskript der Fürstl. Landesregierung d. d. Greiz, 31. Dezbr. 1885.

F. Reuß j. L.

1. Der Salzsteueraufseher **Davideit** in **Heinrichshall** ist am 16. März c. verstorben.

2. Dem Obersteuerinspektor **Bertram** in **Gera** ist von Sr. Hoheit dem Herzog von Sachsen-Meiningen das Ritterkreuz II. Klasse des Herzogl. Ernestinischen Hausordens verliehen.

    Minist. Reskr. d. d. Gera, 19. März 1886.

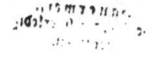

Druck von Otto Conrad in Erfurt.

Amtsblatt
des General-Inspektors
des Thüringischen Zoll- und Handels-Vereins.

3tes Stück vom Jahre 1886.

№ 8. Cirkular-Verfügung,

zollfreie Abfertigung von Kaffeehülsen betr., vom 7. April 1886. Nr. 1749.

Der Bundesrath hat beschlossen, daß dem Artikel „Kaffeeschalen" auf Seite 169 des amtlichen Waarenverzeichnisses zum Zolltarife folgende Anmerkung hinzugefügt werde:
Die inneren Hülsen des Kaffees (Pergamenthülsen), welche die Samenkerne zunächst umschließen, können in rohem Zustande, sofern sie nicht als Kaffeesurrogate Verwendung finden sollen, auf besondere Erlaubniß als Spreu nach Nr. 1 b. des Zolltarifs zollfrei eingelassen werden.

Erfurt, den 7. April 1886.   Der General-Inspektor: Grolig.

№ 9. Bekanntmachung,

das Thüring'sche Steuerstellenverzeichniß betr., vom 10. Mai 1886. Nr. 2439.

Die Königlichen Steuerrezepturen in Gefell, Ranis, Schwarza und Ziegenrück sind vom 1. April cr. ab in Steuerämter II. Klasse umgewandelt worden und haben bei Korrespondenzen c. die Amtsfirmenbenennung „Steuerämter" zu erhalten.

Erfurt, den 10. Mai 1886.   Der General-Inspektor: Grolig.

Personalien.

A. Preußen.

Es sind befördert worden: die Steuer-Empfänger Riebel in Gefell, Schaar in Ranis und Hesse in Schwarza zu Steuer-Einnehmern.

B. S. Meiningen.

Der Revisionsassistent Schussner in Ritschenhausen wird am 1. Juni c. an Stelle des zu einer anderweiten Verwendung in Aussicht genommenen Revisionsassistenten Albert an das Herzogl. Uebergangssteueramt in Probstzella und der Revisionsassistent Heß in Meiningen vom gleichen Zeitpunkte ab an das Herzogl Uebergangssteueramt in Ritschenhausen versetzt.

Minist. Restr. d. d. Meiningen, 10. und 11. Mai 1886.

C. Schwarzburg-Rudolstadt.

Dem Assistenten Obstfelder ist die Stelle des zweiten Beamten beim Fürstl. Steueramte in Königsee übertragen und der Assistent Franke daselbst ist zum Fürstlichen Rechnungsbüreau versetzt.

Minist. Restr. d. d. Rudolstadt, 26. März 1886.

D. Reuß j. L.

Dem Obersteuerinspektor Bertram in Gera ist von Sr. Durchlaucht dem Fürsten zu Schwarzburg-Rudolstadt das Fürstl. Schwarzb. Ehrenkreuz III. Kl. verliehen.

Minist. Restr. d. d. Gera, 20. April 1886.

Zur Notiz für die Thüringschen Steuerbehörden.

In der Anlage A. der Cirk.-Verf. vom 30. März 1886 Nr. 1427 ist bei Nr. 15 (Oberkontrolebezirk Rudolstadt) das der Großherzogl. Steuerrezeptur Stadtremda beigesetzte „Braust." zu streichen und dafür ein Kreuz zu setzen.

Druck von Otto Conrad in Erfurt.

Amtsblatt
des General-Inspektors
des Thüringischen Zoll- und Handels-Vereins.

4tes Stück vom Jahre 1886.

№ 10. Bekanntmachung,

eine Ausstellung in Wismar (Mecklenburg-Schwerin) betr., vom 9. Juni 1886. Nr. 2956.

In Wismar wird in der Zeit vom 27. bis 29. August d. Js. eine bienenwirthschaftliche Ausstellung veranstaltet werden, zu welcher auch ausländische Gegenstände dieser Art zollfrei ein- bez. wieder ausgehen können, was ich hiermit unter Bezugnahme auf die in gleichen Fällen ergangenen Bestimmungen bekannt gebe.

Erfurt, den 9. Juni 1886.   Der General-Inspektor: Grolig.

№ 11. Bekanntmachung,

eine Ausstellung in Braunschweig betr., vom 24. Juni 1886. Nr. 3219.

In Braunschweig wird in der Zeit vom 11. bis 13. Juli d. Js. ein Kongreß von Mitgliedern der deutschen Barbier-, Friseur-, Heildiener- und Perückenmacher-Innungen und zugleich eine Ausstellung von Haararbeiten, Gegenständen der Krankenpflege und ähnlichen Fachartikeln abgehalten werden, zu welcher auch ausländische Gegenstände, soweit sie nicht schon tarifmäßig zollfrei sind, unter den bestehenden Bedingungen und Voraussetzungen zollfrei ein-, bez. wieder ausgeführt werden können, was ich hierdurch bekannt gebe.

Erfurt, den 24. Juni 1886.   Der General-Inspektor: Grolig.

№ 12. Bekanntmachung,

die Ein- und Ausfuhr von Gewächsen, sowie von sonstigen Gegenständen des Wein- und Gartenbaues betr., vom 30. Juni 1886. Nr. 3349.

Die am 21. d. Mts. ausgegebene Nr. 18 des Reichsgesetzblattes enthält eine mit dem Tage der Verkündigung in Kraft getretene Allerhöchste Verordnung vom 16. d. M., nach welcher der örtliche Geltungsbereich der Allerhöchsten Verordnungen vom 11. Februar 1873 (Reichs-Gesetzblatt S. 43), 31. Oktober 1879 (Reichs-Gesetzblatt S. 303) und 4. Juli 1883 (Reichs-Gesetzblatt S. 153) sich fortan auf dasjenige Gebiet, welches durch das deutsche Zollgebiet und die ausserhalb der deutschen Zollgrenze belegenen Theile des Reichsgebietes gebildet wird, erstreckt.

Die Steuerstellen werden hierauf noch besonders aufmerksam gemacht.

Erfurt, den 30. Juni 1886.   Der General-Inspektor: **Grolig**.

Personalien.

A. Preußen.

Der Steueramtsassistent **Henschel** in Schmalkalden ist vom 1. Juli c. ab in gleicher Eigenschaft nach Neuhaldensleben versetzt.

B. Sachsen-Weimar.

Der Steueraufseher **Kößler** in Weimar wird am 1. Septbr. c. als Verwiegungsbeamter nach Allstedt versetzt; von gleichem Zeitpunkte ab ist dem kommissarischen Steueraufseher **Zaubitzer** in Geisa eine Steueraufseherstelle in Weimar und dem Dienstanwärter **Lamp** in Jena die Steueraufseherstelle in Geisa provisorisch übertragen.

Minist. Reskr. d. d. Weimar, 17. Mai 1886.

C. Sachsen-Altenburg.

Zum 1. Juli c. sind die Steueraufseher **Nicodemus** von Altenburg nach Uhlstädt, **Fahr** von Uhlstädt nach Kahla, **Rothe III** von Kahla nach Roda, **Koppe II** von Roda nach Eisenberg, **Schmidt II** von Eisenberg nach Meuselwitz, **Petzold** von Menselwitz nach Altenburg versetzt.

Minist. Reskr. d. d. Altenburg, 16. Juni 1886.

D. Schwarzburg-Sondershausen.

Der Assistent **Schäfer** in Hamburg ist am 1. Juli c. an das Fürstl. Steueramt in Arnstadt versetzt.

Minist. Reskr. d. d. Sondershausen, 15. Juni 1886.

E. Reuß j. L.

Die erledigte zweite Steueraufseherstelle in Heinrichshall ist vom 1. Juli c. ab dem Militäranwärter **Oertel** provisorisch übertragen.

Minist. Reskr. d. d. Gera, 26. Juni 1886.

Druck von Otto Conrad in Erfurt.

Amtsblatt
des General-Inspektors
des Thüringischen Zoll- und Handels-Vereins.

5tes Stück vom Jahre 1886.

№ 13. Cirkular-Verfügung,
Abänderungen von Bestimmungen des Begleitschein-Regulativs betr.,
vom 11. Juli 1886. Nr. 2913.

Der Bundesrath hat in der Sitzung vom 13. Mai d. J. (§ 285 der Protokolle) beschlossen:

1. Die Bestimmungen des Begleitscheinregulativs
(Beschluß des Bundesraths des Zollvereins vom 20. Dezember 1869, § 158 der Protokolle) werden wie folgt abgeändert, beziehungsweise ergänzt:
   1. Der letzte Absatz des § 1 erhält folgende Fassung:
   „Die Einrichtung dieser Begleitscheine ist aus den anliegenden Mustern A, B und C zu entnehmen."
   2. Der 4. Absatz des § 6 erhält folgende Fassung:
   „Außerdem ist in dem Revisionsbefunde die Tarifnummer, welcher die Waaren angehören, sowie die Nummer des statistischen Waarenverzeichnisses anzumerken.
   3. Der § 7 erhält folgende Fassung:
   „Die Ausfertigung eines Begleitscheins I erfolgt nach dem Muster A., und zwar entweder
      a. durch Ausfüllung der Spalten 1 bis 11 und 13. nach Anleitung der Probeeintragung 1 für sämmtliche zu der betreffenden Sendung gehörige Waaren, oder
      b. in der Art, daß auf die dem Begleitschein anzustempelnde Anmeldung (§ 4) Bezug genommen wird, oder endlich
      c. bei Benutzung des Musters A als Anmeldung nach Anleitung der Probeeintragungen 2 und 3."
   4. An die Stelle des Absatzes 4 des § 8 treten folgende Bestimmungen:
   „Die Begleitscheinformulare sind, auch bezüglich des Formats (38 cm Höhe und 48 cm Breite), der Farbe und sonstigen Beschaffenheit des zu verwendenden Papiers, nach Maßgabe der Muster (Anlagen zu § 1) herzustellen.
   Zu den den Begleitscheinen anzustempelnden Anmeldungen (§§ 11 und 21) ist Papier von gleicher Beschaffenheit (Format, Farbe ꝛc.) zu verwenden. Dieselben dürfen jedoch auch in halber Höhe des Begleitscheinformats hergestellt werden.

Auch kann den Eisenbahnverwaltungen, Dampfschiffahrts-Agenturen, Spediteuren, Großhändlern pp. von Seiten der Ausfertigungsämter gestattet werden, die Begleitschein- und Anmeldungsformulare nach Maßgabe der vorgeschriebenen Muster auf eigene Kosten drucken zu lassen. Formulare, welche diesen Vorschriften nicht entsprechen, sind von der amtlichen Verwendung auszuschließen."

5. An die Stelle der beiden ersten Absätze des § 10 tritt folgende Vorschrift:
„Bei der Ausfertigung eines Begleitscheins I nach der Bestimmung unter a des § 7 bleiben die Spalten 5 bis 7 des Formulars insoweit unausgefüllt, als die Gattung und Menge der Waaren in den Spalten 8 bis 10 auf Grund amtlicher Ermittelung vollständig angegeben werden kann."

6. Im bisherigen Absatz 5 des § 10 ist statt:
„mit Begleitschein I nach Muster A" zu setzen: „mit einem nach § 7a ausgefertigten Begleitschein I."

7. Im 2. Absatz des § 11 ist statt: „der ersten Seite" zu setzen: „der zweiten Seite."

8. Der § 16 erhält folgende Fassung:
„9. Angabe der Eingangsgrenzstrecke, Herkunft und Bestimmung der Waaren." In den Begleitscheinen ist die Grenzstrecke, über welche der Eingang der Waaren erfolgte, beziehungsweise das Land, aus dessen Eigenhandel die Waaren herstammen (die Provenienz) und, im Falle der Aus- oder Durchfuhr der Waaren, das Land der Bestimmung (das Land, in dessen Eigenhandel die Waaren übergehen) anzugeben.

9. Der 2. Absatz im § 17 ist zu streichen.

10. In dem Muster Ea (§ 18 Absatz 2) ist anstatt der Worte: „nicht bis zum" bis „erbracht sein wird" zu setzen: „nicht bis zum Ablauf der für die Uebersendung des Erledigungsscheins festgesetzten Frist erbracht sein wird."

11. Im § 21 ist statt: „Musters D" bezw. „Muster D" zu setzen: „Musters B" bezw. „Muster B." Im vorletzten Absatz desselben Paragraphen sind vor dem Worte „angewendet" die Worte: „nach Muster C" einzuschalten. Der letzte Absatz ist zu streichen und an die Stelle desselben Folgendes zu setzen:
„Das Begleitschein-Ausfertigungsamt ist befugt, von dem Extrahenten des Begleitscheins vor der Aushändigung des letzteren die Vorlegung des Frachtbriefs über die Versendung der Waaren an den im Begleitschein genannten Empfänger zu verlangen."

12. An Stelle des im § 33 allegirten Musters II zu Begleitscheinauszügen tritt das Muster II.

13. Im 2. Absatz des § 35 ist statt: „Spalten 14 bis 19" zu setzen: „Spalten 14 bis 18 und 25", ferner statt „Spalte 23 und 24" zu setzen: „Spalte 22 und 23."

14. Im letzten Absatz des § 36 sind die Worte „20 bis 22 (Muster II)" zu streichen.

15. Im 1. Absatz des § 39 sind die Worte: „(Muster B)" zu streichen.

16. Als 1. Satz des Absatzes 2 des § 48 ist folgende Bestimmung zu setzen:
„Der Waarenempfänger ist verpflichtet, dem Begleitschein-Erledigungsamte auf dessen Verlangen den über die Versendung der Waaren lautenden Frachtbrief vorzulegen."

11. Die vorhandenen Bestände von den bis jetzt geltenden Formularen dürfen noch bis Ende dieses Jahres benutzt werden.

Die betreffenden Amtsstellen meines Verwaltungsbezirks erhalten die erforderlich scheinenden Exemplare der vorstehend allegirten Muster-Formulare, soweit sie nicht der gegenwärtigen Verfügung bereits beiliegen, demnächst besonders kurzer Hand unter Couvert mit dem Auftrage zugefertigt, je ein Musterformular zur Einsicht des Publikums an Amtsstelle anzulegen.

Die neue Bestimmung im letzten Absatze des § 8 des Begleitscheinregulativs, wonach die von Eisenbahnverwaltungen pp. auf eigne Kosten beschafften Begleitscheinformulare von der amtlichen Verwendung auszuschließen sind, wenn sie den Musterformularen nicht, auch bezüglich des Formats, der Farbe und Qualität des zu verwendenden Papiers, entsprechen, wird den Amtsstellen zur besonderen Beachtung empfohlen. Sollte bei den Begleitscheinempfangsämtern wahrgenommen werden, daß bei den Ausfertigungsämtern unvorschriftsmäßige Formulare zugelassen worden sind, so ist an mich zu berichten, damit von hier aus mit den Direktivbehörden der Ausfertigungsämter wegen Zurückweisung der unvorschriftsmäßigen Formulare in Verbindung getreten werden kann.

Erfurt, den 11. Juli 1886.   Der General-Inspektor: Grolig.

№ 14. Bekanntmachung,
eine Ausstellung in Schleswig betr., vom 23. Juli 1886. Nr. 3794.

Die Schleswiger Bäcker-Innung beabsichtigt am 2. und 3. August d. J. in Schleswig eine Ausstellung von Maschinen und Geräthen des Bäckereigewerbes zu veranstalten, und soll den aus dem Auslande hierzu ein- und demnächst wieder ausgehenden Gegenständen, soweit sie nicht schon tarifmäßig zollfrei sind, Befreiung vom Eingangszoll zugestanden werden, was ich hierdurch bekannt gebe.

Erfurt, den 23. Juli 1886.   Der General-Inspektor: J. B. Geutebrück.

№ 15. Bekanntmachung,
die Ausführung des Zuckersteuergesetzes vom 1. Juni d. Js. betr., vom 23. Juli 1886. Nr. 3739.

Die Steuerstellen des Thüringischen Vereins werden hierdurch noch besonders auf die im Reichs-Centralblatte zu Nr. 29 vom laufenden Jahre auf Seite 235 ic. abgedruckten, vom Bundesrathe beschlossenen Ausführungsbestimmungen zu dem Gesetze vom 1. Juni d. Js., die Besteuerung des Zuckers betreffend, aufmerksam gemacht.

Erfurt, den 24. Juli 1886.   Der General-Inspektor: J. B. Geutebrück.

№ 16. Bekanntmachung,
Reichsstempelbefugnisse betr., vom 29. Juli 1886. Nr. 3874.

Nach einer Eröffnung des Großherzoglichen Staats-Ministeriums, Departement der Finanzen in Weimar, hat die Beschränkung der Befugniß des Großherzoglichen Steueramtes daselbst hinsichtlich der Reichsstempelabgaben zu Ziffer 1, 2, 3 des Tarifs auf inländische Werthpapiere in Wegfall zu kommen und ist daher im Reichsstellenverzeichniß Theil I bei „Weimar" auf Seite 295 in Spalte 25 nach a die 1 und in Spalte 28 die Note 1 zu streichen.

Erfurt, den 29. Juli 1886. Der General-Inspektor: J. B. Geutebrück.

№ 17. Cirkular-Verfügung,
die Denaturirung des Talgs pp. betr., vom 31. Juli 1886. Nr. 3912.

Nachdem der Bundesrath eine Instruktion der Steuerstellen beschlossen hat, welche
I. die zolltechnische Unterscheidung des Talgs und der unter Nr. 264 des Zolltarifs fallenden Kerzenstoffe,
II. die Untersuchung der Konsistenz thierischer Fette und
III. die Denaturirung des Talgs schmalzartiger Konsistenz
in Ergänzung der Vorschrift in der Bekanntmachung vom 3. April 1883 Nr. 1571 (Amtsblatt 1883 Seite 7 und 1885 Seite 25) betrifft, wird diese Instruktion in der erforderlich erschienenen Anzahl von Exemplaren zur event. Beachtung mit dem Auftrage übersendet, dieselbe an Amtsstelle zur Einsicht des Publikums bereit zu halten.

Erfurt, den 31. Juli 1886. Der General-Inspektor: J. B. Geutebrück.

№ 18. Cirkular-Verfügung,
eine erweiterte Auslegung von § 114 des Vereinszollgesetzes betr., vom 3. August 1886. Nr. 3981.

Der Bundesrath hat genehmigt, daß Gegenstände, die aus den Freigebieten von Hamburg und Bremen mit der Bestimmung der Wiederausfuhr zur Ansicht, zur Auswahl, zur Entgegennahme von Bestellungen oder zu dem Zwecke eingehen, um als Muster zur Herstellung ähnlicher Gegenstände im Inlande zu dienen, bis zu dem Anschlusse dieser Gebiete an das deutsche Zollgebiet zollfrei behandelt werden. (cfr. hierzu die Cirkular-Verfügung vom 23. Januar d. J. Nr. 444).

Erfurt, den 3. August 1886. Der General-Inspektor: J. B. Geutebrück.

№ 19. **Bekanntmachung,**
die Erweiterung der Abfertigungsbefugnisse einer Thüringischen Steuerstelle betr.,
vom 3. August 1886. Nr. 3929.

Dem Fürstlichen Steueramte in Arnstadt ist vom Bundesrathe die Befugniß zur Abfertigung von Waaren der Nr. 22a und b des Zolltarifs zu anderen als den höchsten Zollsätzen beigelegt worden.

Erfurt, den 3. August 1886. Der General-Inspektor: J. B. Geutebrück.

№ 20. **Bekanntmachung,**
eine Ausstellung in Karlsruhe betr., vom 6. August 1886. Nr. 4073.

In Karlsruhe (Baden) wird in der Zeit vom 15. August bis Mitte September d. J. eine Ausstellung für Handwerkstechnik und Hauswirthschaft veranstaltet werden, zu welcher auch ausländische Gegenstände, soweit sie an sich zollpflichtig sind, zollfrei ein- und bez. wieder ausgeführt werden können, was ich hierdurch unter Bezugnahme auf die in ähnlichen Fällen ergangenen Bestimmungen bekannt gebe.

Erfurt, den 6. August 1886. Der General-Inspektor: J. B. Geutebrück.

№ 21. **Bekanntmachung,**
die Rückberufung des hiesigen Stationskontroleurs betr., vom 10. August 1886. Nr. 4141.

Unter Bezugnahme auf die Cirkular-Verfügung vom 26. Januar 1881 Nr. 479 (Amtsblatt Nr. 6 vom Jahre 1881) wird hierdurch bekannt gegeben, daß der Stationskontroleur, Steuer-Inspektor Jacob hier in Folge seiner Zurückberufung in den Preußischen Landesdienst von seinen gegenwärtigen Dienstobliegenheiten mit Ablauf dieses Monats entbunden, und die Bezeichnung seines Nachfolgers vorbehalten worden ist.

Erfurt, den 10. August 1886. Der General-Inspektor: J. B. Geutebrück.

Druck von Otto Conrad in Erfurt.

Amtsblatt
des General-Inspektors
des Thüringischen Zoll- und Handels-Vereins.

6tes Stück vom Jahre 1886.

№ 22. Bekanntmachung,
eine Ausstellung in Berlin betr., vom 3. September 1886. Nr. 4702.

In Berlin wird in der Zeit vom 18. bis 24. September d. J. aus Veranlassung der dort tagenden 59. Naturforscher-Versammlung eine wissenschaftliche Ausstellung neuer Apparate, Instrumente, Präparate und Abbildungen stattfinden und es ist den zu dieser Ausstellung ein- und nach deren Beendigung wieder zurückgehenden ausländischen Gegenständen dieser Art, sofern sie nicht schon an sich tarifmäßig zollfrei sind, unter den bekannten Bedingungen Befreiung vom Eingangszolle zugestanden worden, was ich hierdurch bekannt gebe.

Erfurt, den 3. September 1886.   Der General-Inspektor: Grolig.

№ 23. Bekanntmachung,
Besetzung der Stations-Kontroleurstelle hier betr., vom 21. September 1886. Nr. 5113.

Die erledigte Stelle des Stations-Kontroleurs in Erfurt ist dem Königlich Preußischen Steuer-Inspektor Gneuzins in Magdeburg vom 1. Oktober d. Js. ab übertragen worden.

Erfurt, den 21. September 1886.   Der General-Inspektor: Grolig.

№ 24. Bekanntmachung,
Verlegung eines Stationssitzes betr., vom 2. Oktober 1886. Nr. 5381.

Mit Genehmigung des Großherzogl. Staatsministeriums zu Weimar hat der Beamte der Bezirksoberkontrole Weida, Großherzogl. Obersteuerkontroleur Stütz, am 30. September d. J. seinen Wohnsitz von Weida nach Neustadt a. O. verlegt.

Erfurt, den 2. Oktober 1886.   Der General-Inspektor: Grolig.

Personalien.

A. Preußen.

Der Revisionsinspektor von Bibow hier ist seinem Antrage gemäß am 1. Oktober c. in den Ruhestand versetzt. Die hierdurch erledigte Stelle ist dem Revisionsinspektor Düsing in Bremen übertragen.

B. Sachsen-Weimar.

Der zum Verwiegungsbeamten in Allstedt ernannte Steueraufseher Rößler in Weimar ist gestorben.

C. Sachsen-Meiningen.

1. Der Revisionsassistent Rost in Meiningen ist am 1. August c. an Stelle des abgehenden Revisionsassistenten Wehner an das Herzogl. Steueramt Wasungen versetzt.

    Minist. Restr. d. d. Meiningen, 1. Juli 1886.

2. Der Verwiegungsbeamte Ulrich bei der Rübenzuckerfabrik in Camburg, ist am 1. September c. in Ruhestand versetzt und die erledigte Stelle dem Feldjäger von Dornis in Liebenstein vom gleichen Zeitpunkte ab übertragen.

    Minist. Restr. d. d. Meiningen, 30. Juli und 20. August 1886.

3. Der Revisionsassistent Ostermann in Salzungen ist am 1. Oktober c. an das Herzogliche Uebergangssteueramt in Ritschenhausen und der Revisionsassistent Heß daselbst an das Herzogliche Uebergangssteueramt in Probstzella versetzt.

    Minist. Restr. d. d. Meiningen, 31. August 1886.

4. Der Revisionsassistent Zinn in Probstzella ist an das Herzogl. Rechnungsbüreau in Meiningen abberufen.

    Minist. Restr. d. d. Meiningen, 30. August 1886.

D. Sachsen-Altenburg.

1. Der Rendant bei dem Herzogl. Hauptsteueramte in Altenburg, Rechnungsrath Ulrich ist seinem Ansuchen gemäß mit Ende September c. in den Ruhestand versetzt.

    Minist. Restr. d. d. Altenburg, 9. August 1886.

2. Der Hauptsteueramtskontroleur Thieme in Altenburg ist vom 1. Oktober c. ab zum Hauptsteueramtsrendanten ernannt und dem bisherigen Hilfsarbeiter Schmidt daselbst eine Assistentenstelle bei vorgenanntem Amte vom gleichen Zeitpunkte ab verliehen.

    Minist. Restr. d. d. Altenburg, 9. August 1886.

E. Sachsen-Coburg-Gotha.

Der Salzsteueraufseher **Prötz** in **Bufleben** ist am 1. September c. in den Ruhestand versetzt und ist die erledigte Stelle dem Steueraufseher **Kayser** in **Gotha** übertragen.

Minist. Restr. d. d. Gotha, 4. August 1886.

F. Schwarzburg-Sondershausen.

Zum 1. Oktober c. wird der erste Vorstandsbeamte des Fürstlichen Steueramtes zu **Arnstadt**, Rentamtmann **Heimbürger**, versetzt. Die hierdurch erledigte Stelle wird vom gleichen Tage an dem bisherigen Rendanten **Hoppe** mit dem Prädikat Rentamtmann und dessen Stelle dem früher beim Hauptzollamte in **Hamburg** beschäftigten Rendanten **Keil** verliehen.

Minist. Restr. d. d. Sondershausen, 10. Juli 1886.

G. Reuß j. L.

Der Steueraufseher **Rank** in **Hohenleuben** ist am 1. Oktober c. auf sein Nachsuchen in Ruhestand versetzt und die erledigte Stelle dem Steueraufseher **Langerbeck** in **Schleiz** übertragen. Vom gleichen Zeitpunkte ab ist die Stelle des zweiten Steueraufsehers in **Schleiz** dem Hilfssteueraufseher **Wehner** in **Greiz** übertragen.

Minist. Restr. d. d. Gera, 16. Juni und 2. September 1886.

Druck von Otto Conrad in Erfurt.

Amtsblatt
des General-Inspektors
des Thüringischen Zoll- und Handels-Vereins.

7tes Stück vom Jahre 1886.

№ 25. Bekanntmachung,
eine weitere Abänderung des Verzeichnisses der dem Vereine deutscher Eisenbahnverwaltungen angehörigen ausländischen Bahnen betr., vom 18. Oktober 1886. Nr. 5655.

Dem Vereine deutscher Eisenbahnverwaltungen (Amtsblatt für 1884 S. 26 ff. und für 1885 S. 32) gehören folgende ausländische Eisenbahnen nicht mehr an:
1. Verwaltungsrath der K. K. priv. Dux-Bodenbacher Eisenbahn mit dem Sitz in Teplitz (Ziffer 12 des im Amtsblatt für 1884 S. 26 enthaltenen Verzeichnisses).
2. Verwaltungsrath der K. K. priv. Prag-Duxer Eisenbahn mit dem Sitz in Prag (Ziffer 25 des Verzeichnisses).

Erfurt, den 18. Oktober 1886.   Der General-Inspektor: Grolig.

№ 26. Bekanntmachung,
tarifarische Bestimmungen betr., vom 29. Oktober 1886. Nr. 5893.

1. Es wird darauf aufmerksam gemacht, daß der bei Ziffer 2 des Artikels Taschenuhren auf Seite 147 der vorläufigen Aenderungen des amtlichen Waarenverzeichnisses gemachte Zusatz
   „auch in derartigen Gehäusen, welche vergoldet oder mit vergoldeten oder platirten Rändern, Bügeln oder Knöpfen versehen sind,"
   nur auf silberne Gehäuse zu beziehen ist, und daß unter Ziffer 3 ebendaselbst Taschenuhren in Gehäusen aus anderen Metallen, als Gold oder Silber ohne Rücksicht auf die Beschaffenheit der Verzierungen dieser Gehäuse der Tarifnummer 20. d. 3 zugewiesen sind. Demgemäß gehören nur Taschenuhren in silbernen Gehäusen zu Nr. 20. d. 2., dagegen zu Nr. 20. d. 3 des Tarifs solche in Gehäusen aus unedlem Metalle auch dann, wenn die letzteren ganz oder theilweise versilbert oder vergoldet sind.
2. Etuis, in welchen Taschenuhren eingehen, sind nach § 7 Ziffer 2 der Tarabestimmungen ihrer Beschaffenheit nach besonders zu tarifiren und zu verzollen, da der § 1. A. 3. bezw. § 7 Ziffer 4 der genannten Bestimmungen, sowie die Anmerkung zu „Etuis" auf Seite 97 des amtlichen Waarenverzeichnisses aus dem

Grunde nicht Platz greifen können, weil die Anwendung derselben eine Verzollung des Inhalts der Etuis nach Gewicht voraussetzt, Taschenuhren aber gegenwärtig nicht nach Gewicht, sondern nach der Stückzahl verzollt werden.

3. **Unbedruckte wollene**, mit Band eingesäumte, mit Schnüren und zwei Schnallen mit Lederriemen versehene Pferdedecken sind nach der Bestimmung auf Seite 73 des amtlichen Waarenverzeichnisses wie die zu deren Herstellung verwendeten Zeugstoffe zu behandeln, mithin nach Nr. 41. d. 5 a des Tarifs zu verzollen.

Auf Decken der bezeichneten Art kann die für Schabracken getroffene Bestimmung auf Seite 304 des a. W. V. keine Anwendung finden, da die fragliche Waare nicht unter den Begriff von Schabracken fällt und eben so wenig kommt die Vorschrift in Anmerkung 2 zum Artikel „Sattlerwaaren", wonach letztere, wenn sie vorherrschend aus Fußteppichzeug, Tuch oder ähnlichen Zeugstoffen gefertigt sind, wie feine Lederwaaren behandelt werden sollen, für Decken der zuerst bezeichneten Art in Frage, weil als Sattlerwaaren im Sinne des amtlichen Waarenverzeichnisses nur solche Waaren anzusehen sind, welche aus den als Material für Sattlerwaaren dort angeführten Stoffen hergestellt wurden, diese Voraussetzung aber bei den oben bezeichneten Decken nicht zutrifft.

4. **Leinene Nähgarne** bezw. **Nähzwirne**, welche nach ihrer Aufmachung in kleine abgebundene (auch mit einander zusammen gebundene) Docken zum Einzelverkauf bestimmt erscheinen, sind nach der Vorschrift in Anmerkung 4 zu Leinengarn auf Seite 89 der vorläufigen Aenderung des amtlichen Waarenverzeichnisses nur dann als accomodirt zu behandeln, wenn die Docken in Kartons oder in Papier verpackt eingehen. Eine Papierverpackung ist aber schon dann anzunehmen, wenn zwar nicht die einzelnen kleinen Docken, aber doch die Packete, in welche dieselben zusammengebunden sind, eine Papierumhüllung tragen. Garnsträhne, deren Docken nicht aus selbstständigen Gebinden bestehen, sondern einen nicht zertheilten, durchlaufenden Faden haben und durch besondere Fäden in einzelne Gebinde (Fitzen) lediglich abgetheilt sind, fallen unter die nicht accomodirten Garne.

Erfurt, den 29. Oktober 1886.   Der General-Inspektor: Grolig.

№ 27. Bekanntmachung,

Befugnisse einer Steuerstelle betr., vom 30. Oktober 1886. Nr. 5865.

Dem Nebenzollamte II zu Silbwesthörn im Hauptamtsbezirke Tondern ist die Ermächtigung ertheilt worden, Waarensendungen von dem Inlande nach dem Inlande mit Berührung des Auslandes in den Grenzen der den Nebenzollämtern erster Klasse beigelegten Befugniß abzufertigen.

Erfurt, den 30. Oktober 1886.   Der General-Inspektor: Grolig.

Druck von Otto Conrad in Erfurt.

Amtsblatt

des General-Inspektors des Thüringischen Zoll- und Handels-Vereins.

8tes Stück vom Jahre 1886.

№ 28. Cirkular-Verfügung,
die Abänderung verschiedener Tarasätze betr., vom 20. Dezember 1886. Nr. 6727.

Der Bundesrath hat beschlossen, daß vom 1. Januar 1887 ab in den für die Verzollung maßgebenden Tarasätzen die nachbezeichneten Aenderungen einzutreten haben.

Laufende №	Nummer des Zolltarifs.	Benennung der Gegenstände.	Art der Umschließung.	Tarasätze, Prozente des Bruttogewichts.	
				Bisher.	Künftig.
1.	2.	3.	4.	5.	6.
1.	25 g 1.	Geräucherter Schweinespeck	Kisten.	16.	11.
2.	25 m 1.	Roher Kaffee.	Doppelwandige, cylinderförmige Fässer leichter Bauart, sogenannte Patentfässer, gleich ob ganz oder nur theilweise aus hartem Holz.	12 bezw. 8.	8.
3.	25 m 3.	Kakao in Bohnen.	Säcke.	2.	1.
4.	„	Desgleichen.	Umschließungen aus einfachem leichtem Leinen.	—	1.
5.	26 p 1.	Kindermehl.	Kisten.	20.	17.
6.	25 p 3.	Gemahlener Kakao.	Fässer von weichem Holz.	20.	12.
7.	26 a.	Oel aller Art in Flaschen ob. Krügen.	Kisten.	24.	20.
8.	27 e.	Druckpapier.	Stöße mit Schutzbrettern an den Köpfen und Papierpappe an den Seiten, mit Stricken verschnürt.	6.	7.

Laufende №.	Nummer des Zolltarifs.	Benennung der Gegenstände.	Art der Umschließung.	Tarasätze, Prozente des Bruttogewichts.	
				Bisher.	Künftig.
1.	2.	3.	4.	5.	6.
9.	27 e.	Druckpapier.	Stöße mit Schutzleisten an den Köpfen und Papierpappe an den Seiten, mit Stricken verschnürt.	6.	4.
10.	31 b	Feste Seife in Stangen oder Riegeln.	Kisten.	13.	11.

Die Zolltarife sind in ihrer letzten Spalte alsbald entsprechend abzuändern.

Erfurt, den 20. Dezember 1886.   Der General-Inspektor: Grolig.

№ 29. Cirkular-Verfügung,

in Betreff der Merkmale der Unterscheidung des Behufs Erlangung des ermäßigten Zollsatzes amtlich zu denaturirenden Ricinusöls von anderen fetten Oelen und Oelgemischen, vom 21. Dezember 1886. Nr. 6700.

Nachdem durch die Zolltarifnovelle vom 22. Mai v. J. (Reichsgesetzblatt Seite 93) für in Fässern eingehendes Ricinusöl im Falle der amtlichen Denaturirung ein ermäßigter Zollsatz eingeführt worden ist, erscheint es nothwendig, zuverlässige und von den Zollbeamten praktisch verwendbare Unterscheidungsmerkmale des Ricinusöls von anderen fetten Oelen und Oelgemischen zu gewinnen. Die in dieser Beziehung angestellten technischen Erörterungen haben ergeben, daß die ausschließliche Löslichkeit des Ricinusöls in einer Mischung von 90 Volumen Alkohol und 10 Volumen Wasser als ein solches Unterscheidungsmerkmal angesehen werden darf. Die Probe ist in einem 100 Kubikcentimeter fassenden, mit einem Glasstopfen versehenen Standglascylinder von etwa 25 mm Durchmesser im Lichten vorzunehmen, an welchem zwei eine Füllung mit 10 und eine solche mit 60 Kubikcentimeter anzeigende Standmarken angebracht sind. Dieses Glas füllt man bei gewöhnlicher Zimmertemperatur mit dem zu prüfenden Oele bis zu der 10 Centimetermarke, gießt hierzu von einer aus 90 Volumen absolutem Alkohol und 10 Volumen Wasser bestehenden Mischung so viel, bis die Flüssigkeit die 60 Centimetermarke erreicht, schüttelt das Ganze, nachdem der Stopfen aufgesetzt ist, kräftig durcheinander und läßt es 2—3 Minuten stehen, bis die Luftbläschen aus der Flüssigkeit verschwunden sind. Zeigt sich hierauf die Flüssigkeit stark getrübt und bleibt diese Trübung auch bei einer Temperatur von über 20° C. bestehen, so ist das zu prüfende Oel kein reines Ricinusöl, sondern enthält einen Zusatz von mindestens 10 Prozent anderer Oele.

Die betreffenden Steuerstellen werden angewiesen, vorkommenden Falles diese Prüfungsmethode bei der zollamtlichen Abfertigung in Anwendung zu bringen.

Erfurt, den 21. Dezember 1886.   Der General-Inspektor: Grolig.

№ 30. Bekanntmachung,

Befugnißerweiterung einer Thüring'schen Steuerstelle betr., vom 28. Dezember 1886. Nr. 8900.

Dem Königlichen Steueramte in Schmalkalden ist die Befugniß
1. zur Erledigung von Begleitscheinen I über schmiedbares Eisen in Stäben (Position 6 b des Zolltarifs) und zwar auch für unter Eisenbahnwagenverschluß eingehende Begleitscheingüter,
2. zur Ausfertigung von Begleitscheinen I über die aus solchem Eisen mit der Hand geschmiedeten Hufnägel (Position 6e2α und 6e2β des Zolltarifs) auf das Königliche Hauptsteueramt in Eberswalde

verliehen worden.

Erfurt, den 28. Dezember 1886.   Der General-Inspektor: Grolig.

№ 31. Cirkular-Verfügung,

die Verwendung von Pfannenstein 2c. als Viehfutter in zerkleinertem Zustande betr., vom 31. Dezember 1886. Nr. 6043.

Durch Beschluß des Bundesraths ist es für statthaft erklärt, daß der den Landwirthen abgabenfrei verabfolgte unzerkleinerte, unrenaturirte Pfannenstein, wie auch das an die Landwirthe ohne weitere künstliche Denaturirung in Stücken zur Verwendung als Viehleckstein steuerfrei abgegebene Berchtesgadener Steinsalz, von ihnen zerkleinert und in diesem Zustande oder aufgelöst dem Viehfutter beziehungsweise der Viehtränke beigegeben werden darf.

Erfurt, den 31. Dezember 1886.   Der General-Inspektor: Grolig.

Personalien.

A. General-Inspection.

1. Der erste Amtsgehülfe des General-Inspektors, Oberregierungsrath Schred, wird vom 1. Januar 1887 an in den ehrenvollen Ruhestand versetzt.

2. Der Assistent Heß von Wichdorff bei der General-Inspektion ist von den hohen Thüring'schen Vereinsregierungen vom 1. Januar 1887 ab zum Sekretair ernannt.

B. Preußen.

1. Der Steueraufseher Rothenbach in Schleusingen ist am 1. Dezember c. nach Magdeburg und gleichzeitig der Steueraufseher Schmidt von Beseban nach Schleusingen versetzt.

2. Der Steueraufseher Schäbler in Gesell ist am 1. Januar 1887 als berittener Steueraufseher nach Liebenwerda versetzt.

C. Sachsen-Meiningen.

1. Der berittene Steueraufseher Luther in Allendorf ist am 1. November c. in Ruhestand versetzt und dessen Stelle dem Steueraufseher Brückner in Heldburg übertragen.

Mittheilungen des Herzogl. Feldjägerkommando's vom 26. Oktober und 26. Novbr. c.

2. Der berittene Steueraufseher Heyn in Meiningen ist in Ruhestand versetzt und dessen Stelle dem Feldjäger Tapella das. übertragen.

Mittheilung des Herzogl. Feldjägerkommando's vom 19. Oktober c.

3. Der Verwiegungsbeamte bei der Rübenzuckerfabrik in Camburg, Heil, ist gestorben und die erledigte Stelle dem Steueraufseher Morgenroth das. übertragen.

Minist. Restr. d. d. Meiningen, 23. Septbr. und 20. Oktober c.

4. Am 16. November c. ist der Steueraufseher Schwesinger von Themar nach Meiningen zur ausschließlichen Verwendung im Polizeidienst und am 1. Dezember c. der Steueraufseher Zezmann in Hildburghausen nach Themar versetzt.

Mittheil. des Herzogl. Feldjägerkommando's vom 1. Novbr. c.

5. Der Steueraufseher Neumeister in Meiningen ist an Stelle des versetzten, lediglich für den Polizeidienst verwendeten Steueraufsehers Studardi nach Wasungen versetzt; die erledigte Steueraufseherstelle in Meiningen wurde dem Steueraufseher Streder übertragen.

Mittheil. des Herzogl. Feldjägerkommando's vom 19. Oktober c.

6. Die erledigte Steueraufseherstelle in Camburg ist dem Feldjäger Büttner, seither in Immelborn, übertragen.

Mittheil. des Herzogl. Feldjägerkommando's vom 28. November c.

7. Der Revisionsassistent Müller in Saalfeld ist am 1. Januar 1887 an Stelle des in den Dienst der Stadt Saalfeld übergehenden Assistenten Ostermann an das Herzogl. Uebergangssteueramt in Ritschenhausen versetzt.

Minist. Rskr. d. d. Meiningen 17. Dezember 1886.

D. Sachsen-Altenburg.

1. Dem Hauptsteueramtsrendanten, Rechnungsrath **Ulrich** in **Altenburg** ist bei seiner Versetzung in den Ruhestand von Sr. Hoheit dem regierenden Herzog das Ritterkreuz II. Kl. des Herzoglich Ernestinischen Hausordens verliehen.

   Amts- und Nachrichtsblatt Nr. 115 de 1886.

2. Der Steueraufseher **Rothe I** in **Altenburg** ist vom 1. Dezember c. ab zum Kanzlisten bei dem Herzogl. Ministerium, Abtheil. der Finanzen daj. ernannt.

   Minist. Restr. d. d. Altenburg, v. 23. November c.

3. Der Militäranwärter **Winkler** ist vom 15. Dezbr. c. ab zum Steueraufseher in **Roda** ernannt, der Steueraufseher **Kunze** in **Roda** zum gleichen Zeitpunkte nach **Schmölln** und der Steueraufseher **Rothe II** von **Schmölln** nach **Altenburg** versetzt.

   Minist. Restr. d. d. Altenburg v. 13. Dezember 1886.

4. Dem Steuerrath **Dietrich** in **Altenburg** ist von Sr. Hoheit dem regierenden Herzog aus Anlaß seines fünfzigjährigen Dienstjubiläums das Prädikat als Obersteuerrath verliehen.

   Minist. Restr. d. d. Altenburg v. 29. Dezember 1886.

E. Sachsen-Coburg-Gotha.

1. Der Vicefeldwebel **Euchler** aus **Halle** ist vom 1. Oktober c. ab als Steueraufseher in **Gotha** widerruflich angestellt.

   Minist. Restr. d. d. Gotha v. 28. September 1886.

2. Dem Vorstande des Herzogl. Steueramtes in Gotha, Rentamtmann **Müller**, sind vom 1. Januar 1887 an die zeither von ihm kommissarisch besorgten Geschäfte der Obersteuerkontrole definitiv übertragen; der Steueramtskontroleur **Schreiner** daj. wird vom gleichen Zeitpunkte an unter definitiver Uebertragung der bisher provisorisch von ihm verwalteten Rendantenstelle bei dem Herzogl. Steueramte daj. zum Steueramtsrendanten und der Steueramtsassistent **Otto** daj. vom gleichen Zeitpunkte an unter definitiver Uebertragung der bisher provisorisch von ihm verwalteten Stelle des ersten Beamten bei der Zollabfertigungsstelle am Bahnhof zum Steueramtskontroleur ernannt.

   Minist. Restr. d. d. Gotha, 14. Dezember 1886.

3. Vom 1. Januar 1887 an wird der Steueramtsassistent **Schmeling** in **Lichtenfels** an das Herzogl. Steueramt in **Gotha**, der Steueramtsassistent **Lerch** in **Coburg** an das Herzogl. Uebergangssteueramt in **Lichtenfels** und der Steueramtsassistent **Reinhardt** in **Gotha** an das Herzogl. Steueramt in **Coburg** versetzt.

   Minist. Restr. d. d. Gotha, 14. Dezember 1886.

Register

zum Jahrgange 1886 des Amtsblatts des General-Inspektors des Thüringischen Zoll- und Handelsvereins.

I. Chronologisches Register.

Laufende Nummer	Der Cirkular-Verfügung ꝛc. Datum.	(Journal-№)	Inhalt.	Zu finden unter №	Seite.
	1886.				
1.	21. Januar.	380	Bekanntmachung, eine Ausstellung in Breslau betr.	1.	1.
2.	22. ejd.	399	Cirkular-Verfügung, den Eingang von Taschenuhren, sowie Werken und Gehäusen zu solchen betr.	2.	1.
3.	23. Februar	1002	Bekanntmachung, Tabacksurrogate betr.	3.	3.
4.	27. ejd.	1097	Dgl., eine Ausstellung in Königsberg i. Pr. betr.	4.	3.
5.	25. März.	1528	Dgl., eine Befugnis des Großherzogl. Steueramtes zu Eisenach betr.	5.	3.
6.	26. ejd.	1544	Dgl., die zollamtliche Behandlung des Walzdrahts beim Eingange in Italien betr.	6.	4.
7.	27. ejd.	1568	Cirkular-Verfügung, Tarabestimmungen für akkomodirten Baumwollengarn, rohen Kaffee, unbearbeitete Tabacksblätter und Stengel und für Muskat- und Kakaoöl betr.	7.	4.
8.	7. April.	1749	Dgl., die zollfreie Abfertigung von Kaffeehülsen betr.	8.	7.
9.	10. Mai.	2439	Bekanntmachung, das Thüringische Steuerstellenverzeichnis betr.	9.	7.
10.	9. Juni.	2856	Dgl., eine Ausstellung in Wismar (Mecklenburg-Schwerin) betr.	10.	8.
11.	24. ejd.	3219	Dgl., eine Ausstellung in Braunschweig betr.	11.	8.
12.	30. ejd.	3349	Dgl., die Ein- und Ausfuhr von Gewächsen, sowie von sonstigen Gegenständen des Wein- und Gartenbaues betr.	12.	9.
13.	11. Juli.	2913	Cirkular-Verfügung, Abänderungen von Bestimmungen des Begleitschein-Regulativs betr.	13.	11.
14.	21. ejd.	3794	Bekanntmachung, eine Ausstellung in Schleswig betr.	14.	13.
15.	21. ejd.	3739	Dgl., die Ausführung des Zuckersteuergesetzes vom 1. Juni d. J. betr.	15.	13.
16.	29. ejd.	3874	Dgl., Reichsstempelbefugnisse betr.	16.	14.
17.	31. ejd.	3912	Cirkular-Verfügung, Denaturirung von Talg ꝛc. betr.	17.	14.
18.	2. Aug.	3981	Dgl., eine erweiterte Auslegung von § 114 des Vereinszollgesetzes betr.	18.	14.
19.	3. ejd.	3929	Bekanntmachung, die Erweiterung der Abfertigungsbefugnisse einer Thüringischen Steuerstelle betr.	19.	15.
20.	6. ejd.	4073	Dgl., eine Ausstellung in Karlsruhe betr.	20.	15.
21.	10. ejd.	4141	Dgl., die Rückberufung des hiesigen Stationskontroleurs betr.	21.	15.
22.	3. Septbr.	4702	Dgl., eine Ausstellung in Berlin betr.	22.	17.
23.	21. ejd.	5113	Dgl., Besetzung der Stationskontroleurstelle hier betr.	23.	17.
24.	2. Oktbr.	5381	Dgl., Verlegung eines Stationssitzes betr.	24.	17.

Laufende Nummer.	Der Cirkular-Verfügung ꝛc. Datum.	Journal-M	Inhalt.	Zu finden unter M	Seite.
	1886				
25.	18. Oktbr.	5655	Bekanntmachung, eine weitere Abänderung des Verzeichnisses der dem Vereine deutscher Eisenbahnverwaltungen angehörigen Ausland-Bahnen betr.	25.	21.
26.	29. ejd.	5893	Dgl. tarifarische Bestimmungen betr.	26.	21.
27.	30. ejd.	5865	Dgl. Befugnisse einer Steuerstelle betr.	27.	22.
28.	20. Dezbr.	6727	Cirkular-Verfügung, die Abänderung verschiedener Tarasätze betr.	28.	23.
29.	21. ejd.	6700	Dgl. in Betreff der Merkmale der Unterscheidung des behufs Erlangung des ermäßigten Zollsatzes amtlich zu denaturirenden Ricinusöls von anderen fetten Oelen und Oelgemischen	29.	24.
30.	28. ejd.	6900	Bekanntmachung, Befugnißerweiterung einer Thüringischen Steuerstelle betr.	30.	25.
31.	31. ejd.	6943	Cirkular-Verfügung, die Verwendung von Pfannenstein ꝛc. als Viehfutter in zerkleinertem Zustande betr. . . .	31.	25.

II. Sachregister.

Bemerkung. Die beigesetzten Ziffern bedeuten die Seitenzahlen.

A.

Ausstellungen. 1. 3. 9. 13. 15. 17.

B.

Befugnisse der Steuerstellen. 3. 14. 15. 22. 25.
Begleitscheinregulativ. 11.

D.

Denaturirung von Talg. 14.

E.

Ein- und Ausfuhrverbote. 9.
Eisenbahnen, ausländische. 21.

II. Sachregister.

H.

Handelsverträge. 4.

P.

Personalien. 2. 5. 8. 10. 18. 26.
Pfannenstein. 25.

R.

Ricinusöl, denaturirtes. 24.

S.

Stationskontroleure. 15. 17.
Stationssitz eines Oberkontroleurs. 17.
Steuerstellenverzeichniß. 7.

T.

Tabacksurrogate. 3.
Tarasätze. 4. 23.
Tarifbestimmungen. 7. 21.
Taschenuhren, Posteingang ders. 1.

V.

Vereinszollgesetz. 14.

Z.

Zuckersteuergesetz. 13.

www.ingramcontent.com/pod-product-compliance
Lightning Source LLC
Chambersburg PA
CBHW021816230426
43669CB00008B/772